超高層ビルの簡易動的設計法
簡易耐震診断法および簡易耐震補強法への適用

Hideo TAKABATAKE
髙畠秀雄
Yukihiko KITADA
北田幸彦
Izuru TAKEWAKI
竹脇 出

鹿島出版会

はじめに

　都市の過密化により超高層ビルがますます高くなり、現在では 1,000m を超す超高層ビルが建設されている。超高層ビルは都市活動の基盤となり、都市生活に不可欠な社会資本となっている。このような社会的に極めて重要な役割をする建物であるが、長周期地震動により大きな横揺れを発生し、損傷、倒壊が危惧されている。

　一般に大都市は海岸近くに発展するが、このような場所は深い堆積層からなる地盤の悪い場所である。限られた平野に膨張する都市を展開することから、海岸や湖を埋め立てた場所に多くの建物が建設されている場合もある。このような軟弱な堆積層が深い場合、遠隔地で発生した地震動は堆積層の下にある比較的硬い地盤である地震基盤を通して伝播し、堆積層で屈折を繰り返して、長周期成分が卓越した地震動となり超高層ビルに作用する。長周期地震動はほとんど減衰をせずに、長時間にわたり、地表と硬い地盤との間を反射して継続する。したがって長周期地震動は、地震動の加速度はそれほど大きくはないが、継続時間が極めて長いことに特色がある。

　超高層ビルは軟らかく設計され、建物の固有周期が長いのが特色である。地震動の周期が短い内陸型地震動に対しては、超高層ビルの長い周期は地震動による応答を低減する効果がある。しかし、長周期地震動に対しては、長い周期を持つ超高層ビルは共振現象を生じて、大きな動的応答を発生する。長周期地震動による大きな横揺れは長時間続き、超高層ビルに対する信頼性を揺るがす大きな社会問題となっている。超高層ビルを利用する人々にとって、当該構造物の耐震性の確保は十全の事項として認識されているので、国は動的設計法による構造計算法において、長周期地震動に対する安全性の確認を指導している。

　既存超高層ビルの長周期地震動に対する対策は、長周期地震動に対する対策が必要かどうかを判断する「耐震診断」から始まり、耐震診断で耐震性能を満足しない場合は、「耐震補強」を実施する。長周期地震動に対する対策は、揺れながら減衰を高めて動的応答を小さくする方法が最も効果的であるので、新たな耐震デバイスとして、例えば、オイルダンパーの新設が有効である。

　既存超高層ビルのオーナーは、長周期地震動に対して当該超高層ビルが安全であるかを速やかに把握することが最大の関心事である。そのため、第一に、長周期地震動に対する耐震性能を具備しているか否かを判定する耐震診断の結果を早急に欲しいし、第二に、耐震性能が不足する場合、どのような対策を実施すれば耐震性能を確保できるかの耐震補強計画を早急に必要とする。既存超高層ビルに対する耐震補強には巨額の費用が想定されることから、コストとパフォーマンスに見合った有効な耐震補

強の方法と、それを実施する際の概算金額を算定するために、簡易で高精度な計算法による迅速な対応が要求される。

しかし、超高層ビルの耐震性能の確認は動的設計法に基づくことから、既存超高層ビルの「耐震診断」は当初設計と同様に、構造計算ソフトの3次元骨組解析法を用いて検討するので、時間とコストが膨大となる。また、長周期地震動に対する既存超高層ビルの耐震補強は使用しながらの施工を考慮する必要があり、多面的な検討を繰り返して最適な耐震補強法を提案する必要がある。このような迅速で安価でかつ信頼性のある方法で耐震性能を提示するには、現行の構造計算法では対応できず、新しい理念に基づいた簡易な計算法による耐震診断法および耐震補強法が必要となる。

本書は、超高層ビルの予備設計段階における動的計算として、簡易であるが高精度に計算できる棒材理論を提案する。その内容は超高層ビルの動的設計に必要な基礎知識、超高層ビルの動的挙動を簡易に解析する棒材理論、さらに、棒材理論を実務的に利用できる計算ソフトを提示する。また、長周期地震動を含めた各種地震動に対する既存および新設超高層ビルの耐震性能を、棒材理論を用いて簡易に計算する耐震診断法および耐震補強法を紹介する。

本書で紹介する棒材理論は、バブル期の1989年頃に、超高層ビルの構造形式として使用されたチューブ構造に対する簡易な解析法として開発された。チューブ構造はshear-lagを発生して3次元的挙動をするので、動的解析には3次元骨組解析が必要となる。しかし、当時のコンピュータの処理能力では十分に対応できず、構造部材断面等を検討する予備設計が十分に実施できない状況であった。この解決策として、超高層ビルの予備設計に使用できる簡易理論として棒材理論が開発された。当時のNEC88のパソコンを用いた計算で、カップラーメンより早く3分以内（人間が待てる時間）で計算を終了することを前提に開発した。計算速度を早くするために、超高層ビルの動的応答を支配する独立変数を基幹的な変数に制限し、軸変形、曲げ変形、せん断変形に加えて、せん断遅れ（shear-lag）を考慮した理論を完成した。当初はできるだけ解析解を目的に展開したが、超高層ビルの高さ方向における断面剛性の変化を的確に表すために、後に差分法による展開に切り替えた。その後、数度の理論的拡充をして、本書の棒材理論が完成した。

コンピュータの目覚ましい進展により、超高層ビルの構造設計も汎用ソフトに依存している。超高層ビルを含めたすべての構造物の構造設計は、構造計画が大切である。そのためには、予備設計段階での構造断面を幾度も変更して、要求された耐震性能を最適に満足する検討が必要不可欠である。本簡易解析法は、予備設計段階で構造物を自由にコントロールするのに有効な方法であり、多忙な実務設計者の労力を飛躍的に低減できる。また、構造物が巨大化すると、構造設計者は汎用ソフトを使用した精緻な計算結果の妥当性を容易に判断できなくなるので、異なる理論で解析した結果との比較検証が必要になる。本棒材理論は、これまで多くの超高層ビルについて、3次元骨組解析結果との比較検証を実施し、その妥当性を検証し、国際的な雑誌論文に多数発表している。また理論的妥当性に関して国際的に高い評価を得ている。棒材理論に

よる結果と 3 次元骨組解析による結果は概ね 5% 以内の誤差であり、どちらの解析法が正しいかを判断できないレベルにある。したがって、本書で提案する棒材理論を、予備設計段階および本設計での構造計算結果の検証に積極的に使用していただきたいと考えている。

　構造物の構造設計法は建築基準法により、建物の高さ等から静的設計法と動的設計法に区分されている。建物高さが 60m 近い場合でも静的設計法により設計されているが、構造物の応答には区分が無く、動的応答である。動的設計法による構造計算の確認審査機関が限定されていること、および、高度な技術を要すること、手計算でできないこと等から、動的設計法は普及していないが、今日の構造計算のほとんどがパソコンによるソフトに依存していること、更に、パソコンの使用環境が向上したことから、動的設計法の利用環境は整備されていると考えられる。
　静的設計法は簡便でこれまでの実績等があるが、動的な荷重が静的に置換されているので、構造物の構造特性と荷重の特性との相互作用が十分に評価できない欠点がある。地震動に対する全ての構造物の応答は動的挙動であり、動的解析法により応答性状を把握することが望ましい。従って、動的設計の範疇に近い建築物については、動的設計法を併用して構造物の耐震安全性を確認することを勧める。本書で提案する簡易動的設計法は超高層ビルに限定することなく、中高層ビルにも適用できるので、地震動に対して当該設計の構造物がどのような動的応答性状をするかを容易に把握できる。
　長周期地震動による大きな横揺れは、室内の家具やオフィス環境、天井・パーテション等の甚大な被害が予想される。その対策法の検討には当該階での躯体の動的応答性状が必要になるが、本簡易動的解析法では瞬時にこれらを求めることが出来るので、防災対策に利用できる。今後、天井・パーテションの耐震診断に応用したいと考えている。

　本書は、新設および既存超高層ビルの動的設計法を簡易に解析できる棒材理論による簡易解析法を紹介する。動的設計法で必要な長周期地震動の作成から、動的応答計算を一瞬にして解析できるソフトの提供とその基礎理論を述べる。
　第 1 章は、超高層ビルの構造特性を述べる。第 2 章は、超高層ビルの耐震性能を評価する地震応答解析について概説する。第 3 章は、動的解析で使用する地震動について述べ、長周期地震動の特色と作成法を説明する。第 4 章は、簡易であるが高精度な棒材理論を紹介する。第 5 章は、棒材理論を種々の超高層ビルに通用した際の解析事例を述べる。第 6 章は、棒材理論による解析プログラム（ソフト）の概要を紹介する。第 7 章は、具体的に超高層ビルを解析プログラムを用いて計算する方法について詳述する。第 8 章は、地盤と構造物の連成効果を考慮した取扱いについて実務的な方法を紹介する。第 9 章は、表層地盤による地震動の増幅等に関する基礎的事項について説明する。第 10 章は、超高層ビルを対象とした構造設計の基本情報を概説する。

最後に、本書の執筆は棒材理論に関しては髙畠が担当し、入力地震動および動的解析ソフトは北田 幸彦名誉教授が担当し、第 8 章の地盤と構造物の連成効果については竹脇 出教授が担当した。本書が刊行できたのは両先生の御支援のお陰であり、ここに深く感謝申し上げます。また、本書が超高層ビルの耐震性能の向上に寄与できることを期待して止まない。

金沢にて
髙畠　秀雄

目　　次

はじめに ··· *iii*

第1章　超高層ビルの構造特性 ··· *1*

1.1　超高層ビルの構造形式 ··· *1*
1.2　構造設計の現状 ··· *5*
 (1)　構造設計の仕事の流れ ··· *5*
 (2)　構造計算における構造計算ソフトの利用 ··· *5*
1.3　構造物の力学モデル ··· *6*
 (1)　上部構造のモデル化 ··· *6*
 (2)　下部構造のモデル化 ··· *7*
1.4　近似解析法の意義 ·· *8*
1.5　層レベルのモデル化 ··· *9*
 (1)　水平振動に対するモデル化 ·· *9*
 (2)　上下振動に対するモデル化 ·· *9*
 (3)　ねじれに対するモデル化 ·· *10*
1.6　層レベルの復元力特性 ·· *10*
 (1)　層の復元力特性 ··· *10*
 (2)　高さ方向における水平力の分布 ·· *10*
 (3)　層レベルの復元力特性（骨格曲線）の簡略化 ····································· *11*

第2章　超高層ビルの地震応答解析 ·· *13*

2.1　超高層ビルの解析法概要 ·· *13*
2.2　設計クライテリアの設定 ·· *13*
2.3　解析モデル ··· *15*
2.4　減衰定数 ·· *15*
2.5　地震応答解析用地震動 ··· *16*
 (1)　入力地震動 ·· *16*
 (2)　地震動の最大速度の標準値 ··· *18*
 (3)　入力地震動の加速度 ··· *18*

 (4) 入力地震波の入手 *18*
2.6 表層地盤による増幅特性 *20*
2.7 動的計算法 *20*
2.8 モーダルアナリシス（弾性解析） *21*
2.9 応答スペクトルの利用 *25*
 (1) 応答スペクトル *25*
 (2) 多自由度系の線形振動に応答スペクトルを用いる方法 *26*

第3章 長周期地震動に対する対策 *29*

3.1 既存超高層ビルの横揺れ対策 *29*
3.2 横揺れ対策 *31*
3.3 既存超高層ビルの簡易耐震診断法および簡易耐震補強法 *32*
3.4 表層地盤と解放工学的基盤の地震動 *33*
3.5 超高層ビルの検討用長周期地震動の作成 *34*
 (1) 長周期地震動として考慮する地震 *34*
 (2) 対策を必要とする建築物 *35*
 (3) 建設地点の設計用長周期地震動の作成法 *35*
 (4) 地震動観測地点の設計用長周期地震動の作成方法 *39*
 (5) 群遅延時間の平均値と分散 *42*
 (6) 加速度応答に適合する地震動の作成 *44*
3.6 応答スペクトルの基本概要 *45*

第4章 棒材理論 *51*

4.1 近似解析法の変遷 *51*
4.2 棒材理論のモデル化 *51*
 (1) 棒材の定義 *52*
 (2) 棒材の工学的仮定 *52*
 (3) 等価剛性 *53*
4.3 解析理論 *56*
 (1) 変位 *56*
 (2) ひずみ－変位の関係 *58*
 (3) 応力－ひずみ関係 *58*
 (4) ひずみエネルギー U *58*
 (5) kinetic energy T *59*
 (6) 外力のなす仕事 V *60*
 (7) Hamilton の原理 *60*

- (8) kinetic energy T の変分 δT 60
- (9) ひずみエネルギー U の変分 δU 61
- (10) エネルギーの総和 I の変分 δI 61
- (11) 運動方程式および境界条件式 62

4.4 断面定数 63

4.5 差分法による計算 65
- (1) 差分化 65
- (2) 静的解析の釣合方程式の差分化 65
- (3) 境界条件の差分化 67

4.6 固有値解析 71
- (1) 自由振動方程式 71
- (2) 振動方程式の差分化 72

4.7 モーダルアナリシスによる動的解析 73

4.8 棒材理論の拡張 75

4.9 オイルダンパーを考慮した棒材理論の拡張 76

4.10 S-R モデルへの境界条件の拡張 78
- (1) ベースでの境界条件の一般化 78
- (2) S-R モデルの境界条件式 79

第5章 棒材理論による超高層ビルの解析 85

5.1 既存超高層ビルの簡易耐震診断法 85
- (1) 数値計算モデル 85
- (2) 固有周期 86
- (3) 動的応答 86
- (4) 簡易耐震診断法 90

5.2 内付オイルダンパーによる簡易耐震補強法 90
- (1) 内付オイルダンパーの適切な減衰係数 90
- (2) 内付オイルダンパーの減衰係数の高さ方向分布と有効性 93
- (3) 内付オイルダンパーによる応答値の低減効果 97
- (4) 内付オイルダンパーの周辺部材の軸力変動 99

5.3 外付オイルダンパーによる簡易耐震補強法 100
- (1) 外付オイルダンパーの適切な減衰係数 101
- (2) 外付オイルダンパーの有効性 101

5.4 弾塑性応答に対する検討 104

5.5 各種チューブ構造への展開 107

5.6 メガストラクチャーへの展開 113

5.7 上下動に対する数値計算 115

5.8	*P-*Δ 解析	117
5.9	超々高層ビルへの展開	119
5.10	まとめ	124

第6章　棒材理論による解析プログラム　127

6.1	解析プログラムの概要	127
6.2	フローチャート	127
6.3	FORTRAN 言語コードの構成	129

第7章　棒材理論による解析例題　131

7.1	数値計算モデル	131
7.2	等価剛性	132
7.2.1	桁行方向（y 方向）に地震動が作用する場合	132
(1)	等価曲げ剛性 EI	132
(2)	等価せん断剛性 κGA	133
(3)	その他の等価断面定数	136
(4)	桁行方向（y 方向）に地震動が作用する場合の断面定数	138
7.2.2	梁間方向（z 方向）に地震動が作用する場合	138
(1)	等価曲げ剛性 EI	138
(2)	等価せん断剛性 κGA	139
(3)	その他の等価断面定数	141
(4)	梁間方向（z 方向）に地震動が作用する場合の断面定数	143
7.2.3	入力支援ソフトについて	143
7.3	解析ソフトのデータ入力と出力	144
7.3.1	GUI による入出力	144
7.3.2	モデルデータの入力	145
(1)	「基本事項」の入力	145
(2)	「各層、フロアデータ」の入力	146
(3)	データの一覧	147
7.3.3	入力地震動の設定	147
(1)	一般地震動（A、B、C 群）の作成	147
(2)	正弦波の作成（E 群）	148
(3)	長周期地震動の作成（D 群）	148
7.3.4	応答計算の実行と結果の保存	151
(1)	計算実行	151
(2)	応答計算結果の保存と変位応答履歴	151

(3)　応答結果の保存 ··· *152*
　7.3.5　データファイルの保存先 ··· *152*

第8章　地盤の影響を考慮した解析 ································· *155*

8.1　地盤と基礎の考え方 ··· *155*
　　(1)　地盤調査と地盤定数 ·· *155*
　　(2)　地盤のモデル化 ··· *156*
　　(3)　直接基礎 ··· *156*
　　(4)　杭基礎 ·· *156*
8.2　地震時における基礎の応答 ··· *157*
8.3　水平荷重に対する基礎のモデル化 ······································· *157*
　　(1)　弾性支承梁による方法（静的、動的）······························· *157*
　　(2)　離散的地盤ばねによる方法 ·· *159*
　　(3)　応答変位法 ··· *160*
　　(4)　建物‐杭‐地盤の一体モデルによる方法 ··························· *160*
8.4　構造物‐地盤の動的相互作用 ·· *160*
　　(1)　基礎固定モデル ··· *160*
　　(2)　S-R モデル ··· *161*
　　(3)　建物‐杭‐地盤一体モデル ·· *162*
8.5　表層地盤による地震動の増幅 ·· *168*
　　(1)　解放工学的基盤と1次元重複反射理論 ······························· *168*
　　(2)　地盤特性のひずみレベル依存特性 ····································· *170*
　　(3)　応答スペクトル法による簡易評価法 ································· *170*
8.6　深い地盤構造の情報を必要とする長周期地震動作用時の超高層建物 ······ *172*
8.7　棒材理論による解析との接続 ·· *174*

第9章　表層地盤による地震動の増幅 ································· *179*

9.1　概要 ··· *179*
9.2　表層地盤の増幅特性の計算フローチャート ·························· *182*
9.3　精算法による計算法 ·· *183*
9.4　例題 ··· *190*
　　(1)　地盤モデル ··· *190*
　　(2)　T_1, G_{S1}, G_{S2} の算定 ·· *190*
　　(3)　表層地盤による加速度増幅率 G_S ······································ *194*
　　(4)　地表面の加速度応答スペクトル ··· *194*

第10章　構造設計基本情報メモ ·········· *197*

10.1　地震波の工学的取扱い ·········· *197*
10.2　地震の特性における大きさの影響と表層の土質 ·········· *199*
10.3　マグニチュードと地震の物理量 ·········· *199*
　(1)　各種のマグニチュード ·········· *199*
　(2)　気象庁震度階数と各種設計法との関係 ·········· *202*
　(3)　震度 K ·········· *202*
　(4)　地震のマグニチュードと地震基盤面での最大速度 V_{max} ·········· *202*
　(5)　地震基盤よりの表層地盤による速度応答スペクトルの増幅 $G(T_g)$ ·········· *202*
　(6)　地盤物性の平均的性状 ·········· *203*

付録　復元力特性の作成法 ·········· *205*

付録CD　簡易動的解析プログラム

第1章　超高層ビルの構造特性

1.1　超高層ビルの構造形式

　我が国の超高層ビルの高さはあべのハルカスの 300m が最高であるが、世界の超高層ビルは 1,000m のキングダムタワー（建設中 2019 年完成予定）を最高に、400m 規模の超高層ビルが多数建設されている。超高層ビルは、超過密化する都市機能を担う社会基盤として重要な役割を担っている。**図 1-1** および**表 1-1** は 2020 年までに完成予定の世界の超高層ビルの高さに関してトップ 5 までを示す。

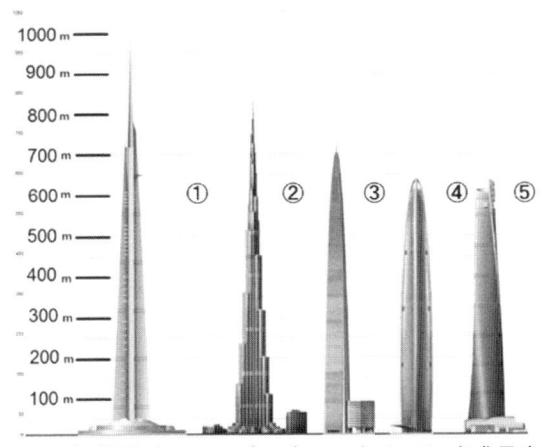

図 1-1　世界の超高層ビルトップ 5（2020 年までに完成予定含む）[1-1]

表 1-1　世界の超高層ビルトップ 5（2020 年までに完成予定含む）[1-1]

ランク	第①位	第②位	第③位	第④位	第⑤位
高さ	1,000m	828m	729m	636m	632m
階	167	163	138	125	121
名前	Kingdom Tower	Burj Khalifa	Suzhou Zhongnan Center	Wuhan Greenland Center	Shanghai Tower
国	サウジアラビア	ドバイ	中国	中国	中国
完成年	2019（予定）	2010	2020（予定）	2017（予定）	2015

　超高層ビルの構造計画は、外力として作用する動的水平力を、揺れながら速やかに地盤に伝達させる架構形式を選定することから始まる。架構形式は、建物の高さが比較的低い順から述べると、**図 1-2** の左から右へと変化する。ブレースを建物の外周フ

レーム全面に設ける**ブレース構造**、水平力を受けるトラスを鉛直方向に設ける**トラス＋フレーム構造**、水平力を負担するフレームに発生する軸力変動を防止し、shear-lagを拘束するために中間階や最上階に水平方向にトラスを設ける**ベルトトラス＋フレーム構造**、さらに、外殻と内殻に配置した柱を利用した**チューブ－イン－チューブ構造**（我が国では**ダブルチューブ構造**と略称）が使用される。より高層の建物では、チューブ構造のフランジ構面が長くなると shear-lag が増大するので、複数のチューブ構造を結合して中仕切りを設けて、shear-lag を生じる区間を短くした**バンドルチューブ構造**を使用する。一方、構造物を丈夫な**メガフレーム**で構成し、その中にサブ構造を組み込む構造形式が最近の流行である。

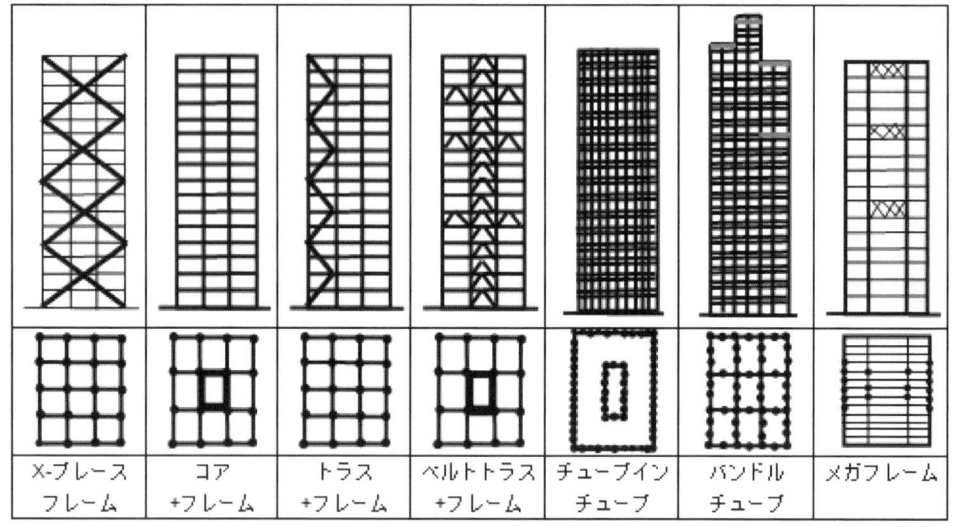

図 1-2　超高層ビルの構造形式

　水平方向の動的外力を受ける超高層ビルの変形は、構造物の柱および梁からなるラーメン構造の部材曲げモーメントにより発生する層のせん断力で抵抗するせん断変形挙動（スウェイ変形）と、建物の柱の伸縮により発生する曲げ変形挙動からなる（図1-3）。建物の高さを建物の幅で割った値として塔状比が定義される。塔状比が大きい場合、後者の曲げ変形が増大する。大きな曲げ変形が発生すると、建物の両サイドの

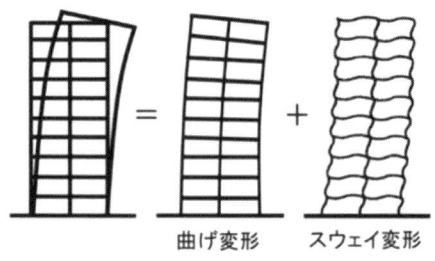

図 1-3　超高層ビルの変形

柱の軸力変動が増大して座屈する可能性がある。大きな軸力変動は柱の曲げ耐力を弱めるので、構造物の剛性が塑性化する。また、大きな水平変位は P-Δ 効果により転倒モーメントを増大させる。

さらに、建物の外周に作用するせん断力により shear-lag が発生し、柱の軸方向の変形を生じる（図 1-4）。薄肉箱形断面梁に shear-lag が発生すると、曲げ応力の分布はせん断力の影響を受けて、Bernoulli-Euler の仮定を用いる初等梁理論から得られた直線分布とは異なった分布を示す。この軸方向応力の変動は箱形断面梁ではフランジ構面に顕著に発生するが、ウェブ構面にも発生する。横力を受けるチューブ構造では、チューブ構造を箱形断面梁と見なすと、外殻チューブのフランジ構面に位置する柱の軸方向の応力分布が、図 1-4 に示すように一様でなくなる。これは航空機の翼の解析ではよく知られた現象である。箱型断面梁に隔壁（中仕切）があればその部分で shear-lag は拘束されることから、図 1-4 に示したバンドルチューブ構造が登場した。チューブ構造以外の内部に柱を持つ通常の骨組構造においては shear-lag は小さい。

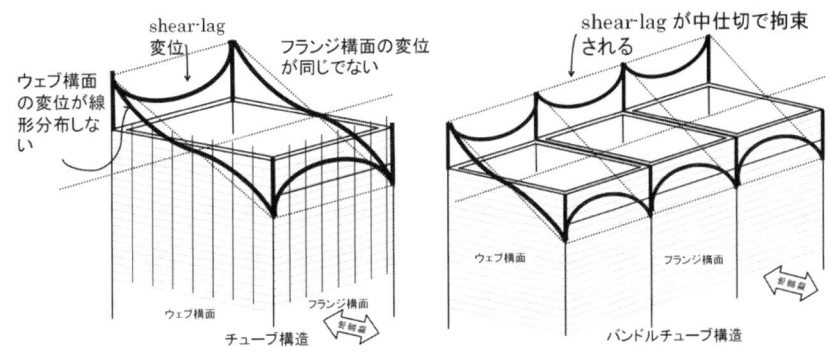

図 1-4　チューブ構造とバンドルチューブ構造の shear-lag 分布の違い

オフィスビルに供される超高層ビルの内部は柱のない大きな空間が要求されることから、建物の外側構面（外殻）に柱を配置し、階段、昇降設備、トイレ等を建物の中央部分のコアに集めて、内部空間に柱のないチューブ構造が主体となる。チューブ構造は、外力が作用する方向に直交する風上側と風下側の骨組がフランジ構面となり、一方、水平力が作用する面に平行な骨組がウェブ構面に相当する。相対するフランジ構面は曲げ変形に抵抗し、軸力変動を負担する。また、ウェブ構面は超高層ビルのせん断変形（スウェイ変形）に抵抗し、骨組部材の曲げモーメントにより発生するせん断力により外力に抵抗する。チューブ構造は、外殻チューブのフランジ構面とウェブ構面が、あたかも H 形梁のフランジとウェブのように挙動して、曲げ作用とせん断作用を分離して分担する合理的な構造形式である。

チューブ構造はチューブ（箱形）形状の断面形状であるため、shear-lag を発生する。超高層ビルが高くなると、大きな風荷重と地震荷重が作用する。また、超高層ビルの建設地が臨海平野の堆積層からなる地盤の場合は、基礎も深くなり、加えて地盤の長周期成分が卓越した地震動が作用し、超高層ビルの長い固有周期と地盤の周期が近く

なり共振する場合もある。その結果、超高層ビルに大きな横揺れが発生して、居住者の不安、超高層ビルの損傷・倒壊が発生する恐れが指摘されている。過去の地震に際して、既存超高層ビルが長周期地震動により大きな横揺れを発生したことから、長周期地震動に対する耐震性能の確保が求められている。

また、超高層ビルは航空機の衝突に対して安全な配慮が必要となる。超高層ビルのオーナーは航空機の衝突が最大の関心事である。チューブ構造は外殻チューブと内殻チューブ（またはコア部分）との間に柱がないので、大スパンに架構するスラブからなる。この大スパンスラブは、チューブ構造の面外剛性を確保するダイアフラムの役割をするので、床スラブの落下は外殻チューブの面外剛性を失わせ、建物の崩壊を意味する。ある階の大スパンスラブが落下すると、その重みに耐えない下層のスラブが落下し、順々にその重みが加速度的に下階に落下していき、外殻は床という中仕切を失って座屈崩壊する。

2001年9月11日、ニューヨークのWTCがテロリストにより操縦されたボーイングB767のジャンボ旅客機の突入を受けて、北棟は1時間42分後、南棟は56分後に一瞬にして崩壊した。チューブ構造は、中間に柱のない大きな床が確保できることがセールスポイントになっている。しかし、このセールスポイントが弱点になり、実際の建物の崩壊を招いた。床スラブを支える間柱、または、建物の特定の複数階が落下しても上層の床を支えることができる構造を採用することが構造計画上必要になる。上階の床の落下を防止するために中間階に設ける剛なフレームは、ベルトトラスシステムと同様な役割をし、チューブ構造の断面（床面に相当）のゆがみを防止する効果も期待できる。

構造物の安全性を決める構造計算手法は、中低層ビルでは地震力の作用を静的に置換した静的設計法を用いるが、超高層ビルでは動的設計法を用いる。超高層ビルは長い固有周期を持ち、地震動に対して振動することにより地震動の影響を少なくすることができるが、長周期地震動に対しては、構造物の固有周期との共振が発生し、動的現象における適切な対応が必要となる。

近年コンピュータの進展により、超高層ビルの動的解析が容易になっているが、チューブ構造のように立体フレームとしての解析が必要な構造物に対する応答解析には、多くの時間と経験が必要である。建築物を合理的に設計するには、予備設計段階での構造計画を十分に練ることが必要であり、その際にも、簡易であるが高精度な解析法が有効である。また、近年、構造設計はコンピュータソフトに依存することが非常に多くなり、構造設計者の技量以上のことをソフトに依存するため、得られた解析結果の妥当性が十分検討されない場合がある。構造計算用ソフトを使用すると高度で精緻な計算結果が自動的に出力されるが、それは必ずしも正しい結果ばかりではない。計算結果の妥当性を判断するには、他の解析法で検討した結果と比較することが必要である。本書で展開する簡易解析法の有効性がここにもある。

1.2 構造設計の現状

(1) 構造設計の仕事の流れ

構造設計は、構造計画、構造計算、構造図の流れで進む。構造設計の良し悪しは構造計画でほとんど決定されるので、構造設計者は建築物の全体像を把握し、それに最適で斬新な構造形式を採用すると同時に、解析のモデル化等を構造設計の段階で検討することが大切である。簡易な計算法による予備設計を実施し、構造の弱点を構造計画の段階で解決することが必要である。

(2) 構造計算における構造計算ソフトの利用

パソコンが安価で高性能になったことにより、コンピュータによる構造計算ソフトの開発・普及が進んだ。耐震偽装を契機に、コンピュータによる一貫構造計算ソフトの評定プログラムが確認申請で認知されたことから、コンピュータによる一貫構造解析ソフトを用いた構造計算がほとんどである。構造設計では、構造計算ソフトが利用可能なものはすべてソフトに依存している状況である。構造計算ソフトを使用する際に構造設計者が関与する事項は、構造形式、断面寸法の仮定、作用荷重、外力に対する架構の耐荷力の処理方法の選択であり、入力は必ずしも構造設計者でなくてもできる。構造設計者の役割は、一貫構造計算ソフトによる計算結果の妥当性を検討し、計算結果が正しいことを自ら確認することである。

構造計算ソフトの評定プログラムが認知されたため、逆に、構造設計者が独自に展開する解析法に対して、その妥当性を明らかにしなければならない状況であり、構造技術の進展を阻害する傾向にある。

構造計算ソフトを利用することの問題点として、以下の事項が指摘できる。

① 解析のモデル化が構造物の実際の挙動を反映しているかの判断は必須条件でない。
② 計算結果の妥当性について工学的判断は必須条件でない。
③ 構造設計者の判断、レシピは必須条件でない。
④ 誤った入力に対しても答えが出る。また、途中の計算結果に対するエラー警告に対して、構造設計者の判断が示されなくても、最終的な構造計算書が作成される。
⑤ コンピュータの計算処理能力の飛躍的発展は、高度な解析手法を使用する傾向にあるが、計算法の内容を熟知しなくても答えが出るので、高度な計算をしていることを認識していない。構造技術の研鑽は必須条件でないので、こだわりのある構造設計者よりもパソコン入力に長けた者が構造設計に適している。
⑥ 設計に費やす時間が短く、設計過程で設計法について再検討する熟成時間がない。

以上のように、構造設計に構造計算ソフトを利用することは多くの問題を含んでいるが、実務面では構造計算ソフトの使用は必要不可欠となっている。要は、構造計算ソフトが計算している解析技術を修得し、当該構造物の力学的特性を適切に表すモデ

ル化を選択して、一貫構造計算ソフトによる計算結果の妥当性を検討できる能力を身に付けることが必要である。出力された計算結果のチェックポイントは、結果を図化して傾向を見ることと、断面力のオーダーの評価、標準的な断面との比較、応力集中箇所の把握と除去などである。

1.3 構造物の力学モデル

(1) 上部構造のモデル化

構造物の力学的挙動を把握するには、構造物の挙動を解析する力学モデルが必要である。力学モデルは、解析の目的に合わせて、また、構造物の特性などを勘案して決定する。上部構造の力学モデルは大別して①〜④の4種類に分かれる。

① 部材レベルのモデル化

構造物を構成する柱、梁等の部材を細分化して、連続体としてFEM等を用いて解析する。部材を細分化した要素は、FEMでは1次元要素（線材要素、beam要素）、2次元要素（shell要素）、3次元要素（solid要素）等があるが、通常の構造物では構造物全体の挙動を解析する際は線材要素を用いる。各要素の復元力特性は連続体としての要素の構成則を使用するので、構造物の層ごとの復元力特性は必要でない。要素数が多くなるので、計算負荷も大きく、小規模な建物以外は実務でこの方法による解析は無理であり、主として研究レベルを対象とする。波動の伝播等の現象を扱うことができる。

② フレームレベルのモデル化

上述の部材レベルまで細分化せずに、骨組を構成している柱および梁を1つの線材として扱い、柱および梁の材端にマルチスプリング（MS）等を付けて、曲げとせん断変形を考慮できるMSモデル等により、フレーム挙動として解析する（図1-5）。

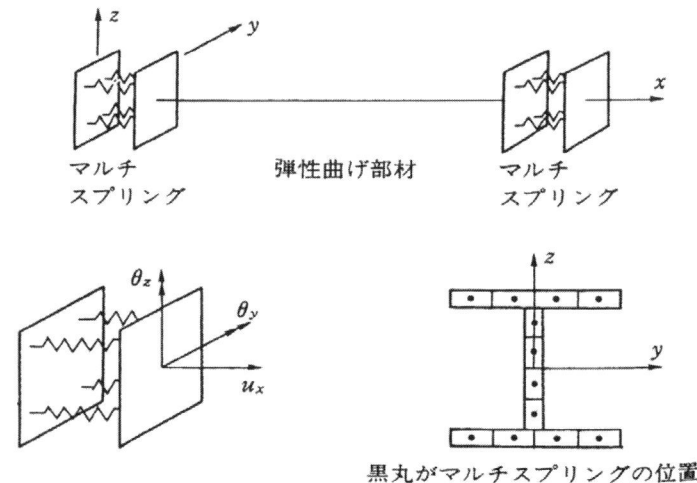

図1-5 立体架構におけるMSモデル[1-2]

③ 層レベルのモデル化（質点系解析）

構造物の剛性は層ごとに変わり、また、質量も床位置で大きい。層レベルのモデル化は、構造物の層ごとの水平剛性を1本の等価剛性を持つばねで置換して、層ごとの挙動を扱う質点系解析モデルである。一般には、質点系解析に基づく多自由度系せん断型モデルを用いる。このモデル化は、工学的にも簡単で合理的である。復元力特性は層としての復元力特性を使用する。このモデル化では、構造物全体を各階ごとに1本のばねで置換するので、1組のせん断型モデルでは、1つの方向の挙動しか把握できない。構造物が高層になると、せん断変形に加えて曲げ変形が大きくなり、水平剛性ばねに曲げ変形とせん断変形を考慮した多自由度系曲げせん断モデルを使用する。ただし曲げせん断型モデルでは、曲げ変形をせん断型モデルに置換する際、曲げ変形が1次モードを仮定している。

④ 等価剛性棒材（連続体）によるモデル化

棒材置換モデルは、構造物の水平剛性および鉛直剛性と等価な剛性を持つ1本の棒材（連続体）に構造物を置換する。せん断剛性 κGA や曲げ剛性 EI を考慮する場合は、前述の層レベルのモデル化で述べた質点系解析に基づく多自由度系曲げせん断モデルと同じであるが、連続体として扱うので、曲げ変形とせん断変形は同列で扱うことができる。材軸点で規定する変数を増加させることにより、shear-lag 等の3次元的分布をする高次の変形を考慮できる。

(2) 下部構造のモデル化

構造物を支える地盤・基礎、さらに、地震動の増幅が予想される表層地盤に密接に関係している下部構造に関するモデル化が必要となる（図1-6）。上部構造と下部構造のモデル化は、両者が釣合の取れるものであること、当該敷地の地盤性状を工学的レベルで表したモデルであることが必要である。当該地盤のボーリング調査が実施されていても、この情報は当該建設地盤の離散的な点での情報であり、敷地全体を把握するには十分でない場合がある。建設地の地盤性状を大局的に把握したモデル化が妥当と考えられる。

地盤の変形による効果は、構造物の変形および剛性の評価に大きく影響する。また、地盤と建物の相互作用を考慮した結果は、基礎固定の場合に比べて上部構造のせん断力が小さくなることが知られている。これらのことを考慮して、地盤剛性のモデル化については以下の方法が用いられる。

① 基礎固定モデル
② 水平移動（スウェイ）と回転（ロッキング）を考慮した S-R モデル
③ 表層地盤から工学的基盤までを多質点系モデルに置換
④ 表層地盤から工学的基盤までを等価剛性の棒材に置換
⑤ 表層地盤から工学的基盤までを2次元的 FEM モデル化

地盤の層構成により特性が異なり、土の塑性化によりせん断剛性や減衰定数が非線形に変化する。また、それらの層が建設地において成層であることはなく不整形地盤

である場合が多い。さらに、地下水による地盤の液状化や、傾斜による側方流動などの問題がある。構造物と地盤の相互作用を考慮する際は地盤の逸散現象を考慮する必要があるが、この現象を扱う FEM によるモデル化は図 1-7 に示すように種々提案されている。

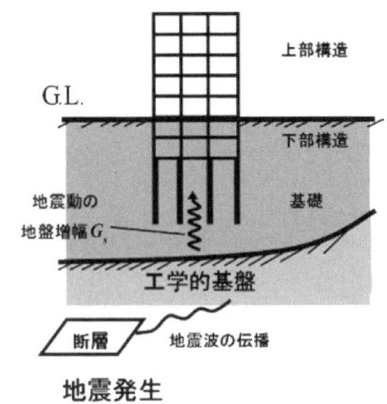

図 1-6　地盤－杭－建物の動的相互作用

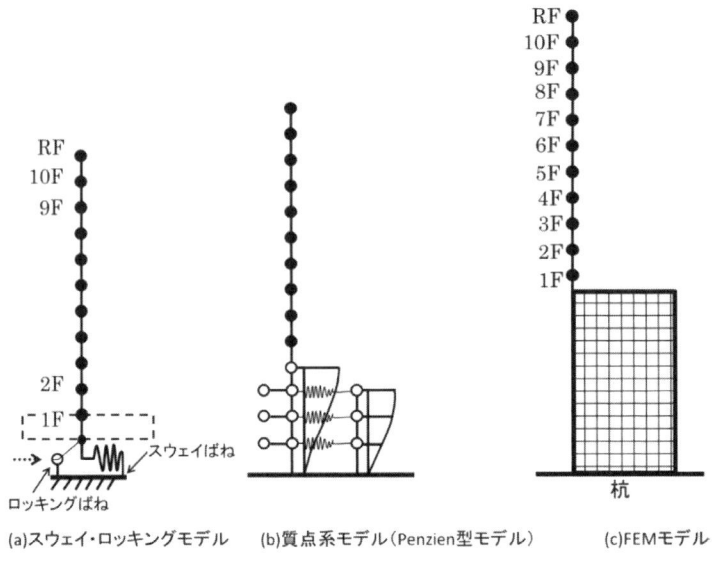

図 1-7　動的相互作用の解析モデル例 [1-2]

1.4　近似解析法の意義

　コンピュータの急速な発展は大容量の計算を可能とし、計算時間を大幅に短縮した。また、構造計算ソフトで扱える建築物であれば、計算ソフトの利用に際し、個々の建築物に対して特別な配慮を必要としない状況にある。このような潮流に対抗して、簡易解析法の意義は構造物の主要な挙動が閉解または簡単な計算で迅速に得られること

にある。また、予備設計や他の解析手法から得られた計算結果の妥当性を検証する方法として用いることもできる。

構造物の力学的挙動を予測して、適切なモデル化を行えば、構造物の力学的な挙動を的確に把握できる。しかし、これまでの構造形式とは異なった構造物に対しては、構造設計者は一貫構造計算ソフトで計算した結果の妥当性を容易に判断できない。これを解決するには、簡易解析法（棒材理論）に基づく計算結果と一貫構造計算ソフトで計算した結果を比較することにより、計算結果の妥当性を検証できる。設計者の経験や勘が適用できない建物については、バイパスによる解析結果の検証が必要である。

1.5　層レベルのモデル化

層レベルのモデル化には、構造物を離散的な質点系に置換する質点系解析と、1次元の連続体に置換する棒材解析とがあることは前述した。いずれの解析法ともに、本来の構造物が持っている剛性と等価な剛性を持つように置換モデルの剛性を決める。具体的には、等価剛性は質点系解析法においてはばねの剛性に、棒材理論では水平振動に対しては曲げ剛性 EI とせん断剛性 κGA、上下振動に対しては伸び剛性 EA、ねじり振動に対してはねじり剛性 GJ である。

(1)　水平振動に対するモデル化
　①　**棒材モデル**……等価せん断剛性 κGA と等価曲げ剛性 EI を用いる。
　②　**質点系解析モデル**
　　・等価せん断型モデル……水平剛性としてせん断剛性 GA を用いる。
　　・等価曲げせん断型モデル……水平剛性としてせん断剛性 GA に加えて曲げ剛性 EI を用いる。一般に、層の弾塑性特性は、せん断変形に対して考慮し、曲げに対しては弾性と考える場合が多い。

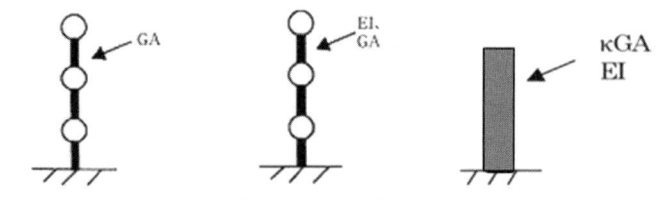

図 1-8　水平振動に対する各種モデル

(2)　上下振動に対するモデル化
　①　**棒材モデル**……構造物の伸び剛性 EA を用いる。
　②　**質点系解析モデル**……上下動の垂直ばね剛性 EA を用いる。なお、大スパンにおける上下動の効果を検討する場合、梁に数個の集中質量を設けて床レベルでの上下動を解析する。

(3) ねじれに対するモデル化
① **質点および棒材モデル**……構造物のねじり剛性 GJ を用いる。
② **3次元モデル**……構造物を線材から構成する立体骨組を3次元解析する。

1.6 層レベルの復元力特性

(1) 層の復元力特性

　層レベルのモデル化では、水平方向に荷重が作用した際の層レベルでの荷重と変形関係を規定する。これを層の復元力特性と呼び、骨格曲線と除荷・再載荷法則からなる。

層の復元力特性＝骨格曲線＋除荷・再載荷法則

　構造物が塑性領域に入ると構造物の耐力と靱性の関係は非線形になり、変形が大きいほど、層が負担できる水平耐力が低下する。構造物の復元力特性は、粘りに富んだ鉄骨造建物（S造）と剛性低下を起こす鉄筋コンクリート造建物（RC造）とに大別されるので、復元力モデルは2種類に分かれる。鉄骨ブレースの復元力はスリップ型で表されるが、鉄骨ブレースがラーメンフレーム内に組み込まれている場合は特に考慮しない。各種の復元力特性が提示されているが、代表的な復元力特性を**表 1-2**に示す。これらの復元力特性は、構造物に静的に水平力を作用させて、増分解析から得られた層せん断力と変形との関係を、2ないし3本の直線で近似する。それらの直線の折れ点の判断は設計者が判断する。一般には下記の復元力特性が使用される。

① 剛性低下しないバイリニアまたはノーマルトリリニア型復元力特性（S造）
② 剛性低下型または原点指向型トリリニア型復元力特性（RC造）

表 1-2 代表的な復元力特性 [1-3]

名称	バイリニア型	スリップ型	原点指向型	Degrading-Trilinear 型
形状				
特徴	塑性変形の繰り返しによる履歴ループが不変	除荷時にスリップ変形を有する		最大変形量や塑性変形の繰り返しによって剛性、履歴ループなどが変形するもの

(2) 高さ方向における水平力の分布

　荷重-変形曲線（骨格曲線）を求めるため、構造物の骨組を静的に水平力を作用させて増分解析する。その際、建物の高さ方向の外力分布は①～③の方法がある。一般には①の A_i 分布が使われるが、質量、剛性が急変する構造物に対しては③の応答スペクトル法（モーダルアナリシス）による分布が採用される。

① A_i 分布

$$A_i = 1 + \left(\frac{1}{\sqrt{\alpha_i}} - \alpha_i \right) \frac{2T}{1+3T}$$

② 一般化した地震せん断力係数分布式および曲げ変形を無視した簡略式[1-4]

$$\frac{C_i}{C_B} = 1 + \left\{ \frac{0.05}{0.05+r} \frac{s^2}{0.5+s^2} \frac{4}{4+t^2} + \frac{2}{3} \frac{r}{0.05+r} \frac{1.5+s^2+t^2}{1+s^2+t^2} \right\} (1-\alpha_i)$$

$$+ \left\{ \frac{0.05}{0.05+r} \frac{s^2}{0.2+s^2} \frac{t^2}{4+t^2} + \frac{2}{3} \frac{r}{0.05+r} \frac{s^2+t^2}{1+s^2+t^2} \right\} \left(\frac{1}{\sqrt{\alpha_i}} - 1 \right)$$

$$+ \frac{r}{0.2+r} \frac{s}{0.1+s} \frac{30}{9+t^2} \frac{t^2}{(0.2-\alpha_i)(1-\sqrt{\alpha_i})^2}$$

または

$$\frac{C_i}{C_B} = 1 + \frac{s^2}{0.5+s^2} \frac{4}{4+t^2} (1-\alpha_i) + \frac{s^2}{0.2+s^2} \frac{t^2}{4+t^2} \left(\frac{1}{\sqrt{\alpha_i}} - 1 \right)$$

③ 応答スペクトル法（モーダルアナリシス）による分布

(3) 層レベルの復元力特性（骨格曲線）の簡略化

水平力を順次増分（プッシュオーバー）して得られた構造物の各層の荷重‑変形曲線（Q-δ 曲線）は、骨組架構としてのせん断変形（スウェイ）であり、柱の伸び縮みにより生じる曲げ変形を含んでいない。

超高層ビルでは柱の伸縮を伴う曲げ変形が大きいので、曲げ変形を付加して考える。架構の全体変形は各層のせん断変形（部材の曲げにより抵抗する際に発生する水平変位）と曲げ変形（柱の伸縮により生じる）との和である。もし基礎の変形がある場合は、これに更に加算する。質点系解析の曲げせん断モデルでは水平荷重が増加し、変形が大きくなってもせん断変形のみ非線形とし、曲げ変形は線形と仮定する。

等価曲げ変形は、平面保持を仮定した片持梁の曲げ変形から容易に求まる。例えばモールの定理を利用すると、i 層の等価曲げ変形角 $\Delta\theta_{Bi}$ は次式で与えられる[1-5]。

$$\Delta\theta_{Bi} = \frac{1}{2}(M_{i+1} + M_i)h_i / EI_{ei}$$

ここに、h_i = 当該 i 層の階高；I_{ei} = 当該 i 層にある全柱の断面 2 次モーメント；M_{i+1} および M_i = 水平力により発生する $i+1$ 層および i 層の層曲げモーメント（転倒モーメント）。

等価曲げ剛性 EI_{ei} の算出方法には 2 通りある。第一法は本簡易解析法の計算で用いている方法であり、柱の断面積に回転中心よりの距離の 2 乗を掛けて求める。第二法は、各柱の軸力と軸変形のなす仕事に等しい等価回転角 $\Delta\theta_{ei}$ を求め、これに対応する等価曲げ剛性を求める[1-6]。

参考文献

1-1) "World Skyscrapers 2020"© Copyright 2015 Skyscraper Source Media, All Rights Reserved. ホームページ http://skyscraperpage.com/diagrams/?searchID=207, 2015 年 5 月時点より作成
1-2) 日本鋼構造協会：鋼構造技術総覧「建築編」第 6 章 構造物の設計法、pp. 201-224, 1998.
1-3) 河村壮一：耐震設計の基礎、オーム社、1984.
1-4) 日本建築学会：建築耐震設計における保有耐力と変形性能 1990, 1990.
1-5) 安井雅明："制振構造のモデル化"、日本建築学会、シンポジウム「建築構造設計の第一歩」―構造解析法の基礎から応用まで、pp. 191-214, 2007.
1-6) 武藤清：耐震設計シリーズ 応用編 構造物の動的設計、丸善、1997.

第2章　超高層ビルの地震応答解析

2.1　超高層ビルの解析法概要

　構造物の設計は、静的計算法で長期荷重に対する安全性を確認し、その後、水平荷重に対する安全性を動的計算（時刻歴応答解析）により確認する。解析法の手順は、動的計算法に質点系解析を用いる場合は概ね図 2-1 のようになる。

　動的計算に 3 次元フレーム解析を用いる場合は層としての復元力特性を仮定する必要がないので、この部分は省略できるが、その代りに、柱、梁、耐震壁等の構造部材ごとの復元力特性を仮定する必要がある。

2.2　設計クライテリアの設定

① 構造設計は作用する地震動の大きさに区分してレベル 1 と 2 に区分する。
　・レベル 1：建築物の耐用年数中に何度か受ける可能性が大きい地震動の強さ。
　・レベル 2：建築物の建設地における過去の最強の地震動、または将来受けると想定される最強の地震動の強さ。
② 動的設計法は、設計者の判断により設計クライテリアを設定し、レベル 1 およびレベル 2 の地震動による応答が設計クライテリアを満足すればよい。設計クライテリアの詳細は、参考文献の岡本他[2-1)]に詳細に記されているのでここでは省略する。
③ 動的設計のクライテリアは「営繕協会」建築構造設計基準では、表 2-1 のように設定する。

表 2-1　動的設計のクライテリア[2-2)]

応答値の種類	構造体を中心とした耐震安全性の分類	入力地震動の強度レベル レベル 1	入力地震動の強度レベル レベル 2
最大層間変形角	I 類	1/200 以下	1/125 以下
	II 類	1/200 以下	1/100 以下
	III 類	1/200 以下	－＊1
最大塑性率	I 類	－＊2	1.5 以下
	II 類	－＊2	2.0 以下
	III 類	－＊2	－＊1

＊1：III 類については、目安として II 類程度を目標値とする　　＊2：弾性範囲内
ここに、I 類 II 類 III 類の区分けは次のように定義される。
・I 類　特に構造体の耐震性能の向上を図るべき施設
・II 類　構造体の耐震性能の向上を図るべき施設
・III 類　建築基準法に基づく耐震性能を確保する施設

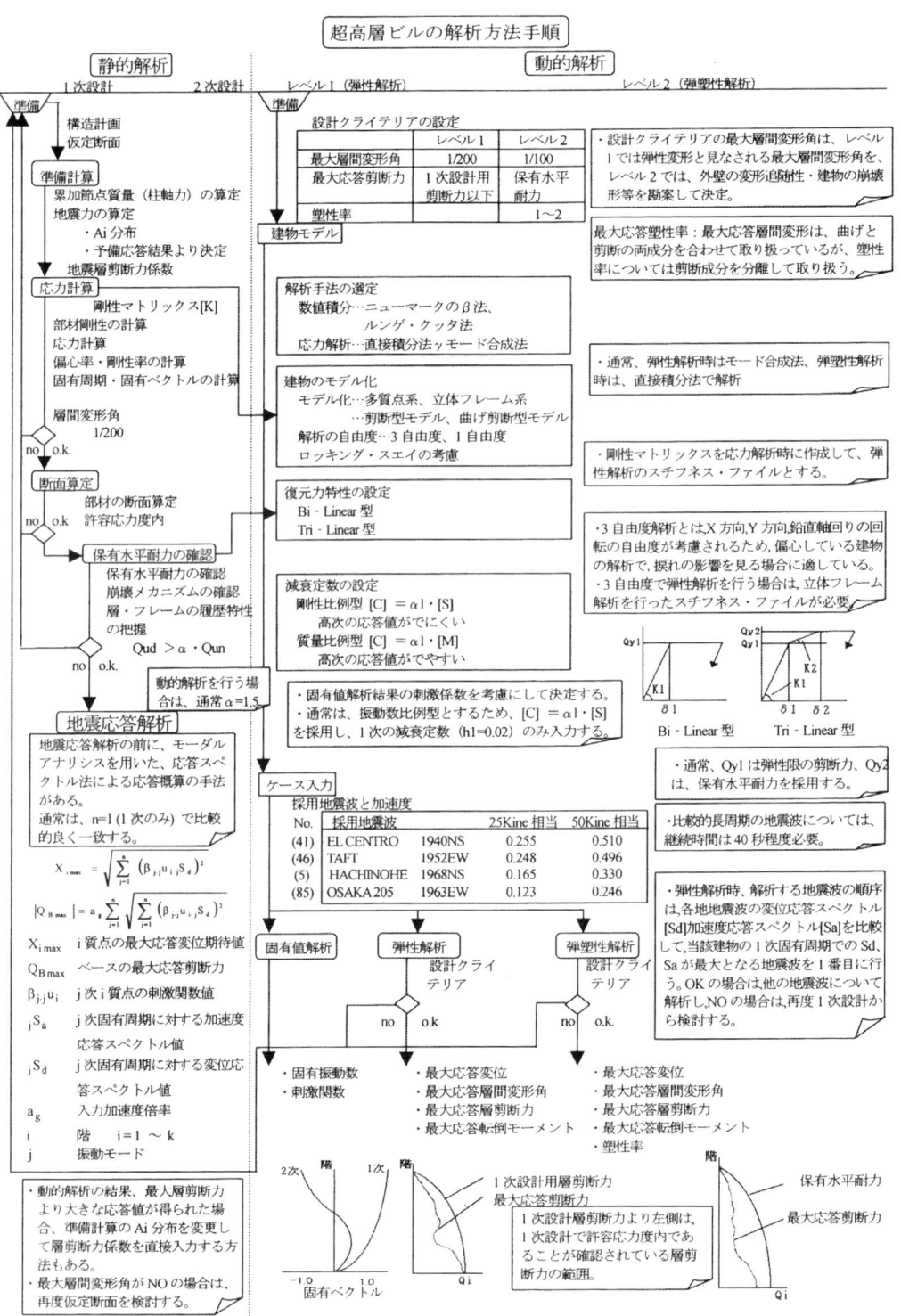

図 2-1　超高層ビルの解析手順

④ 動的設計のチェック項目は、概ね以下となる。
　・レベル 1 について
　　　最大応答層せん断力 ＜ 1 次設計用層せん断力
　・レベル 2 について
　　　最大応答層せん断力 ＜ 保有水平耐力

動的設計法と静的設計法との基本的な違いは、最大応答層せん断力を静的計算に代えて動的計算を使用することである。

2.3　解析モデル

コンピュータの草創期には、骨組を離散的に質点に置換した質点系モデルが支配的であった。質点系モデルには、せん断モデルと、曲げ変形を近似的に追加した曲げせん断モデルがある。一方、近年のコンピュータの能力が飛躍的に向上して、構造物を立体的に解析する 3 次元骨組解析が計算できるようになっている。超高層ビルは、線材である柱や梁とは異なり、床、耐震壁などの面材の構造部位が存在し、それらを剛床仮定や線材に置換して計算している。超高層ビルを厳密に解析するには、線材と面材の挙動が同等の精度で同時に解析されることが最も正しい解となる。しかし、この解析手法を実行するには、現在のコンピュータの能力でも不十分である。構造物の挙動は構造物を置換した解析モデルに依存する。構造解析は汎用ソフトを使用する場合が多いが、その出力結果が常に正しいとは言えないので、構造物の挙動をマクロな観点から扱う棒材理論で妥当性を確認することも必要である。

2.4　減衰定数

構造物の減衰は表 2-2 のように内部減衰と外部減衰に大別される。減衰はいまだ不明確な点が多く、一般には、速度に比例する内部粘性減衰、部材塑性化による履歴減衰で代表させている。

表 2-2　減衰の分類

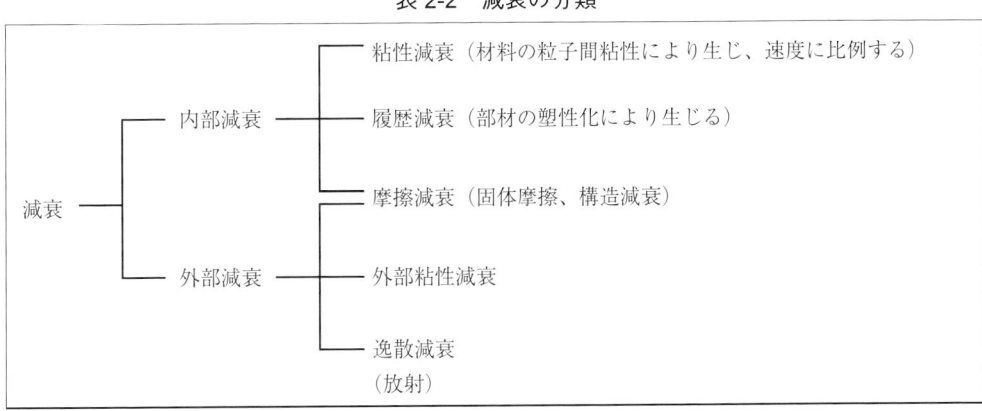

内部粘性減衰の1次振動モードに対する減衰定数 h_1 の慣用値は、S 造では $h_1 = 2\%$、RC および SRC 造では $h_1 = 3 \sim 5\%$ を採用している。高次のモードに対しては次の2タイプがある。

・振動数比例型：$h_i = h_1 \dfrac{\omega_i}{\omega_1}$

・一定型　　　：$h_i = h_1$

スラブに対しては一定型をとる方がよい。一方、履歴減衰は振動数に依存せず一定である。ここに、ω_1 = 1次モードに対する円振動数；ω_i = i 次モードに対する円振動数。

2.5　地震応答解析用地震動

(1)　入力地震動

入力地震動には、観測波、模擬波、サイト波の3種類がある。

①　観測波

過去に発生した地震で地震動が観測された地震波である。標準的によく使用されている標準3波は、1940年 El-Centro 波（Imperial Valley 地震、米国）、1952年 Taft 波（Kern County 地震、米国）、1968年八戸波（十勝沖地震、日本）である。超高層ビルでは、これらの地震動の最大速度をレベル1の地震動に対して 25cm/s、レベル2の地震動に対しては 50cm/s として、最大加速度を最大速度に対応して修正した地震波を使用する。

観測波は地表面で計測されることが多いので、構造物を基礎固定モデルに対して適用し、構造物の基礎底に入力することが多い。

②　模擬波

構造物の設計目標とする弾性応答スペクトルを規定し、それに一致する地震動を模擬的（人工的）に作成した波が模擬波である。模擬波の作成は、設計用入力地震動作成手法の技術指針（案）や建設省告示第1461号による方法（告示波）がある。

目標応答スペクトルに一致する地震動を生じる地震波の作成には、位相特性が必要となる。位相特性は一様乱数や実地震動の位相特性を利用する。なお、一様乱数を用いる場合は包絡関数により形を規定する。

③　サイト波

地震動は震源より伝播した波であり、震源特性、伝播経路特性、サイト特性に影響される。これらの特性は地震動を検討している建設地点ごとに異なり、その時点での地震動を作成するので、これをサイト波と呼ぶ。したがって、その時点で過去に観測された地震波は観測波であり、また、サイト波でもある。

サイト波の作成は理論的方法、半経験的方法、経験的方法の3種類に大別できるが、これらの方法の長所を組み合わせたハイブリッド法もある。

上述した②模擬波および③サイト波の地震波が解放工学的基盤で規定される場合は、建物の基礎部分に入力する地震波は、表層地盤の増幅を考慮する必要がある。ここに、表層地盤とは解放工学的基盤より上の地盤を言う。

使用する地震波の数は3波以上とする。建築物の地震応答解析に用いる設計用入力地震動を図2-2に示す。また、高層建築物に使用されている入力地震動を2001年7月～2004年12月までの日本建築センターで実施された性能評価事例を統計調査した表2-3によると、標準3波の使用が圧倒的に多い。

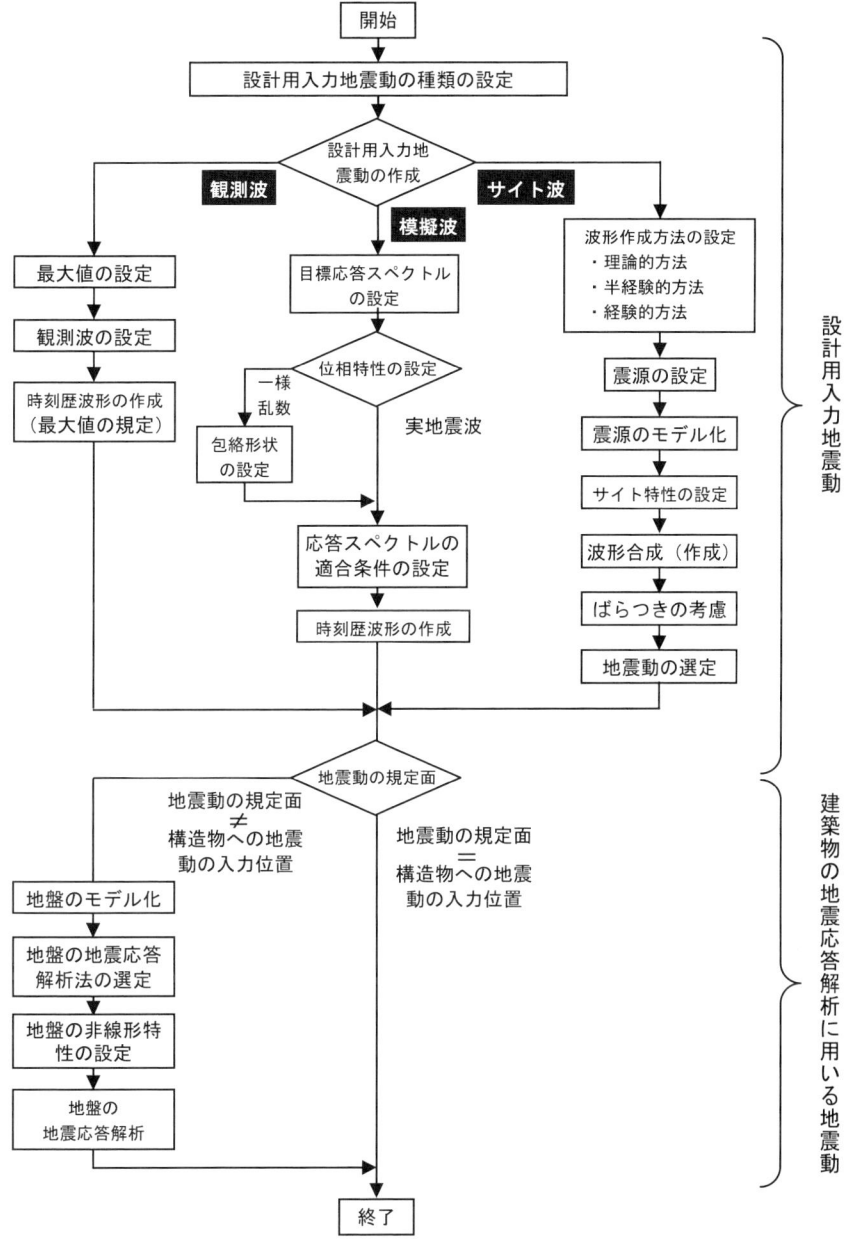

図2-2 設計用入力地震動と建築物の地震応答解析に用いる地震動の設定フロー[2-3)]

表 2-3　高層建築物審査物件の設計用入力地震動 [2-3)]

	件数
El Centro 波（NS）	176
Taft 波（EW）	174
八戸波（NS）	147
告示波（一様乱数）	59
告示波（八戸波）	34
告示波（神戸波）	21

(2) 地震動の最大速度の標準値

観測波については、
・レベル 1 に対しては、25cm/s（25kine）
・レベル 2 に対しては、50cm/s（50kine）

を採用する。以前は阪神地域の一部でこの値を低減した値を用いていたが、兵庫県南部地震以後低減していない。

概算的には、最大加速度と最大速度には次式の関係が成立する。

$$\text{最大速度（cm/s）} \approx 0.1 \times \text{最大加速度（cm/s}^2)$$

(3) 入力地震動の加速度

動的計算に用いるのは地震動の加速度であるが、この加速度の大きさは、最大速度の規定値により決まる。これは、地震動の入力をコントロールするのは、加速度でなく速度で規定しているためである。入力地震動の加速度は以下の式で変換する。

$$(入力地震動の加速度) = (原波の加速度) \times \frac{(設計用最大速度)}{(原波の最大速度)}$$

(4) 入力地震波の入手

1995 年に発生した阪神・淡路大震災後、大地震に対する観測網の整備が行われ、全国を約 20 km 間隔で均等に覆う 1,000 点に地震計を設置した地震の観測システムとして K-NET（Kyoshin Net：全国強震観測網）が構築された。また、KiK-net（Kiban-Kyoshin Net：基盤強震観測網）の地震計設置位置では観測用の井戸が掘削され、地表に加えて地下数百 m の位置にも地震計が設置されている。これらのシステムは独立行政法人防災科学研究所が運用している。

動的設計法では地震波のデータを使用するが、時々刻々と発生する新しい地震波は K-NET、KiK-net 等からインターネットを介してデータを入手できる（表 2-4）。地震計は一般に東西、南北、上下の 3 軸方向の加速度を計測できるように設置される。建物が 3 軸方向と角度をなしている場合は、地震計を建物の桁行方向と梁間方向に合わせて設置する場合がある。このような地震計のデータは、角度補正をして 3 軸に変換できる。建物に作用している地震動は 3 軸成分の合成ベクトルが作用する。

地震波形データの例として、東日本大震災で発生した地震波を、浦安に設置した地

震計で計測した加速度データとして浦安 NS について示す。このデータは K-NET からダウンロードしたものである。加速度値は、18 行目以降に羅列されている時刻ごとの地震波の加速度に、14 行目のスケールファクターを乗じて求める。加速度の刻み時間（s）は 11 行目の Hz の単位を逆数にすると秒（s）となる。この場合は 1/100（Hz）= 0.01s となる。地震波のデータの時刻刻み時間は、古い年代の地震波は 0.02 秒、新しい年代の地震波は 0.01 秒である場合が多い。そのため、地震波データは、統一したフォーマットで入力されていることが必要であり、筆者の研究室では表 2-5 のようなフォーマットで入力している。また、地震波は各地震ごとに、このフォーマットで管理し、これらの地震波の一覧を番号付けしてファイルにしている。

表 2-4　K-NET、KiK-net の地震波データ

Origin Time	2011/03/11 14:46:00	地震発生時刻	(1行目)
Lat.	38.103	震央北緯	(2行目)
Long.	142.860	震央東経	(3行目)
Depth. (km)	24	震源深さ	(4行目)
Mag.	9.0	マグニチュード	(5行目)
Station Code	CHB008	観測点コード	(6行目)
Station Lat.	35.6537	観測点北緯	(7行目)
Station Long.	139.9023	観測点東経	(8行目)
Station Height(m)	4	観測点標高	(9行目)
Record Time	2011/03/11 14:47:30	記録開始時刻	(10行目)
Sampling Freq(Hz)	100Hz	サンプリング周期	(11行目)
Duration Time(s)	300	計測時間	(12行目)
Dir.	N-S	チャンネル	(13行目)
Scale Factor	3920(gal)/6182761	スケールファクター	(14行目)
Max. Acc. (gal)	125.136	最大加速度	(15行目)
Last Correction	2011/03/11 14:47:15	最終校正時刻	(16行目)
Memo.		備考	(17行目)

```
19297  19346  19344  19316  19311  19314  19335  19354
19305  19220  19200  19229  19189  19117  19135  19216
19243  19185  19154  19214  19292  19357  19376  19327
19307  19361  19410  19386  19295  19224  19250  19300
19258  19159  19127  19167  19188  19160  19156  19214
19251  19240  19245  19277  19327  19377  19364  19309
19278  19291  19338  19328  19253  19240  19271  19264
```
時刻ごとの地震波の加速度

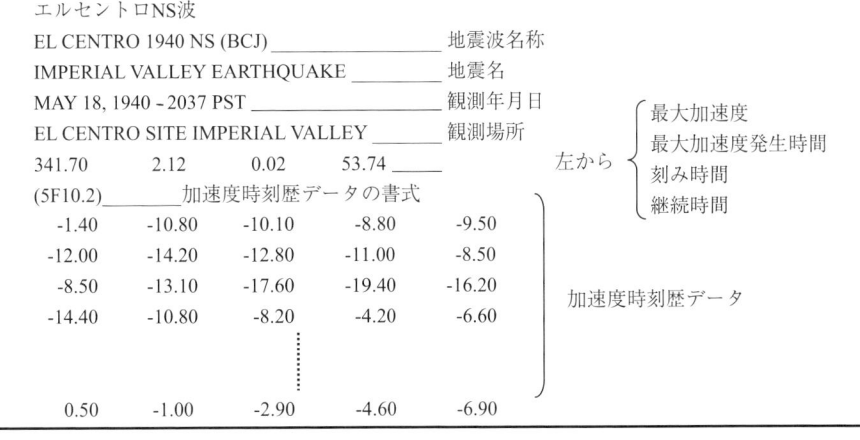

表 2-5　地震波形入力データの例（加速度時刻歴データ）

2.6 表層地盤による増幅特性

地震動の最大速度は、2.5 節 (2) 項の最大速度の標準値によらずに、下記の方法により求めることもできる。

① 過去の地震資料に基づいて金井式より推定される計画敷地の基盤における速度振幅の最大値 a_1 (cm/s) を求める。

② 基盤における期待年数ごとの区間に分け、各区間ごとの最大値を抽出し、それらの最大値の全区間の平均値を最大期待値 a_2 とする。なお、通常の建物の存続年代の範囲は、100 〜 150 年程度である。

③ 計画敷地の地震基盤から表層の間での増幅係数を次の金井式で算定する。

$$G(T) = \frac{1}{\sqrt{\left[1-\left(\frac{T}{T_G}\right)^2\right]^2 + \left[\frac{0.2}{\sqrt{T_G}}\frac{T}{T_G}\right]^2}}$$

ここに、T = 地震動（地震基盤）周期（sec）；T_G = 表層地盤の周期（sec）。T_G は測定結果から求めた表層地盤の卓越周期とする。

④ 表層地盤における速度増幅の期待値は次式となる。
  ・平均値：$a_1 \times G(T)$
  ・最大値：$a_2 \times G(T)$

⑤ 地震応答に用いる外乱の最大速度振幅は、レベル 1 に対して、上記の最大値の切り上げた整数を用いる。レベル 2 に対しては、レベル 1 の 2 倍をとる。

2.7 動的計算法

多自由度系の動的計算法は表 2-6 のように分けられる。構造物の水平剛性は水平荷重の増加と共に非線形になるので、変形状態に適合した剛性に対応できる解析法でなければ弾塑性応答計算には適用できない。

表 2-6 多自由度系の強制振動に対する解法

解析法	弾性応答	弾塑性応答	備考
解析解 (Duhamel 積分)	×	×	時刻歴応答
モーダルアナリシス	○	×	時刻歴応答
応答スペクトル法	○	×	最大応答値
逐次積分法 ・線形加速度法 ・平均加速度法 ・Newmark-β 法 ・Wilson-θ 法 ・その他	○	○	時刻歴応答

注）○：適用可、×：適用不可

2.8 モーダルアナリシス（弾性解析）

モーダルアナリシスは、構造物が弾性応答をする場合の高さ方向の応答の分布形を、各モードの固有関数と仮定しているので、弾性応答にしか使用できない。構造物の水平剛性が荷重の増加と共に非線形に変化する弾塑性問題に対しては、線形加速度法等の逐次積分法が適している。

モーダルアナリシスによる多自由度系構造物の動的応答解析（等価せん断型モデルの質点系解析）を述べる。

① 地動加速度 $\ddot{x}_0$ を受ける多自由度系構造物を考える（図 2-3）。

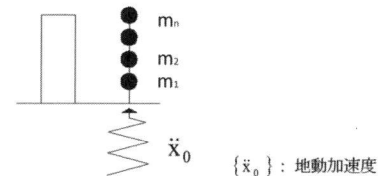

図 2-3　地動加速度を受ける多自由度系構造物

② 構造物が地震動を受けると、地動加速度はすべての質点に同時に作用する。地動加速度 $\ddot{x}_0$ が作用する多自由度系の運動方程式は次式で表せる。

$$[M]\{\ddot{x}\}+[C]\{\dot{x}\}+[K]\{x\}=-[M]\{I\}\ddot{x}_0 \tag{2.1}$$

ここに、$[M]$、$[C]$、$[K]$ = 質量マトリックス、減衰マトリックス、剛性マトリックスであり、n 質点の場合 $n \times n$ のマトリックス；$\{x\}$, $\{\dot{x}\}$, $\{\ddot{x}\}$ = 変位（相対変位）、速度、加速度であり、$n \times 1$ の列ベクトル；$\{I\}$ = 成分がすべて 1 の単位列ベクトル。

$$\text{質量マトリックス}[M]=\begin{bmatrix} m_1 & & & & & & 0 \\ & m_2 & & & & & \\ & & m_3 & & & & \\ & & & \ddots & & & \\ & & & & m_i & & \\ & & & & & \ddots & \\ 0 & & & & & & m_n \end{bmatrix} \tag{2.2}$$

$$\text{減衰マトリックス}[C]=\begin{bmatrix} c_1+c_2 & -c_2 & & & & & 0 \\ -c_2 & c_2+c_3 & -c_3 & & & & \\ & -c_3 & c_3+c_4 & -c_4 & & & \\ & & & \ddots & & & \\ & & & & -c_i & c_i+c_{i+1} & -c_{i+1} \\ & & & & & & \ddots \\ 0 & & & & & -c_{n-1} & c_n \end{bmatrix} \tag{2.3}$$

$$
剛性マトリックス [K] = \begin{bmatrix} k_1+k_2 & -k_2 & & & & & 0 \\ -k_2 & k_2+k_3 & -k_3 & & & & \\ & -k_3 & k_3+k_4 & -k_4 & & & \\ & & & \ddots & & & \\ & & & -k_i & k_i+k_{i+1} & -k_{i+1} & \\ & & & & & \ddots & \\ 0 & & & & & -k_{n-1} & k_n \end{bmatrix} \quad (2.4)
$$

$$
\underset{\text{相対変位}}{\{x\} = \begin{Bmatrix} x_1 \\ x_2 \\ x_3 \\ \vdots \\ x_i \\ \vdots \\ x_n \end{Bmatrix}} \quad \underset{\text{相対速度}}{\{\dot{x}\} = \begin{Bmatrix} \dot{x}_1 \\ \dot{x}_2 \\ \dot{x}_3 \\ \vdots \\ \dot{x}_i \\ \vdots \\ \dot{x}_n \end{Bmatrix}} \quad \underset{\text{相対加速度}}{\{\ddot{x}\} = \begin{Bmatrix} \ddot{x}_1 \\ \ddot{x}_2 \\ \ddot{x}_3 \\ \vdots \\ \ddot{x}_i \\ \vdots \\ \ddot{x}_n \end{Bmatrix}} \quad \underset{\text{単位列ベクトル}}{\{I\} = \begin{Bmatrix} 1 \\ 1 \\ 1 \\ \vdots \\ 1 \end{Bmatrix}} \quad (2.5)
$$

ここに、m_i、k_i、および c_i = 質点 i の質量、水平剛性、および減衰係数。

③ 変位 $\{x(t)\}$ は時刻 t と建物の高さ方向とに変化するので変数分離する。モーダルアナリシスの特色は変位の高さ方向の分布を固有関数（固有モード）で表すことである。

$$\{x(t)\} = [\phi]\{q(t)\} = \sum_{i=1}^{n} \{\phi_i\}\{q(t)\} \quad (2.6)$$

ここに、$[\phi]$ = 固有モードマトリックス $(n \times n)$; $\{\phi_i\}$ = 第 i 次の固有ベクトル（固有関数）; $\{q(t)\}$ = 時刻関数ベクトル。

固有モードマトリックス $[\phi]$、固有ベクトル $\{\phi_i\}$、および、時刻関数ベクトル $\{q\}$ は詳しく書くと次式となる。なお、列ベクトルの転置表現は印刷行数を削減するのに使用している。

$$[\phi] = [\{\phi_1\}, \{\phi_2\}, \cdots, \{\phi_n\}]$$

$$\{\phi_i\}^T = \{\phi_{i1}, \phi_{i2}, \cdots, \phi_{in}\}$$

$$\{q(t)\}^T = \{q_1(t), q_2(t), \cdots, q_n(t)\}$$

④ 式 (2.6) を式 (2.1) に代入し、第 j 次モードの固有ベクトルの転置 $\{\phi_j\}^T$ を前乗すると次式となる。

$$\{\phi_j\}^T[M]\{\phi_i\}\{\ddot{q}(t)\} + \{\phi_j\}^T[C]\{\phi_i\}\{\dot{q}(t)\} + \{\phi_j\}^T[K]\{\phi_i\}\{q(t)\} = -\{\phi_j\}^T[M]\{I\}\ddot{x}_0$$

$$(2.7)$$

⑤ 固有関数の直交性より次式の関係が成立する。

$$\{\phi_j\}^T[M]\{\phi_i\} = \begin{cases} 0 & (\text{for } i \neq j) \\ M_i & (\text{for } i = j) \end{cases} \quad (2.8)$$

$$\{\phi_j\}^T[C]\{\phi_i\} = \begin{cases} 0 & (\text{for } i \neq j) \\ C_i & (\text{for } i = j) \end{cases} \quad (2.9)$$

$$\{\phi_j\}^T[K]\{\phi_i\} = \begin{cases} 0 & (\text{for } i \neq j) \\ K_i & (\text{for } i = j) \end{cases} \quad (2.10)$$

ここに、M_i = モード質量（一般化質量）= $\{\phi_i\}^T[M]\{\phi_i\}$

C_i = モード減衰（一般化減衰）= $\{\phi_i\}^T[C]\{\phi_i\} = 2h_i\omega_i M_i$

K_i = モード剛性（一般化剛性）= $\{\phi_i\}^T[K]\{\phi_i\} = \omega_i^2 M$

ここに、ω_i = 第 i 次モードの固有振動数 (rad / s)；h_i = 第 i 次モードの減衰定数。固有関数（固有ベクトル）に正規化固有関数 $\{\bar{\phi}_i\}$ を用いると、モード質量 $M_i = 1$ となり、モード剛性 $K_i = \omega_i^2$ となる。すなわち、式 (2.8) ～式 (2.10) は次のように書き換えられる。

$$\{\bar{\phi}_j\}^T[M]\{\bar{\phi}_i\} = \begin{cases} 0 & (\text{for } i \neq j) \\ 1 & (\text{for } i = j) \end{cases} \quad (2.8)'$$

$$\{\bar{\phi}_j\}^T[C]\{\bar{\phi}_i\} = \begin{cases} 0 & (\text{for } i \neq j) \\ 2h_i\omega_i & (\text{for } i = j) \end{cases} \quad (2.9)'$$

$$\{\bar{\phi}_j\}^T[K]\{\bar{\phi}_i\} = \begin{cases} 0 & (\text{for } i \neq j) \\ \omega_i^2 & (\text{for } i = j) \end{cases} \quad (2.10)'$$

⑥ 式 (2.7) に固有関数の直交性を利用すると、次式のように第 i 次モードのみの式になる。この式はモードごとに独立な非連成の式である。

$$\ddot{q}_i(t) + 2h_i\omega_i\dot{q}_i(t) + \omega_i^2 q_i(t) = -\frac{\{\phi_i\}^T[M]\{I\}}{\{\phi_i\}^T[M]\{\phi_i\}}\ddot{x}_0 \quad (2.11)$$

⑦ ここで、上式の右辺の係数を β_i と定義し、これを第 i 次モードの刺激係数（participation factor）と呼ぶ。刺激係数 β_i は各モードごとに定まり、固有関数が既知なら既知である。

$$\beta_i = \frac{\{\phi_i\}^T [M]\{I\}}{\{\phi_i\}^T [M]\{\phi_i\}} \tag{2.12}$$

⑧ 第 i 次モードの刺激係数（participation factor）β_i を具体的に表すと、次式となる。

$$\beta_i = \frac{\{\phi_i\}^T [M]\{I\}}{\{\phi_i\}^T [M]\{\phi_i\}} = \frac{\sum_{j=1}^{n} m_j \phi_{ij}}{\sum_{j=1}^{n} m_j \phi_{ij}^2} = \frac{m_1 \phi_{i1} + m_2 \phi_{i2} + \cdots + m_n \phi_{in}}{m_1 \phi_{i1}^2 + m_2 \phi_{i2}^2 + \cdots + m_n \phi_{in}^2} \tag{2.13}$$

ここに、$\phi_{ij} = i$ 次モードの質点 j の固有関数値。添字の第1番目はモードを表し、第2番目は階（質点）を表す。

⑨ 式 (2.12) を用いて、式 (2.11) の右辺を書き換える。

$$\ddot{q}_i(t) + 2h_i\omega_i\dot{q}_i(t) + \omega_i^2 q_i(t) = -\beta_i \ddot{x}_0 \qquad (i=1,2,\cdots,n) \tag{2.14}$$

上式を n 自由度系の構造物について具体的に書くと、次のようになる。

$$\ddot{q}_1 + 2h_1\omega_1\dot{q}_1 + \omega_1^2 q_1 = -\beta_1 \ddot{x}_0$$
$$\ddot{q}_2 + 2h_2\omega_2\dot{q}_2 + \omega_2^2 q_2 = -\beta_2 \ddot{x}_0$$
$$\text{---}$$
$$\ddot{q}_n + 2h_n\omega_n\dot{q}_n + \omega_n^2 q_n = -\beta_n \ddot{x}_0$$

⑩ 刺激関数

第 i 次モードの刺激係数 β_i と固有関数 $\{\phi_i\}$ の積 $\beta_i \{\phi_i\}$ を i 次モードの刺激関数という。刺激係数は各振動モードにおいて影響を受ける度合を表している。刺激係数は通常は1次モードの振動が大きく影響し、高次になるほど小さくなる。

n 階における i 次モードの刺激関数は固有関数 $\{\phi_i\}$ の n 階での固有関数の値 ϕ_{in} を用いると、$\beta_i \phi_{in}$ となる。

刺激関数には質点 i に対して次の関係が成立する。

$$\sum_{j=1}^{n} \beta_j \phi_{ji} = 1 \,(質点\, i=1,2,\cdots,n) \qquad j=1,\,2\,\cdots モード \tag{2.15}$$

すなわち、質点 i に対しては、次式が成立する。

$$\beta_1 \phi_{1i} + \beta_2 \phi_{2i} + \cdots + \beta_n \phi_{ni} = 1 \qquad (質点\quad i=1,2,3\cdots,n) \tag{2.16}$$

各質点位置でのすべてのモード次数の刺激関数を加えると1になる。この関係を用いて計算の妥当性をチェックできる。

⑪ 式 (2.14) の解は Duhamel 積分を含む式となる。

$$q_i(t) = \exp(-h_i\omega_i t)[C_1 \sin\omega_{Di} t + C_2 \cos\omega_{Di} t] - \frac{1}{\omega_{Di}} \int_0^t \exp[-h_i\omega_i(t-\tau)]\sin\omega_D(t-\tau)\beta_i \ddot{x}_0 d\tau \tag{2.17}$$

ここに、$\omega_{Di} = \omega_i\sqrt{1-h_i^2}$ （ここに $h_i = i$ 次モードの減衰定数） \hfill (2.18)

定数 C_1 および C_2 は初期条件より決定される。一般に過渡応答では Duhamel 積分のみであるので、第1項および第2項を省略して、次式となる。

$$q_i = \frac{1}{\omega_{Di}} \int_0^t \exp[-h_i\omega_i(t-\tau)]\sin\omega_{Di}(t-\tau)[-\beta_i\ddot{x}_0(\tau)]d\tau \tag{2.19}$$

⑫ 固有関数に正規化固有関数 $\{\bar{\phi}_i\}$ を用いる場合は、

$$\begin{aligned}\{\bar{\phi}_i\}^T[M]\{\bar{\phi}_j\} &= 0 \quad (\text{for}\quad i \neq j) \\ &= 1 \quad (\text{for}\quad i = j)\end{aligned} \tag{2.20}$$

が成立するので、正規化固有関数を用いた刺激係数 $\bar{\beta}_i$ は次式で与えられる。

$$\bar{\beta}_i = \frac{\{\bar{\phi}_i\}^T[M]\{I\}}{\{\bar{\phi}_i\}^T[M]\{\bar{\phi}_i\}} = \sum_{j=1}^n m_j\bar{\phi}_{ij} \tag{2.21}$$

⑬ 水平変位 $\{x\}$ は次式で与えられる。高さ方向の分布は固有関数で代用する。

$$\{x\} = \sum_{i=1}^n \{\phi_i\}q_i(t) \quad \text{または} \quad \{x\} = \sum_{i=1}^n \{\bar{\phi}_i\}\bar{q}_i(t) \tag{2.22}$$

ここに、$\bar{q}_i$ は式 (2.14) の右辺の β_i を $\bar{\beta}_i$ としたときの解を表す。

⑭ モーダルアナリシスの解析手順は以下の通りである。

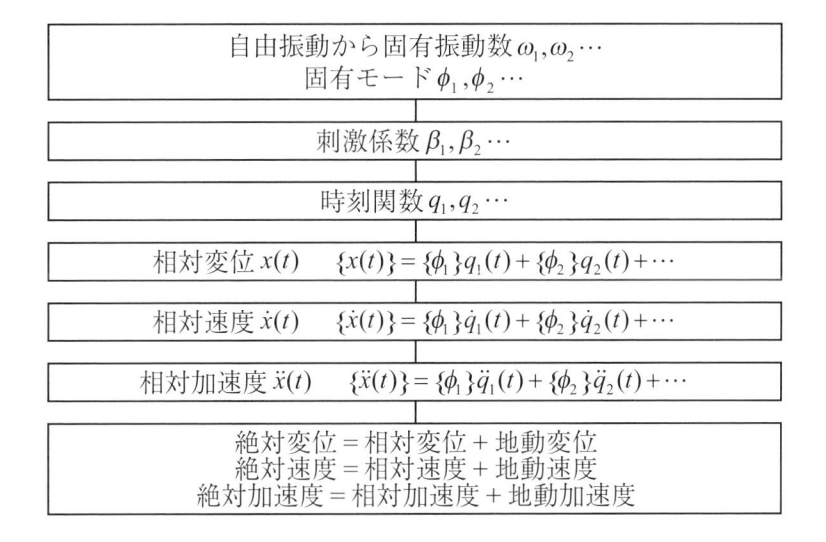

```
┌─────────────────────────────────────────────┐
│ 自由振動から固有振動数 ω₁, ω₂ ···           │
│ 固有モード φ₁, φ₂ ···                       │
├─────────────────────────────────────────────┤
│ 刺激係数 β₁, β₂ ···                         │
├─────────────────────────────────────────────┤
│ 時刻関数 q₁, q₂ ···                         │
├─────────────────────────────────────────────┤
│ 相対変位 x(t)   {x(t)} = {φ₁}q₁(t) + {φ₂}q₂(t) + ··· │
├─────────────────────────────────────────────┤
│ 相対速度 ẋ(t)   {ẋ(t)} = {φ₁}q̇₁(t) + {φ₂}q̇₂(t) + ··· │
├─────────────────────────────────────────────┤
│ 相対加速度 ẍ(t) {ẍ(t)} = {φ₁}q̈₁(t) + {φ₂}q̈₂(t) + ··· │
├─────────────────────────────────────────────┤
│ 絶対変位 = 相対変位 + 地動変位              │
│ 絶対速度 = 相対速度 + 地動速度              │
│ 絶対加速度 = 相対加速度 + 地動加速度        │
└─────────────────────────────────────────────┘
```

2.9 応答スペクトルの利用

(1) 応答スペクトル

弾性振動の最大値は、応答計算をしなくても、建物の固有周期に対して1自由度系の最大応答値をあらかじめ図化した応答スペクトルを利用することにより求めることができる。

① 応答スペクトルは、1自由度系に地震動が作用した際に生じる最大応答値を、1自由度系の各周期に対してプロットしたものであり、次の運動方程式を解くことにより得られる。

$$\ddot{x} + 2h\omega\dot{x} + \omega^2 x = -\ddot{x}_0 \tag{2.23}$$

② 応答の最大値は、次の Duhamel 積分により求まる。

・変位応答スペクトル

$$S_d = \left| \frac{1}{\omega_D} \int_0^t \ddot{x}_0(\tau) e^{-h\omega(t-\tau)} \sin \omega_D(t-\tau) d\tau \right|_{max} \tag{2.24}$$

・速度応答スペクトル

$$S_v = \left| \frac{1}{\sqrt{1-h^2}} \int_0^t \ddot{x}_0(\tau) e^{-h\omega(t-\tau)} \cos[\omega_D(t-\tau) + \varphi] d\tau \right|_{max} \tag{2.25}$$

・加速度応答スペクトル

$$S_a = \left| \frac{\omega}{\sqrt{1-h^2}} \int_0^t \ddot{x}_0(\tau) e^{-h\omega(t-\tau)} \sin[\omega_D(t-\tau) + 2\alpha] d\tau \right|_{max} \tag{2.26}$$

・せん断力係数スペクトル

$$S_q = \left| \frac{kx}{mg} \right|_{max} \approx \frac{S_a}{g} \tag{2.27}$$

ここに、α = 位相差；g = 重力加速度 9.8 m/s^2；

$$\omega_D = \omega\sqrt{1-h^2}$$

③ 応答スペクトルの計算は、Duhamel 積分よりも Newmark の β 法などの数値積分法を用いる。応答スペクトルは地震波入力、最大加速度、減衰定数が与えられると容易に作成できる。構造物の固有周期を横軸にとると、それに対応した縦軸の値が変位、加速度、速度の最大応答値を与える。これらの応答スペクトルを一枚の図に表したのが tripartite logarithmic である。

(2) 多自由度系の線形振動に応答スペクトルを用いる方法

① 多自由度系の線形振動（弾性振動）の地震応答は、自由度の数だけ固有周期を持つので、それぞれの振動モードに対する固有周期について、1 自由度系に基づいて作成されている応答スペクトルを用いて最大応答値を求める。構造物としての応答値は、モードごとの応答値を「2 乗和平方根」"Root Mean Square（RMS）"、または"Square Root of Sum of Squares（SRSS）"により求める。

$$S_{di\ max} = \sqrt{\sum_{j=1}^n (\beta_j \phi_{ji\ j} S_d)^2} \tag{2.28}$$

$$S_{vi\ max} = \sqrt{\sum_{j=1}^n (\beta_j \phi_{ji\ j} S_v)^2} \tag{2.29}$$

$$S_{ai\ max} = \sqrt{\sum_{j=1}^n (\beta_j \phi_{ji\ j} S_a)^2} \tag{2.30}$$

$$S_{qi\ max} \approx \frac{S_{ai\ max}}{g} \tag{2.31}$$

ここに、g = 重力加速度；$S_{di\ max}$ = i 質点の応答最大変位；$S_{vi\ max}$ = i 質点の応答最大速度；$S_{ai\ max}$ = i 質点の応答最大加速度（絶対加速度＝相対加速度＋地動加速度）；$S_{qi\ max}$ = i 質点の震度；$\beta_j \phi_{ji}$ = j 次モードの i 質点の刺激関数値；${}_j S_d$ = j 次固有周期に対応する 1 自由度系の変位応答スペクトル値；${}_j S_v$ = j 次固有周期に対応する 1 自由度系の速度応答スペクトル値；${}_j S_a$ = j 次固有周期に対応する 1 自由度系の加速度応答スペクトル値。

例えば、2 質点系の場合、式 (2.28) の最大変位応答値は次式となる。

質点系1（$i=1$）に対して $S_{d1\ max} = \sqrt{(\beta_1 \phi_{11}\ {}_1 S_d)^2 + (\beta_2 \phi_{21}\ {}_2 S_d)^2}$

質点系2（$i=2$）に対して $S_{d2\ max} = \sqrt{(\beta_1 \phi_{12}\ {}_1 S_d)^2 + (\beta_2 \phi_{22}\ {}_2 S_d)^2}$

② ベースシアー Q_B

$$|Q_B|_{max} \approx \left\{ \sum_{i=1}^{n} m_i \sqrt{\sum_{j=1}^{n} \left(\beta_j \phi_{ji}\ {}_j S_q \right)^2} \right\} a_g \tag{2.32}$$

ここに、a_g = 地動最大加速度。

③ ベースシアー係数 q_B

$$q_B = \frac{|Q_B|_{max}}{Mg} \quad \text{ここに、} \left(M = \sum_{i=1}^{n} m_i \right) \tag{2.33}$$

一般には高次モードがベースシアーに与える影響は小さいことから、1 次モードのみを考えると次式となる[2-4]。

$$q_B \approx \frac{\sum_{i=1}^{n} m_i \beta_1 \phi_{1i}}{\sum_{i=1}^{n} m_i}\ {}_1 \tilde{q} = \lambda\ {}_1 \tilde{q} \tag{2.34}$$

ここに、λ = 1 自由度系のベースシアー係数から多自由度系のベースシアー係数の補正係数；${}_j \tilde{q}$ = 入力最大加速度を a_g としたときのせん断力係数。

$${}_j \tilde{q} \equiv {}_j S_q \frac{a_g}{g} \tag{2.35}$$

$$\lambda = \frac{q_B}{{}_1 \tilde{q}} = \frac{\sum_{i=1}^{n} m_i \beta_1 \phi_{1i}}{\sum_{i=1}^{n} m_i} \tag{2.36}$$

④ 転倒モーメント

$$|M_T|_{max} \approx \left\{ \sum_{i=1}^{n} m_i H_i \sqrt{\sum_{j=1}^{n} (\beta_j \phi_{ji}\ {}_j S_q)^2} \right\} a_g \tag{2.37}$$

ここに、H_i = i 質点の建物底面からの高さ。

参考文献

2-1) 岡本達雄、若松和範："現行構造設計における問題点（上部構造）"、応用力学シリーズ10 建築構造物の創造的数理設計の手法の展望、日本建築学会、pp. 27-41, 2002.
2-2) 社団法人営繕協会：建築構造設計基準、2010.
2-3) 池田隆明："設計用入力地震動の現状"、日本建築学会大会PD資料、建築構造設計者のための理、pp. 25-30, 2005.
2-4) 河村壮一：耐震設計の基礎、オーム社、1984.

第3章　長周期地震動に対する対策

3.1　既存超高層ビルの横揺れ対策

　遠隔地で発生した地震動が地殻を通して伝播する際、長周期成分を含む波は減衰せずに伝わる。これに対して短周期成分は減衰し、遠くにあれば距離減衰をして小さくなる。長周期成分は減衰をほとんどしないので、震源から遠くの距離に地震動が伝播する。大都市のほとんどが堆積平野に立地しているので、海溝で発生した巨大地震が堆積平野を伝播する際、特定の長周期帯の揺れが増幅して、長周期成分が卓越した地震動を形成する。柔らかい堆積層が厚く堆積する堆積平野（関東平野、大阪平野、濃尾平野）では、長周期地震動が盆地の縁での反射を繰り返している間に、堆積物により増幅され、大きな揺れが減衰することなしに長時間継続する。

　超高層ビルは柔らかでしなやかな構造であり、構造物の固有周期が長い。この長い固有周期により、比較的短周期の地震動に対して有利な構造であるが、一方、長周期成分が多く含まれる地震動の作用に対しては、共振現象を呈して、大きな横揺れを発生する。この横揺れは地震波が作用した以後でも長時間にわたって継続する。地震動の初期段階では2次モードで振動し、中間層等がくねくねと振動する。さらに、入力地震波が終わる頃から超高層ビル全体が大きな1次モードで振動する。長周期地震動の継続時間は300秒以上であり、その後の大きな横揺れが止まるまでの地震動の継続時間は短周期地震動の継続時間の10倍以上である。

　長時間にわたる大きな横揺れは、超高層ビルに大きな損傷を発生させるとともに、超高層ビルを利用している居住者や滞在者に大きな不安を与えることから、既存超高層ビルに対して大きな横揺れを抑止する効果的な方法が要望されている。

　2015年現在我が国には高さ60m以上の超高層ビルは約2,500棟ある。これらのほとんどが関東平野、濃尾平野、大阪平野などの軟らかな堆積層から成る平野に建設されている。2015年12月17日に内閣府は「南海トラフ沿いの巨大地震による長周期地震動に関する報告」を発表した。

　南海トラフ沿いの巨大地震が発生した場合には三大都市圏において長周期地震動が卓越することが指摘されている。また、超高層建築物や免震建築物については想定すべき長周期地震動を用いて、改めて構造安全性の検証を行い、その検証結果に応じて改修等の措置を講ずることが望ましいと指摘している。

　上記の安全性の確認には、本書の簡易動的設計法を用いれば容易に且つ迅速に検討できる。構造躯体が大きく揺れると、室内も大きな応答を受けて家具類の移動・転倒、

エレベーターの損傷、非構造部材の天井、仕上材の損傷が発生する。これらの対策には、長周期地震動により発生する当該建築物の動的応答性状を把握することが必要であり、本簡易解析法の結果を利用できる。

既存超高層ビルの当初の構造設計は、長周期地震動以外の比較的短周期の地震動に対して、動的設計法により耐震性を検討している。超高層ビルの長い固有周期と共振現象を発生させる長周期地震動が作用した際の動的応答が、当初設計時での設計クライテリアを満足するか否かを耐震診断で判断し、満足しなければ耐震補強が必要となる。耐震補強は適切な耐震補強デバイスを用いて、長周期地震動による動的応答が設計クライテリアを満足するようにする。

時刻歴解析（動的設計法）を必要としない中低層の建築物に対する安全性の確認は静的設計法を用いる。静的設計法による旧耐震設計法で設計された既存建築物に対しては、耐震診断および耐震補強が実施されている。既存超高層ビルも、長周期地震動に対して耐震性能を確保するための「耐震診断」および「耐震補強」を実施しなければならない。

既存超高層ビルの長周期地震動による対策が必要か否かを判断するには、当初の設計と同様に動的設計を実施して、その動的応答結果から判断しなければならない。しかし、超高層ビルは構造規模も大きく、多くの構造部位で構成されているので、動的設計には多くの時間を要する。また、竣工してから多くの年数を経過した既存超高層ビルでは、動的設計による再確認作業は新たに全データを入力しなければならない。そのためには多くの経費と時間を要することから、簡易であるが高精度な解析法による「簡易耐震診断法」および「簡易耐震補強法」が実務サイドから要望されている。既存超高層ビルのオーナーにとっては、長周期地震動に対して当該建築物が安全であるかを低コストで迅速に確認する必要がある。また、長周期地震動に対して耐震補強が必要となる場合は多くの費用を必要とするので、資金面での手当ておよびテナントへの説明、さらに、耐震補強法を実施する際のテナントに対する業務の支障や補償費用等の膨大な費用に対する検討が必要となる。また、耐震補強法では費用対効果を総合的に検討する必要があり、予備設計段階で幾度も検討を繰り返す必要がある。予備設計段階では、既存超高層ビルの長周期地震動に対する耐震性能と、同時に、耐震補強を必要とする既存超高層ビルに最適な耐震補強計画の合理性を簡易な計算法を用いて評価できる理論が実務的に要望されている。

筆者は、超高層ビルの予備設計段階に適用するために、超高層ビルを等価な剛性を持つ棒材（連続体）に置換し、軸変位、曲げ変位、せん断変位、ねじり変位、shear-lagを考慮した棒材理論を1995年ASCEに発表した[3-1), 3-2)]。この理論は簡易で高精度な結果を与えることから、予備設計段階でも本設計と同等の高精度の結果を得ることが確認されている。この理論の計算は一瞬で終了するので、瞬時に超高層ビルの動的応答状態を把握できる。そのため、構造パラメータを幾度も変化させて最適な形状を求める予備設計段階ではその威力を発揮する。その後、理論の展開を解析的手法から差分法による数値計算の手法に拡張した[3-3), 3-4)]。そこで、本書では既存および新設の超高層ビルの長周期地震動により発生する大きな横揺れを防止する対策として、棒材理論を基にして展開する。

3.2 横揺れ対策

既存超高層ビルの大きな横揺れを防止する一般的な方法と、それを適用する際の問題点を以下で検討する。

① 剛性の増加による横揺れの防止法

既存超高層ビルの大きな横揺れを防止する方法として、鉄骨ブレースや耐震壁を新たに増設して建物の剛性を増大させれば変位は小さくなる。しかし、この強度型の補強法では、応答変位は小さくなるが、反対に加速度が大きくなり、層せん断力および転倒モーメントが増加する。したがって、既存超高層ビルの剛性を高める方法は有効でない。超高層ビルの特徴は、剛性が弱いほど加速度、層せん断力、転倒モーメントが小さくなることから、揺れながら減衰させることが適切である。しかし既存超高層ビルでは剛性のみを弱めることはできないので、剛性を増加させる方法も減ずる方法も有効でない。

② 制振装置による横揺れの防止法

制振に有効な効果を発揮する制振装置の重りの重量は構造物全体の重量の 1/100 を上回る程度を必要とすることから、既存超高層ビルに対しては単独では無理である。既存の高層階の数階を分離して、下層の部分と上層の部分が分離した 2 つの建物とし、分離した上層部分を制振装置の重りとして代用する方法がある。しかし、この方法は、既存超高層ビルには不向きである。

③ 内付および外付オイルダンパーによる横揺れの防止法

オイルダンパーの設置には、既存超高層ビルの空間的な制約が一部発生するが、現実的な対策法と考えられる。オイルダンパーの設置により、構造物の剛性も少し増加するが、それ以上にオイルダンパーによる減衰エネルギーが増加するので、揺れながら減衰する。

④ アウトフレームによる補強法

既存超高層ビルを使用しながらの補強ができるが、一部ファサードに変更が生じる。

上述したように、既存超高層ビルに対する耐震補強法には、オイルダンパーによる方法が最も適していると考えられる。本書では、オイルダンパーを用いた耐震補強法を述べる。オイルダンパーは、建物の内部のフレームに取り付けられる「内付オイルダンパー」が一般的である。しかし、既存超高層ビルではオイルダンパーを内部に設置することは、使用しながらでの施工、居住空間の使い勝手や機能等による制約から効果的な配置ができない場合がある。そこで、既存超高層ビルの外周辺に「外付オイルダンパー」を配置する方法を提案する。外付オイルダンパーは、オイルダンパーを取り付ける階以外は建物の外面とは分離している。したがって、外付オイルダンパーで負担した力は、オイルダンパーが取り付く床面から下層のフレームには流れず、外付オイルダンパーを通して直接基礎に流れるので効果的と考えられる。なお、オイルダンパーの減衰係数が大き過ぎると構造物が剛くなり、応答変位は小さくなるが、加速度が大きくなり、層せん断力および転倒モーメントが増加する。オイルダンパーの最適な減衰係数を選定し、揺れながら減衰させることが肝要である。

3.3　既存超高層ビルの簡易耐震診断法および簡易耐震補強法

　棒材理論を用いて長周期地震動に対する既存超高層ビルの耐震性能を検討する手順を示す。本方法は新設超高層ビルに対しても同様に扱える。

長周期地震動による既存超高層ビルの耐震性能の確認

　① 　簡易耐震診断法

　棒材理論による応答結果が以下を満足する際耐震性があると判断する。

　　　判定条件：　長周期地震動による応答 ＜ 設計クライテリア
　　　判定条件：　最大水平変位量 ＜ 居住性の振幅制限

　② 　簡易耐震補強法

　オイルダンパーによる耐震補強を採用した応答結果が以下を満足する際、耐震性能があると判断する。

　　　判定条件：　長周期地震動による応答 ＜ 設計クライテリア
　　　判定条件：　最大水平変位量 ＜ 居住性の振幅制限

　なお、当初の設計クライテリアは、概ね最大層間変形角と最大応答せん断力に対して規定している。超高層ビルに対する一般的な耐震性能に対するクライテリアは、以下のようである。建築物に作用する地震動の大きさを2種類に区分し、それらをレベル1と2と呼ぶ。

　レベル1は、建築物の耐用年数中に何度か受ける可能性が大きい地震動の強さとする。地震動の強さは最大速度 0.25m/s を想定する。

　レベル2は、建築物の建設地における過去の最強の地震動、または、将来受けると想定される最強の地震動の強さとする。地震動の強さはサイトの地震特性により変化するが、一般に用いられている地震動の強さは最大速度 0.50m/s である。

・レベル1に対して

　　最大層間変形角 ＜ 1/200
　　最大応答層せん断力 ＜ 1次設計用層せん断力
　　塑性率 ≤ 1（弾性設計）

・レベル2に対して

　　最大層間変形角 ＜ 1/100
　　最大応答層せん断力 ＜ 保有水平耐力
　　塑性率 ≤ 1～2

　上記のレベル2に対して、居住者が不安を抱かないための最大水平変位（最大振幅）に対する制限が必要となる。

　軟弱な地盤に建設された超高層ビルが長周期地震動の作用を受けると、地盤の変位と建物の相対変位との和である絶対変位が大きくなり、最上階の居住者に不安を抱かせることになる。これを防止するには、地盤の変位は改善できないので建物の相対変位を小さくし、かつ、絶対加速度を小さくすることが必要となる。超高層ビルの構造設計では、この点に留意していないのが欠点となる。超高層ビルでは地階を設けて、

軟弱な地盤の影響を受けないように配慮することが必要となる。そのためには、地階部分では可能な限り表層地盤の影響を受けないようにして、表層部分の地動変位を少なくする対策が絶対変位を小さくするのに有効である。

3.4 表層地盤と解放工学的基盤の地震動

　棒材理論を既存超高層ビルの簡易耐震診断および簡易耐震補強に使用するには、入力地震動を建物の基礎または工学的基盤面で与える必要がある。入力地震動は地盤を伝播して建物に作用するので、地震動を与える基盤を決定する必要がある。入力基盤が地表の場合以外は、どこまでの地盤を考慮すべきかを工学的に決定する方が便利である。そこで、地震動の中でもS波は構造物に大きな影響を及ぼすので、せん断波（S波）速度の大きさで、地盤を工学的基盤や地震基盤と定義し、それより下の地層の影響を無視できると考える。工学的基盤は「十分な層厚があり、せん断波（S波）速度が400m/s程度の地盤」と定義する。一方、地震基盤は「地殻最上部にあるS波速度が3km/s程度の堅硬な岩盤」と定義する。震源で発生した地震動は地震基盤を伝播し、屈折や反射を繰り返して、建物の下部に位置する工学的基盤に伝達する。一般には、入力地震動は地表および解放工学的基盤上で与えられる。解放工学的基盤とは、工学的基盤の上部の地盤がないとしたときの工学的基盤面を示す。

　入力地震動が解放工学的基盤に作用した場合、地震波は工学的基盤から（地表）表層までの地盤を伝播する際に増幅される。この増幅は汎用プログラム「SHAKE」を用いれば容易に求めることができる。また「SHAKE」を用いなくても、第9章で説明する限界耐力計算法で規定されている簡略法や精算法により、表層地盤による加速度の増幅係数 G_s を用いて求めることができる。また、工学的基盤または地震基盤から建物の地表までの地盤性状がわかれば、地盤の等価せん断剛性 κGA を求めることができるので、棒材理論により地盤と構造物を含めた対応ができる。地盤のせん断剛性 G はせん断ひずみと非線形の関係にあるので、上部構造物の弾塑性応答と同様に時刻歴応答により増分形式で考慮する必要がある。

　表3-1は、入力地震動がどの基盤で与えられるかにより、棒材理論単独の使用またはSHAKE等を併用した各種解析法を示す。なお、SHAKEは重複反射理論により地

表 3-1　入力地震動の基盤による解析法の違い

対象	解析法				
	1	2	3	4	5
上部構造	棒材理論	棒材理論	棒材理論	棒材理論	棒材理論
地表 ｜ 工学的基盤	×	SHAKE			
地震基盤	×	×	×	SHAKE	

盤の地震応答解析を行うプログラムであり、土の非線形化（土の剛性と減衰がせん断ひずみに依存する）には、一般には等価線形解析を用いる。

　上述した表層地盤による増幅は一般的な地震動に対して適用し、観測波については直接建物の基礎に作用させる。表層地盤の影響が顕著な地盤で、表層で観測された地震動を逆に計算することにより、解放工学的基盤での地震動を求めることができる。この地震動は、この地域の他の建物を設計する際の地震動として使用できる。

　長周期地震動に対しては、次項で説明するように、平成22年（2010年）国土交通省住宅局建築指導課より、超高層建築物等を検討する際の長周期地震動の対策試案が発表された。この対策試案は3個の海溝型地震に対する建設地の地震動を求める方法を示している。地震動は解放工学的基盤で求めると提示しているが、地震動の作成において、解放工学的基盤からサイト地表面までの減衰定数5%の地震動加速度応答スペクトル比率を表すサイト増幅率が考慮されているので、**表層地震の増幅を考慮する必要はない。**

3.5　超高層ビルの検討用長周期地震動の作成

　超高層建築物等における長周期地震動の対策は、2011年東北地方太平洋沖地震の観測結果等を踏まえて、今後告示化される予定である。告示化に際して、平成22年12月に国土交通省住宅局建築指導課より「超高層建築物等における長周期地震動への対策試案について」[3-5]が発表された。本試案に対する概要を以下で示す。

(1)　長周期地震動として考慮する地震

　長周期地震動として対象とする地震は、表3-2に示す3つの海溝型地震を考える。

表3-2　対象とする長周期地震動の諸元

対象 地震動	マグニチュード M_w	地震モーメント M_0 (dyne・cm)	想定震源断層の4隅の緯度・経度・深さ		
			断層破壊開始地点の緯度・経度・深さ		
想定東海地震	8.0	1.12×10^{28}	東経 137.069° 東経 138.327° 東経 138.955° 東経 137.697°	北緯 34.363° 北緯 35.399° 北緯 34.877° 北緯 33.840°	深さ 24.0km 深さ 24.0km 深さ 2.0km 深さ 2.0km
			東経 137.610°	北緯 34.636°	深さ 20.3km
東南海地震	8.1	1.48×10^{28}	東経 135.605° 東経 137.142° 東経 138.042° 東経 136.505°	北緯 33.698° 北緯 34.973° 北緯 34.217° 北緯 32.942°	深さ 22.0km 深さ 22.0km 深さ 3.2km 深さ 3.2km
			東経 136.060°	北緯 33.700°	深さ 17.3km
宮城県沖地震	7.6	2.80×10^{27}	東経 141.466° 東経 141.942° 東経 142.596° 東経 142.098°	北緯 38.176° 北緯 38.825° 北緯 38.515° 北緯 37.867°	深さ 50.7km 深さ 50.7km 深さ 23.7km 深さ 23.7km
			東経 142.167°	北緯 38.150°	深さ 28.2km

上記の長周期地震動の作用に対して、建築物の種類により以下の対策が必要となる。
対策 1：設計用地震動に対して構造耐力上安全であることを確認すること。なお、設計用長周期地震動は、参考文献 [3-5] の別紙 1 を用いるか、または、周期 0.1 〜 10 秒の成分を含み継続時間が 500 秒以上の長周期地震動を用いてもよい。
対策 2：家具等の転倒防止対策をすること。

(2) 対策を必要とする建築物
上記の長周期地震動に対する対策を必要とする建築物は、時刻歴応答計算を必要とする建築物であり、建築物を第 1 類〜第 3 類と名称する。
（第 1 類：新設超高層建築物）……時刻歴応答解析による大臣認定を受ける建築物（法第 20 条第一号で規定される高さ 60m を超える建築物および免震建築物）は**対策 1** および **2** が必要となる。
（第 2 類：工作物）……時刻歴応答解析による大臣認定を受ける工作物は、**対策 1** に準ずる対策が必要となる。
（第 3 類：既存超高層建築物）……既存の超高層建築物等については、「再検証対象建築物」としての取扱いになる。具体的には、設計用長周期地震動が設計クライテリアを満足しているかの確認を実施する。厳密には、設計用長周期地震動による動的応答が既存の設計クライテリアを超過しないことを確認する必要がある。この作業は、本書で提案する棒材理論を用いた「簡易耐震診断法」を用いれば容易に確認できるが、それ以外の当初設計で使用した動的応答計算を使用する場合は煩雑となる。簡便な方法として、擬似速度応答スペクトルを用いる方法が提案されている。この方法は、設計用長周期地震動および当初の構造計算で用いた入力地震動に対して、対象建築物の 1 次固有周期に対する擬似速度応答スペクトルの値を求めて、設計用長周期地震動の場合が大きい場合は、長周期地震動に対する耐震性が不足する建築物として評価する方法である。この方法は、既に動的設計法でその安全性が確認されている既存の超高層ビルに対して、長周期地震動に対する動的応答計算を強制することを避ける簡便法として提唱している。しかし、長周期地震動に対する既存超高層ビルの耐震安全性を評価し、もし不足する場合はどの階で発生しているのか、また、1 次の固有振動形以外の振動モードに対して耐震安全性を確認することが必要となる。棒材理論による簡易解析法は、動的設計法と同じレベルの計算法を簡易に実施できる。

(3) 建設地点の設計用長周期地震動の作成法
長周期地震動は解放工学的基盤での地震動について検討すると、震源から伝播する距離や地盤に影響されることから、関東地域・東海地域・関西地域を 9 区域に分ける。これらの区分に位置する建設地点の解放工学的基盤における設計用長周期地震動のデータファイルは、参考文献 [3-5] の付録からダウンロードできる。

図 3-1(a) 〜 (c) は関東地域、東海地域、関西地域の区分を示す。これらの区分の詳細は**表 3-3** 〜**表 3-5** に明記されている。

(a) 関東地域　　　　　　(b) 東海地域　　　　　　(c) 関西地域

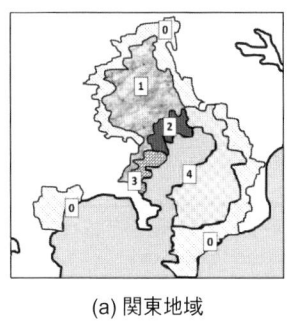

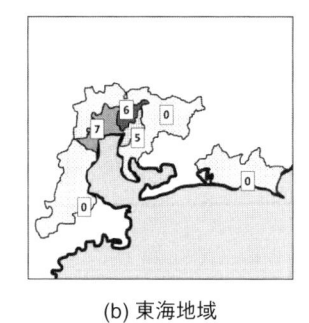

図 3-1　対象地域の区分

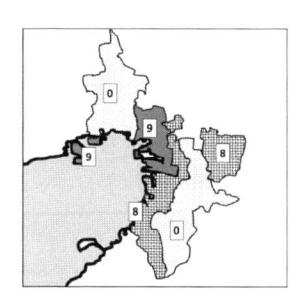

表 3-3　対象地域の区分（関東地域）

区域	0	1	2	3	4
茨城県	古河市、境町、五霞町				
埼玉県	加須市、鴻巣市、北本市、川島町、坂戸市、鶴ヶ島市、日高市、狭山市、入間市、幸手市、宮代町、杉戸町、春日部市、松伏町、吉川市、三郷市	さいたま市岩槻区、浦和区、大宮区、北区、桜区、中央区、西区、緑区、南区、見沼区、久喜市、桶川市、上尾市、伊奈町、蓮田市、白岡町、川越市、所沢市、ふじみ野市、三芳町、富士見市、志木市、新座市、朝霞市、和光市、戸田市、蕨市、川口市、越谷市、草加市、八潮市			
千葉県	流山市、松戸市、八千代市、四街道市、千葉市若葉区、緑区、茂原市、長柄町、長南町、大多喜町、鴨川市、鋸南町、南房総市、館山市		浦安市		市川市、船橋市、習志野市、千葉市花見川区、稲毛区、美浜区、中央区、市原市、袖ヶ浦市、木更津市、君津市、富津市
東京都	武蔵村山市、立川市、昭島市、日野市、多摩市、稲城市	足立区、荒川区、板橋区、葛飾区、北区、渋谷区、新宿区、杉並区、世田谷区、台東区、豊島区、中野区、練馬区、文京区、目黒区、清瀬市、国立市、小金井市、国分寺市、小平市、狛江市、調布市、西東京市、東久留米市、東村山市、東大和市、府中市、三鷹市、武蔵野市	江戸川区、大田区、江東区、品川区、墨田区、中央区、千代田区、港区		
神奈川県	川崎市多摩区、高津区、小田原市、中井町、箱根町、真鶴町、南足柄市、湯河原市	川崎市幸区、中原区、横浜市港北区、戸塚区、保土ケ谷区		川崎市川崎区、横浜市鶴見区、神奈川区、中区、西区、南区、磯子区、港南区、金沢区	

表 3-4 対象地域の区分（東海地域）

区域	0	5	6	7
静岡県	浜松市北区、中区、西区、浜北区、東区、南区、磐田市、袋井市、掛川市、菊川市、御前崎市、牧之原市、吉田市			
愛知県	一宮市、稲沢市、清須市、北名古屋市、小牧市、豊山町、春日井市、瀬戸市、豊田市、尾張旭市、長久手町、日進市、東郷町、みよし市、刈谷市、知立市、安城市、高浜市、碧南市、東浦町、阿久比町、半田市、常滑市、武豊町、美浜町、南知多町	名古屋市名東区、天白区、緑区、南区、大府市、東海市、豊明市、知多市	名古屋市西区、北区、守山区、東区、千種区、中村区、中区、昭和区、中川区、熱田区、瑞穂区、港区、大治町	愛西市、あま市、蟹江町、津島市、飛島村、弥富市
岐阜県	海津市、羽島市、輪之内市、養老町			
三重県	いなべ市、東員町、菰野町、鈴鹿市、亀山市、津市、松坂市			朝日町、川越町、木曽岬町、桑名市、四日市市

表 3-5 対象地域の区分（関西地域）

区域	0	8	9
大阪府	大阪市中央区、天王寺区、生野区、東住吉区、平野区、堺市北区、中区、東区、南区、美原区、和泉市、松原市、羽曳野市	大阪市鶴見区、淀川区、福島区、西区、浪速区、西成区、阿倍野区、住吉区、堺市堺区、西区、高石市、泉大津市、忠岡町、岸和田市、東大阪市、八尾市	大阪市西淀川区、此花区、港区、大正区、住之江区
兵庫県	宝塚市、西宮市、芦屋市、神戸市東灘区		尼崎市、六甲アイランド（神戸市東灘区、向洋町西・中・東）、ポートアイランド（神戸市中央区港島、港島中町、港島南町、神戸空港）

　設計用長周期地震動の作成方法は、建設地がどこの対象区分に位置するかにより、以下のように対応が異なってくる。

対象地域が区域 1 〜 9 の場合

　地震波は参考文献[3-5]の別紙 2（表 1）の解放工学的基盤における設計用長周期地震動のデータをダウンロードして使用することができる。**表 3-6** は、ダウンロードできるファイル名と特性を示す。また、区域 1 〜 9 について設計用長周期地震動の減衰定数 5% の擬似速度応答スペクトルを**図 3-2** に比較する。

表 3-6　各区域の地震動波形一覧

区域	ファイル名	最大加速度 (cm/s²)	最大速度 (cm/s)	参考 記号	参照地点 緯度 (度)	経度 (度)	区域を代表する地点
1	area01_acc	58.8	15.6	KGIN	35.6939	139.6922	新宿区役所
2	area02_acc	52.1	20.8	E4E	35.6897	139.7550	千代田区役所
3	area03_acc	72.0	22.5	E56	35.4397	139.6533	横浜市役所
4	area04_acc	77.0	19.8	E62	35.6031	140.1050	千葉市役所
5	area05_acc	170.1	16.8	AIC004	35.0635	136.9737	名古屋緑区役所
6	area06_acc	189.3	19.0	NAG	35.1647	136.9681	名古屋市役所
7	area07_acc	137.5	30.8	AIC003	35.1732	136.7404	津島市役所
8	area08_acc	80.3	17.9	OSK006	34.5894	135.4711	堺市堺区役所
9	area09_acc	88.4	29.1	OSKH02	34.6627	135.3897	大阪市此花区役所

注）最大速度は、遮断周波数 0.1Hz のローカットフィルターを施した FFT による積分から算出した。

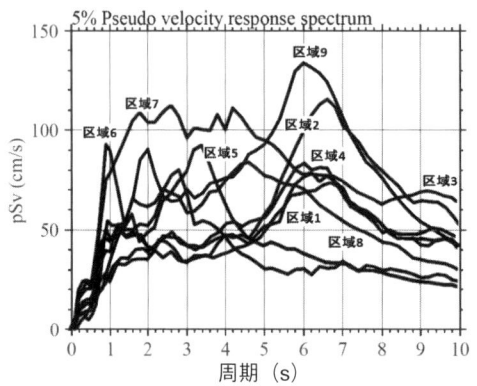

図 3-2　減衰定数 5％の擬似速度応答スペクトル（区域 1 ～ 9）

対象地域が区域 0 の場合

建設地点に近い順に 3 カ所の設計用長周期地震動を建設地点の地震動とする地震動観測地点を選び、参考文献[3-5]の別紙 5 の手法により設計用長周期地震動を作成する。

なお地震動観測地点は、図 3-3 に示すように、K-NET および KiK-net の地震計設置位置であり、全国で 1699 地点がある。

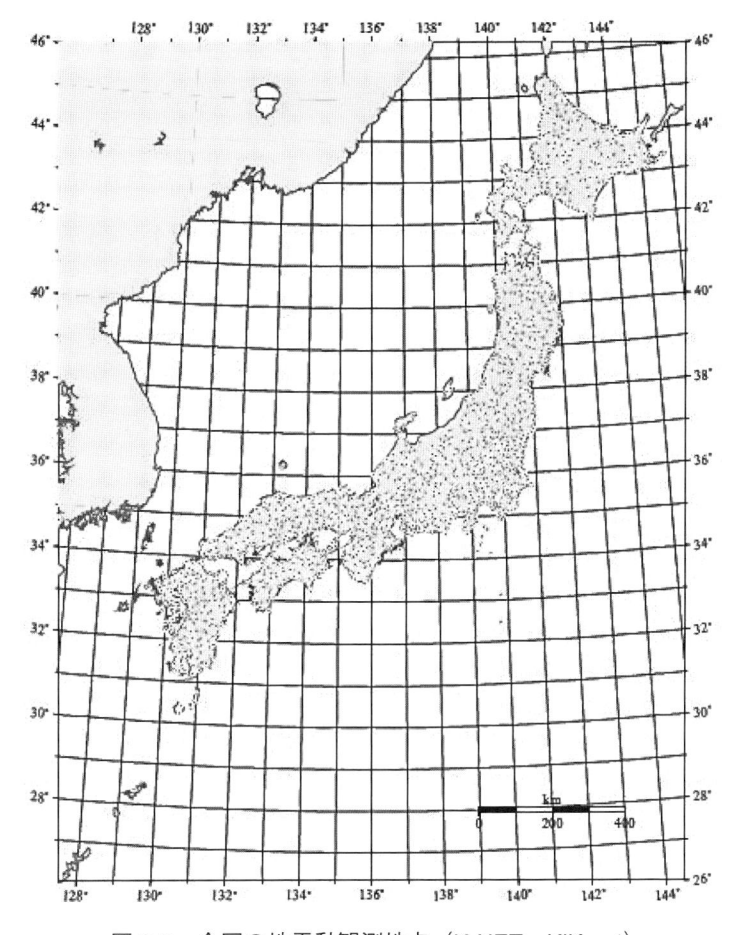

図 3-3　全国の地震動観測地点（K-NET、KiK-net）

対象地域が上記区域 0 ～ 9 以外の場合

次の条件を満足する場合、今回対象とした設計用長周期地震動の検討は不要である。条件としては、50kine 以上の標準的 3 波（EL-CENTRO-NS、TAFT-EW、八戸 NS）および告示波（地震地域係数 $z = 1$、ランダム位相で継続時間 120 秒以上）を構造計算に用いた場合。

(4) 地震動観測地点の設計用長周期地震動の作成方法

各観測地点の時刻歴波形は、各観測点の解放工学的基盤における減衰係数 5％の加速度応答スペクトル $S_a(T)$ と、群遅延時間の平均値 $M_{tgr}(f)$ と標準偏差 $\sigma_{tgr}(f)$ に基づく位相特性より算定する。

① 時刻歴の継続時間（データ時間の長さ）は一律 $T_d = 1310.72$ 秒とする。データの時間刻み Δ_t を 0.02 秒とすると、データの個数 N は 65536 となる。

② 加速度時刻歴波形 $a(t)$ は次式で与える。

$$a(t) = \sum_{k=0}^{N_f}[A_k \cos(2\pi f_k t + \phi_k)] \tag{3.1}$$

ここに、A_k = 振動数 f_k におけるフーリエ係数；f_k = k 番目の成分振動数 $f_k = k/T_d$ (Hz)；N_f = 成分振動数の個数 ($N_f = N/2 = 32768$)；ϕ_k = k 番目の成分の位相角（rad）。なお、A_k は観測地点での加速度応答スペクトルを目標値として、繰り返し計算により求める。

③ 位相角 ϕ_k の算定方法

位相角 ϕ_k の振動数に関する傾きを群遅延時間 $\overline{TGR_k}$ と定義する。

$$\overline{TGR_k} = \frac{\phi_{k+1} - \phi_k}{2\pi\Delta f} = \frac{\Delta\phi_k}{2\pi\Delta f} \tag{3.2}$$

群遅延時間は正規分布すると仮定すると、0～10Hz の各振動数帯域における地震動観測点の群遅延時間の平均値 $\mu_{tgr}(f)$ と標準偏差 $\sigma_{tgr}(f)$ は以下により求める。

$$\mu_{tgr}(f) = A_1(f)M_0^{1/3} + B_1(f)X + C_{1j}(f) \tag{3.3}$$

$$\sigma_{tgr}(f) = \sqrt{A_2(f)M_0^{1/3} + B_2(f)X + C_{2j}^{~2}(f)} \tag{3.4}$$

波形合成時の各振動数での位相差分（隣り合う振動数でのフーリエ位相角の差分）$\Delta\phi(f)$ は以下により与えられる。

$$\Delta\phi(f) = -(\mu_{tgr}(f) + \sigma_{tgr}(f)s)df 2\pi \tag{3.5}$$

ここに、平均値 $s = 0$、標準偏差1の正規乱数；df = 振動数刻み（継続時間の逆数）。

各振動数における位相角 ϕ_k は次式で逐次求める。

$$\phi_{k+1} = \phi_k + \Delta\phi_k \tag{3.6}$$

④ 解放工学的基盤における加速度応答スペクトル $S_a(T)_{工学的基盤}$

各地震動観測地点における解放工学的基盤の加速度応答スペクトル $S_a(T)_{工学的基盤}$（減衰定数5%：cm/s²）を次の回帰式で与える。

$$\log_{10}(S_a(T)_{工学的基盤}) = a(T)M_w + b(T)R - \log_{10}(R^{p(T)} + d(T) \times 10^{0.5M_w}) + c(T) + c_j(T) \tag{3.7}$$

ここで、M_w = 地震のモーメントマグニチュード；R = 地震動観測地点 j から想定震源断層までの最短距離（km）；T = 周期（s）（0.1（s）～10（s））；$a(T), b(T), p(T), d(T), c(T)$ = 地震動観測地点によらない共通の係数であり、参考文献[3-5]の別紙1（表4）に示す周期 T ごとの係数であり、デジタルデータで与えられる。図3-4 は、これらの係数の周期 T に対する性状を示す。$c(T)$ の値が周期 T に大きく影響する。

図 3-4　$a(T), b(T), p(T), d(T), c(T)$ の分布

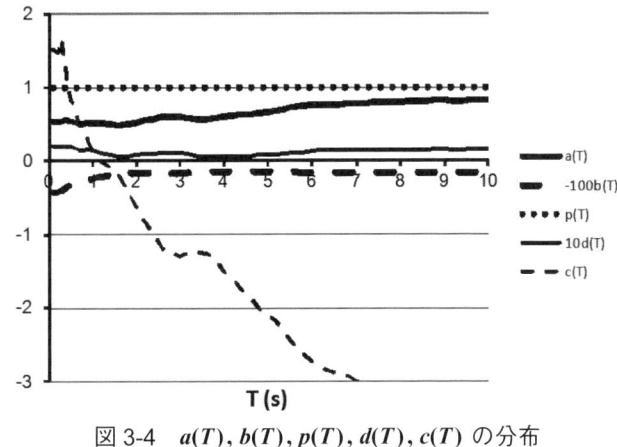

また、$c_j(T)$ = 地震動観測地点ごとに異なる係数で、地震動観測地点 j における地震基盤から解放工学的基盤までのサイト増幅係数。

地震動観測地点 j でのサイト増幅係数 $c_j(T)$ は、表 3-7 に示す代表的な 8 つの地震動観測地点におけるサイト増幅係数 $c_j(T)$ の値に対応したサイト増幅率（$= 10^{c_j(T)}$）として与える。図 3-5 はサイト増幅率の分布を示す。

表 3-7　代表的な 8 つの地震観測地点

観測点	名称
気象庁追手町観測点	E4E
気象庁横浜地方気象台	E56
K-NET 東雲観測点	TKY016
東京西新宿・工学院大学観測点	KGIN
K-NET 津島観測点	AIC003
K-NET 名古屋観測点	AIC004
KiK-net 此花観測点	OSKH02
K-NET 大阪観測点	OSK005

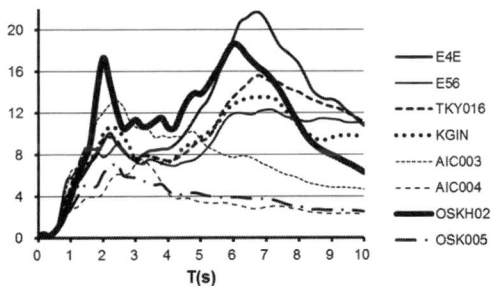

図 3-5　代表的な 8 つの地震動観測地点におけるサイト増幅率（$10^{c_j(T)}$）の分布

なお、全国の地震動観測地点のサイト増幅率の値は参考文献[3-5]の別紙 3 よりダウンロードできる。

想定震源断層は通常四角形で表現されるので、地震動観測地点の緯度経度と想定震源断層の位置を定める想定震源四隅の緯度経度およびそれぞれの深さがわかれば、地震動観測地点からこの四角形までの最短距離を求めることができる。これらの値は、表3-2の対象地震の諸元で与えられる。

　実用的には、断層面が長方形で与えられるならば、長さ、幅を等分割し、分割された各領域の中心位置から地震動観測地点までの距離を計算し、その最小値を最短距離とすればよい。分割された領域 i の地震動観測点までの距離 R_i（km）は、次式で与えられる。

$$R_i = \sqrt{D_i^2 + (6371\Delta_i)^2} \tag{3.8}$$

ここに、D_i = 分割された領域 i の中心位置深さ（km）；Δ_i = 式(3.9)より求まる角距離（rad）。

$$\sin^2\left(\frac{\Delta_i}{2}\right) = \frac{(\alpha_i - \alpha_j)^2 + (\beta_i - \beta_j)^2 + (\gamma_i - \gamma_j)^2}{4} \tag{3.9}$$

ここに、$\alpha_i, \alpha_j, \beta_i, \beta_j, \gamma_i, \gamma_j$ は次式により求められる。

$$\begin{aligned}
\alpha_i &= \cos\phi_i \cos\lambda_i \\
\alpha_j &= \cos\phi_j \cos\lambda_j \\
\beta_i &= \cos\phi_i \sin\lambda_i \\
\beta_j &= \cos\phi_j \sin\lambda_j \\
\gamma_i &= \sin\phi_i \\
\gamma_j &= \sin\phi_j
\end{aligned} \tag{3.10}$$

ここに、ϕ_i および λ_i = 分割された微少領域 i の中心位置の緯度および経度；ϕ_j および λ_j = 地震動観測地点 j の緯度および経度。

(5) 群遅延時間の平均値と分散

　群遅延時間の微小帯域（中心振動数 f）における平均値 $\mu_{tgr}(f)$ と分散 $\sigma_{tgr}^2(f)$（標準偏差の2乗）は以下の回帰式で与えられる。

$$\mu_{tgr}(f) = A_1(f)M_0^{1/3} + B_1(f)X + C_{1j}(f) \tag{3.11}$$

$$\sigma_{tgr}^2(f) = A_2(f)M_0^{1/3} + B_2(f)X + C_{2j}^2(f) \tag{3.12}$$

ここで、f = 振動数（Hz）；M_0 = 地震モーメント（dyne·cm）；$A_1(f), B_1(f), A_2(f), B_2(f)$ = 地震動観測地点によらない共通の係数であり、分布形状を図3-6に示す；$C_{1j}(f), C_{2j}(f)$ = 地震動観測地点ごとに海溝型地震に対してそれぞれ与えられる係数であり、地震動観測地点 j における係数。これらの $A_1(f) \sim C_{2j}(f)$ は地震観測地点ごとにデジタル値で参考文献[3-5]に与えられる。表3-7の代表的な8つの地震動観測地点における海溝型地震のTKY016地点に対する係数 $C_{1j}(f)$ および $C_{2j}(f)$ の分布は図3-7に示す。ただし、2Hz以上は全地点でそれぞれ同じ値である。

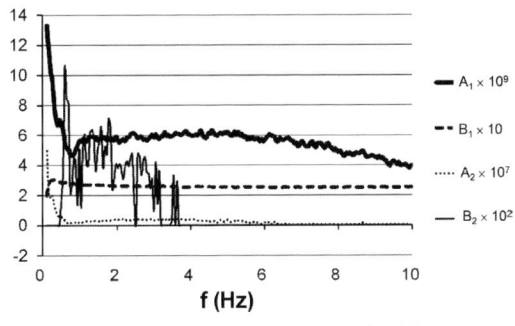

図 3-6　A_1, A_2, B_1, B_2 の分布形状

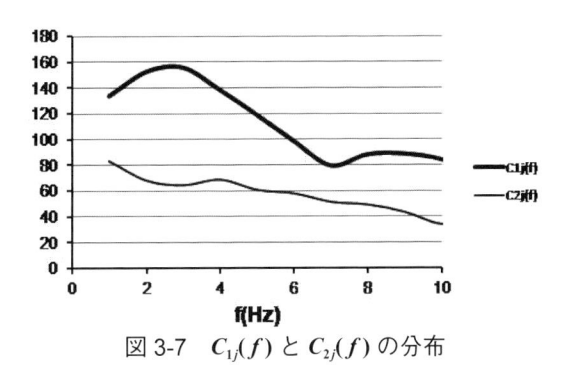

図 3-7　$C_{1j}(f)$ と $C_{2j}(f)$ の分布

　また、X = 地震動観測地点 j から想定震源断層の破壊開始時点までの最短距離(km)。X は次式より求める。

$$X = \sqrt{D_0^2 + (6371\Delta_0)^2} \tag{3.13}$$

ここに、D_0 = 断層破壊開始時点の深さ（km）；Δ_0 = 角距離（rad）。

　Δ_0 は次式より求める。

$$\sin^2\left(\frac{\Delta_0}{2}\right) = \frac{(\alpha_E - \alpha_j)^2 + (\beta_E - \beta_j)^2 + (\gamma_E - \gamma_j)^2}{4} \tag{3.14}$$

ここに、

$$\begin{aligned}
\alpha_E &= \cos\phi_E \cos\lambda_E \\
\alpha_j &= \cos\phi_j \cos\lambda_j \\
\beta_E &= \cos\phi_E \sin\lambda_E \\
\beta_j &= \cos\phi_j \sin\lambda_j \\
\gamma_E &= \sin\phi_E \\
\gamma_j &= \sin\phi_j
\end{aligned} \tag{3.15}$$

ここに、ϕ_E および λ_E = 想定震源断層の破壊開始地点の緯度および経度；ϕ_j および λ_j = 地震動観測地点 j の緯度および経度。

(6) 加速度応答に適合する地震動の作成

式 (3.1) に示した地震動 $a(t)$ の位相角 ϕ_k は式 (3.6) で得られる。一方、フーリエ係数 A_k は、繰り返し計算で求めた地震動の加速度応答スペクトル S_a' が、式 (3.7) のサイトの加速度応答スペクトル S_a に一致するように繰り返し計算した収束計算により決定する。図 3-8 にフローチャートを示す。

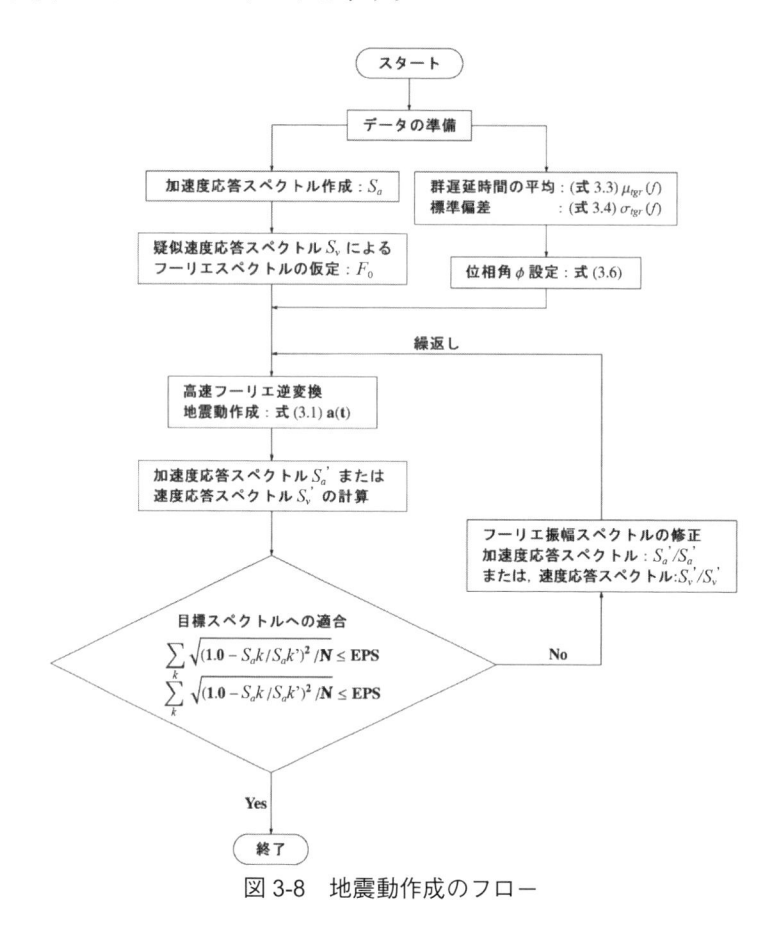

図 3-8 地震動作成のフロー

初めに、目標とする加速度応答スペクトル S_a を式 (3.7) により作成する。次に、複素演算による高速フーリエ逆変換を利用するために、A_k に対応したフーリエ振幅スペクトル F_k を繰り返し計算に用いる。フーリエ振幅スペクトルと減衰定数 0%での速度応答スペクトル S_v の形状がよく似ているので、繰り返し演算の初期値として疑似速度応答スペクトル S_v ($S_{vk} = S_{ak}/\omega_k$) を用いる。

続いて、複素表示した式(3.1)の右辺を高速フーリエ逆変換により地震動 $a(t)$ を求め、その加速度応答スペクトル S_a'、あるいは速度応答スペクトル S_v' を計算する。これらの目標スペクトルとの誤差の 2 乗平均が設定値を超えている場合は、フーリエ振幅スペクトルを S_a/S_a'、または S_v/S_v' 倍して修正を行い、設定値を超えなくなるまで再度フーリエ逆変換まで戻り、目標スペクトルに十分適合したと見なせる時点で地震動の作成が完了する。なお、高速フーリエ変換等については参考文献 [3-6], [3-7] に詳述されている。

3.6 応答スペクトルの基本概要

　構造物の動的応答は、入力地震動が持つ周期特性と構造物の固有周期に依存し、両者が合致すれば共振状態になり大きな応答となる。地震波を選定すると、入力地震動の特性は変えられないので、建築物の固有周期が入力地震動と共振しないように設定することが設計上重要になる。ある規定した入力地震動に対して建築物の固有周期を変化させたときの最大応答値を順次プロットすると、応答スペクトルが求まる。この応答を加速度、速度、変位に対して各々加速度応答スペクトル、速度応答スペクトル、変位応答スペクトルと呼ぶ。地動加速度 $\ddot{x}_0$ を受ける構造物の動的応答は、構造物の1次固有モードに対応する固有周期が支配的であるので、応答スペクトルは図 3-9 に示すような 1 質点系のモデルを用いて求める。

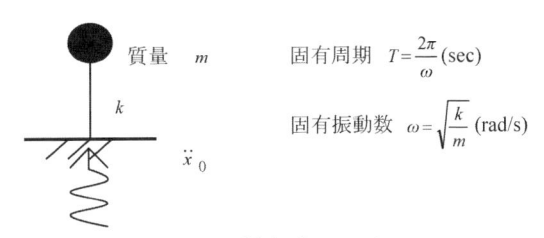

質量　m　　　固有周期　$T = \dfrac{2\pi}{\omega}$ (sec)

k

固有振動数　$\omega = \sqrt{\dfrac{k}{m}}$ (rad/s)

$\ddot{x}_0$

図 3-9　質点系のモデル

　地動加速度 $\ddot{x}_0$ を受ける 1 質点系の運動方程式は次式となる。

$$\ddot{x} + 2h\omega\dot{x} + \omega^2 x = -\ddot{x}_0 \tag{3.16}$$

ここに、$h =$ 減衰定数；$\omega = 1$ 質点系の固有振動数；$x =$ 相対変位；$\dot{x} =$ 相対速度；$\ddot{x} =$ 相対加速度。

　地動 $\ddot{x}_0$ を受けるときの 1 自由度系の運動は、Duhamel 積分より以下のように表せる。

$$\text{相対変位　} \bar{x}(t) = -\frac{1}{\omega_D}\int_0^t \ddot{x}_0(\tau)\exp[-h\omega(t-\tau)]\sin\omega_D(t-\tau)d\tau \tag{3.17}$$

$$\text{相対速度　} \dot{\bar{x}}(t) = -\frac{\omega}{\omega_D}\int_0^t \ddot{x}_0(\tau)\exp[-h\omega(t-\tau)]\cos[\omega_D(t-\tau)+\alpha]d\tau \tag{3.18}$$

$$\text{絶対加速度　} \ddot{\bar{x}}(t) + \ddot{x}_0(t) = \frac{\omega^2}{\omega_D}\int_0^t \ddot{x}_0(\tau)\exp[-h\omega(t-\tau)]\sin[\omega_D(t-\tau)+2\alpha]d\tau \tag{3.19}$$

ここに、$(\omega_D = \omega\sqrt{1-h^2})$；$\alpha =$ 位相差。$\tan\alpha = \dfrac{h}{\sqrt{1-h^2}}$ の関係が成立する。

　位相差 α を無視し、減衰が小さいとき、$\omega_D \fallingdotseq \omega$ と近似できるので、式 (3.17) ～式 (3.19) は次のように近似化できる。

$$\bar{x}(t) = -\frac{1}{\omega}\int_0^t \ddot{x}_0(\tau)\exp[-h\omega(t-\tau)]\sin\omega_D(t-\tau)d\tau \tag{3.20}$$

$$\dot{\bar{x}}(t) \fallingdotseq -\int_0^t \ddot{x}_0(\tau)\exp[-h\omega(t-\tau)]\cos\omega_D(t-\tau)d\tau \tag{3.21}$$

$$\ddot{x} = \ddot{\bar{x}}(t) + \ddot{x}_0(t) \fallingdotseq \omega\int_0^t \ddot{x}_0(\tau)\exp[-h\omega(t-\tau)]\sin\omega_D(t-\tau)d\tau \tag{3.22}$$

式 (3.21) の近似式として、cos を sin に置換すると、

$$\dot{\bar{x}}(t) \fallingdotseq -\int_0^t \ddot{x}_0(\tau)\exp[-h\omega(t-\tau)]\sin\omega_D(t-\tau)d\tau \tag{3.23}$$

となる。これらの展開で用いた近似は、非常に長い周期（長周期）における最大速度や、非常に短い周期における最大加速度で誤差が出る程度であり、実用上は問題ない。

式 (3.20)、式 (3.22)、式 (3.23) を比較すると、次の近似関係を得る。

$$\bar{x} = \frac{1}{\omega^2}\ddot{x} \tag{3.24}$$

$$\dot{\bar{x}} = \frac{1}{\omega}\ddot{x} \tag{3.25}$$

これより、絶対加速度 $\ddot{x}$、相対変位 $\bar{x}$、相対速度 $\dot{\bar{x}}$ のいずれか 1 つが求まると、他は求まることになる。応答スペクトル法はこの関係を使用する。

応答スペクトルは最大値をプロットするので、式 (3.20)、式 (3.23)、式 (3.22) で与えられる変位、速度、加速度の最大値を変位応答値 S_d、速度応答値 S_v、加速度応答値 S_a と表記すると、式 (3.24)、式 (3.25) より S_a、S_d、S_v に対して次の関係がある。

$$\boxed{\begin{aligned} S_v &= \frac{1}{\omega}S_a : 擬似応答相対速度 \\ S_d &= \frac{1}{\omega^2}S_a : 擬似応答相対変位 \end{aligned}} \tag{3.26}$$

すなわち、S_a、S_d、S_v のうち 1 つが求まると他の 2 つは求まる。上式の S_v および S_d は、上述した近似化を導入して、加速度の応答値 S_a から ω を介して求めた値であり、応答計算から直接求めたものではない。そのため、これらを擬似応答速度、擬似応答変位と呼んで、直接求めた応答値と区別する。

図 3-10 は変位、速度、加速度の応答スペクトルの特性を模式している。建物の固有周期 T が大きくなるほど、加速度応答スペクトルの値は小さくなる傾向がある。加速度応答スペクトルで、加速度が一定領域である卓越周期 $T_2 \sim T_3$ の値を注意すべきであり、建物の一次固有周期がこの卓越周期と一致しないように設計する。

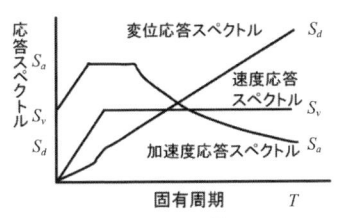

図 3-10　模式した応答スペクトル

　応答スペクトルは入力地震動により異なる。したがって、代表的な入力地震動に対して、応答スペクトル図を作成しておくと便利である。また、多くの入力地震動に対して、それらを包括する応答スペクトルを作成しておけば、設計上考慮すべき最大応答値がわかる。これを設計用応答スペクトルという。

　図 3-11 は、EL-CENTRO 1940 地震動に対する弾性応答スペクトルであり、最大地動加速度 0.32 g に対して作成されている。また、加速度、速度、変位が、1 枚の図で表されている。これを tripartite logarithmic という。

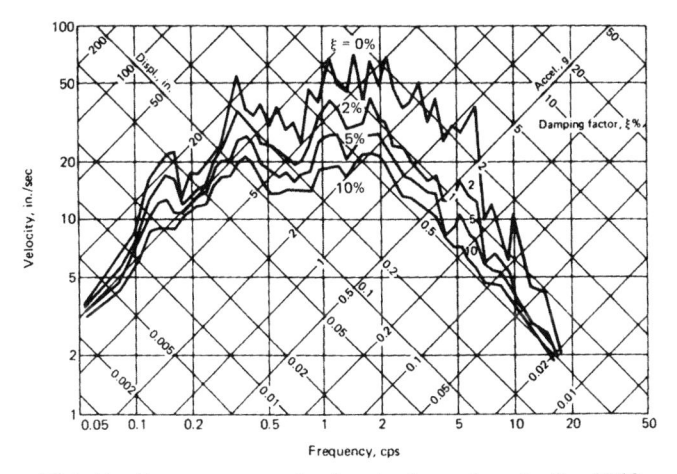

図 3-11　Response spectra for elastic system for the 1940 El Centro earthquake（from Blume et al.1961）[3-8]

　一般的な弾性応答に対する弾性応答の設計用応答スペクトルを図 3-12 に示す。図 3-12 は、各種の地震動に対する応答結果を平均化して作成した地動最大加速度 1.0g、構造物の減衰が 5%に対する弾性設計用の応答スペクトルである。地動最大加速度は 1.0g、地動最大速度は 48in/s（121.92cm/s）、地動最大変位は 36in（91.44cm）である。最大地動加速度を 1.0g で基準化してあるので、最大地動加速度が 0.32g の場合は、応答スペクトルから読んだ値に（0.32 g/1.0 g）を乗じればよい。
（参）1 in = 2.54 cm、1g = 980 cm/s^2

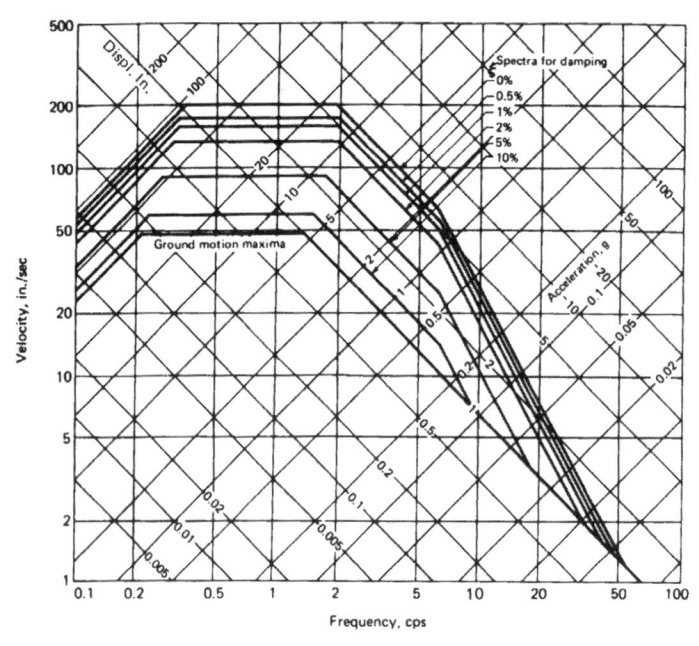

図 3-12　Basic design spectra normalized to 1.0.g （from Newmark and Hall 1973）[3-8]

例題：1 自由度系の弾性応答を応答スペクトルから求める。

　設計条件として、地動最大加速度は 0.4g とし、構造物の周期は T = 1sec、減衰定数は 10% とする。

　① 　EL-CENTRO 1940 を用いた弾性応答スペクトル図 3-11 を用いる場合

　図 3-11 は、地動最大加速度が 0.32g で作成されている。今、地動最大加速度が 0.4g であるから 0.4g/0.32g = 1.25 の修正係数を図 3-11 より読み取った応答値に掛ける。

$$f = \frac{1}{T} = \frac{1}{1} = 1 \text{ cps} \quad \xi = 0.10 \text{ に対応する値を図から読み取ると、}$$

　　　最大相対擬似速度　　$S_v = 18.5 \text{in/s} \times 1.25 = 58.7 \text{cm/s}$
　　　最大相対変位　　　　$S_d = 3.3 \text{in/s} \times 1.25 = 10.5 \text{cm}$
　　　最大絶対加速度　　　$S_a = 0.30g \times 1.25 = 0.30 \times 980 \text{cm/s}^2 \times 1.25 = 368 \text{cm/s}^2$

　② 　弾性設計用応答スペクトル図 3-12 を用いる場合

$$f = \frac{1}{T} = \frac{1}{1} = 1 \text{ cps} \quad \xi = 0.10 \text{ に対応する値を図から読み取り、最大地動加速度を}$$

1g から 0.4g に変更するために修正係数を掛ける。

　　　最大相対擬似速度　　$S_v = 60 \text{in/s} \times 0.4 = 24 \text{in/s} = 61.0 \text{cm/s}$
　　　最大相対変位　　　　$S_d = 9.5 \text{in} \times 0.4 = 3.8 \text{in} = 9.7 \text{cm}$
　　　最大絶対加速度　　　$S_a = 0.95g \times 0.4 = 0.38g = 0.38 \times 980 \text{cm/s}^2 = 372 \text{cm/s}^2$

（注）修正は地動最大加速度の比で修正する。

参考文献

3-1) H. Takabatake, H. Mukai, and T. Hirano: "Doubly symmetric tube structures. I：Static analysis", Journal of Structural Engineering, ASCE, Vol. 119(7), pp. 1981-2001, 1993.

3-2) H. Takabatake, H. Mukai, and T. Hirano: "Doubly symmetric tube structures. II：Dynamic analysis", Journal of Structural Engineering, ASCE, Vol. 119(7), pp. 2002-2016, 1993.

3-3) H. Takabatake, R. Takesako, and M. Kobayashi: "A simplified analysis of doubly symmetric tube structures", The Structural Design of Tall Buildings, Vol. 4(2), pp. 137-135, 1995.

3-4) H. Takabatake: "A simplified analysis of doubly symmetric tube structures by the finite difference method", The Structural Design of Tall Buildings, Vol. 5(2), pp. 111-128, 1996.

3-5) 国土交通省住宅局建築指導課：「超高層建築物等における長周期地震動への対策試案について」、2010.

3-6) 大崎順彦：建築振動理論、彰国社、1996.

3-7) 大崎順彦：新・地震動のスペクトル解析入門、鹿島出版会、2004.

3-8) M. Paz: Structural dynamics: theory and computation 3rd Edition, Van Nostrand Reinhold, 1991.

第4章　棒材理論

4.1　近似解析法の変遷

　超高層ビルの簡易解析法として、多くの部材で構成される3次元フレーム解析に代えて、構造物を等価剛性を持つ棒材（連続体）に置換して解析する方法がある。棒材は3次元フレーム構造と比べて独立変数が少なく解析が容易であることに加えて、構造物全体の力の流れを反映した妥当性のある結果が得られる利点がある。そのため、複雑な挙動をする構造物の簡易解析法として古くから着目された。既往の理論展開を歴史的に見ると以下のようである。

　Beck[4-1]は、beamモデルを用いて境界梁を共有する2つの連続耐震壁（coupled shear walls）の静的解析を提示し、動的解析はTso等[4-2]により示された。Heidenbrech等[4-3]は、等価剛性梁による有壁フレームの近似解法を提示し、Rutenberg[4-4],[4-5]、Danay等[4-6]、Basu[4-7]、Cheung等[4-8]は有壁フレームの自由振動を展開した。Coull等[4-9],[4-10]は、ねじりおよび曲げを受けるチューブ構造の簡易解析法を提案し、Smith等[4-11],[4-12]およびCoull等[4-13]は、高層ビルの水平変位と固有振動に対する近似理論を提示した。上述の解析法は、フレームの曲げ変形とせん断変形（スウェイ）を考慮したものであるが、shear-lagの効果を含んでいない。髙畠[4-14]〜[4-17]は、3次元フレームの変形挙動として、軸変形、曲げ変形、せん断変形、shear-lag、ねじりを考慮した一般的な棒材理論を定式化し、チューブ構造の簡易解析法を提示した。また、髙畠[4-18],[4-19]は耐震壁付ラーメン、セットバック構造物を解析する理論として、高さ方向に剛性が変化する1次元棒材を、断面軸方向に剛性が変化する場合に適用できるように拡張した2次元棒材理論を提示した。藤谷等[4-20],[4-21]は高層ビルを薄内梁に置換し、FEMを用いる方法を展開した。超高層ビルの簡易な設計手法は、構造計画を立案する際には不可欠であることから、多くの成書が出版されている[4-22]〜[4-26]。

4.2　棒材理論のモデル化

　棒材理論は、3次元的挙動をする連続体の挙動を、自由度を合理的に縮小して簡易に取り扱う。この方法は、棒材の連続的挙動を離散化した質点系解析では扱えない多くの長所を持っている。棒材の高次変形挙動は、一般点での高次変形に対応して、材軸点で規定する独立変数を増加することにより対応できる。

(1) 棒材の定義

棒材は材軸点の変位で断面内の一般点の挙動を表すことから、線材の力学では、「断面に比べて材長の長いもの」として定義されている。しかし、超高層ビルのような構造物では床があり、構造物の水平動に対して剛床仮定が成立するので、断面サイズに対する材長のアスペクト比に対する制限は必要でない。棒材理論では断面内の変形挙動を材軸点で規定した変数で表すので、未知数はすべて材軸点に関する変数である（図4-1）。

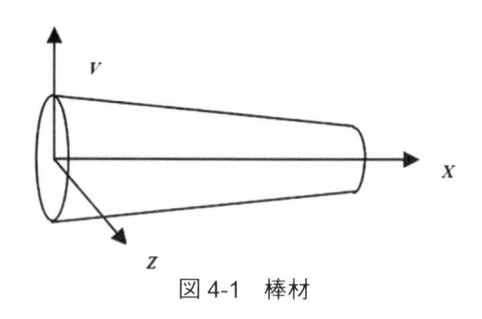

図 4-1　棒材

(2) 棒材の工学的仮定

棒材に発生する主要な変形挙動は、軸変形、曲げ変形、せん断変形、ねじり変形、断面変形、shear-lag である。棒材の一般点の変形挙動を材軸点の変数で表すには、両者を関係付ける工学的な拘束条件が必要である。これらの拘束条件には、表4-1に示す工学的仮定がある。

表 4-1　棒材の工学的仮定と拘束条件

工学的仮定	拘束状態
断面剛の仮定	断面の面内変形を無視する（$\varepsilon_y = \varepsilon_z = \gamma_{yz} = 0$）
断面内無応力の仮定	断面の面内応力を無視する（$\sigma_y = \sigma_z = \tau_{yz} = 0$） 構成方程式で $\sigma = E\varepsilon$ の簡単な関係式となる。
Bernoulli-Euler の仮定	初等梁理論で使用されている仮定であり、断面剛の仮定に加えて、曲げによるせん断変形を無視する。断面と材軸線は変形後も直交する。
Timoshenko beam の仮定	断面剛の仮定と、曲げによるせん断変形を平均せん断変形で（1次分布）考慮する。断面と材軸線は変形後は直交しない。

棒材の一般的な工学的仮定は、断面の一般点の挙動を材軸点で規定する変数を用いて、断面の座標軸 y または z に関して 0 次から 1 次の関係で表す。しかし、これらの低次の関係に代えて、高次のべき級数で表した高次変形理論が考えられるが、高次の変形に対応して材軸点で規定される変数が増加し、曲げモーメント等の断面力が材軸点で定義される高次変形と直接の対応関係を明確に表せないので、工学的解釈が薄れる。一般には、3 次元的挙動である shear-lag が無視できる構造物を棒材で置換する際

の解析モデルは Timoshenko beam で十分である。一方、2 つの耐震壁が中間梁で連結されたカップルの形状に配置したせん断壁や、有開口耐震壁を有する構造物を 1 本の棒材に置換する場合は、境界梁や開口部に高次の変形が生じる[4-18), 4-27)]。しかし、その変形挙動は主たる挙動ではないので、それを無視しても計算結果に影響は少ない。

(3) 等価剛性

棒材理論では、連続体、フレーム、有壁ラーメン、チューブ構造等の種々の構造物は、構造物と等価な剛性を持つ 1 本の棒材（連続体）に置換する（図 4-2）。

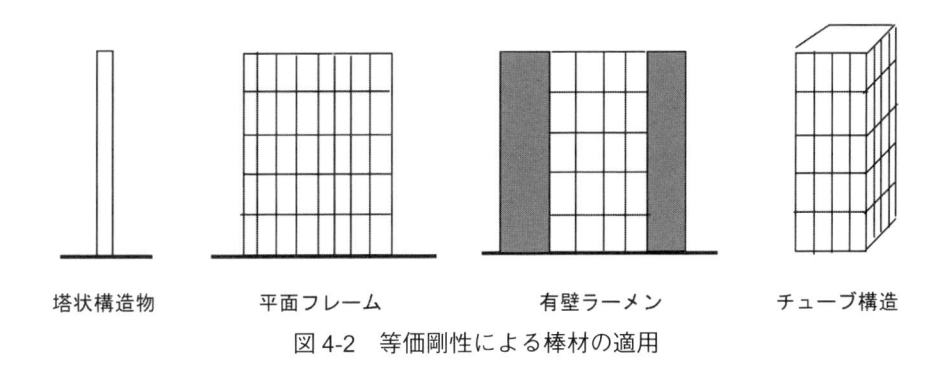

塔状構造物　　平面フレーム　　有壁ラーメン　　チューブ構造

図 4-2　等価剛性による棒材の適用

通常の連続体では、ヤング係数 E とせん断弾性係数 G とはポアソン比で関係付けられる。棒材理論でも構造部材強度に関係する E と G には同様な関係が成立する。しかし、構造物の曲げ変形を支配する棒材の曲げ剛性 EI および構造物のスウェイ変形を支配するせん断剛性 κGA は、構造物の剛性と等価にとるので、独立に採用できる。

棒材の座標軸は、図 4-3 に示すように右手直交座標をとり、材軸線を上向きに x 軸、断面の主軸方向に y および z 軸をとる。地震力により発生する水平力は y 方向および z 方向の 2 軸から同時に作用するので、超高層ビルでは偏心が発生しないように 2 軸対称断面の形状を採用する。超々高層ビルに風荷重が作用すると、風の流れによって発生する渦によりねじれ振動を発生する。超高層ビルは細長い構造物であるので、偏心はできるだけ避けるようにする。通常の超高層ビルの平面は 2 軸対称形が一般的であるので、本書では建物の形状は 2 軸対称の断面形状を持つと仮定する。また、簡略化のため、水平力が y 方向に作用する 2 軸対称チューブ構造を考えると、棒の運動は y 軸に対して対称となる。剛床仮定を用いると、棒材の断面剛の仮定が適用できる。y 軸方向は超高層ビルの梁間方向および桁行方向のいずれの方向にもとれるので、地震力が構造物の対称軸のいずれか一方向から作用する場合を検討する。

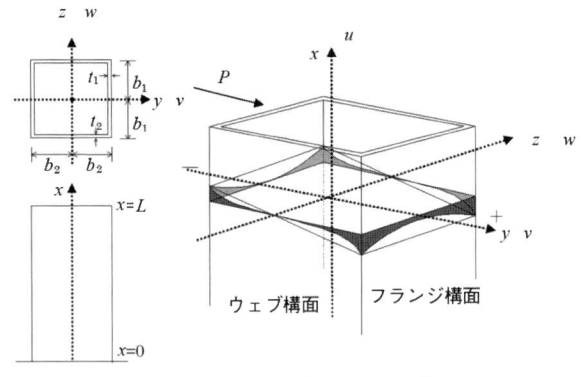

図4-3　2軸対称チューブ

　水平方向の外力に平行な超高層ビルの構面をウェブ構面とし、それと直交する構面をフランジ構面と定義する。

① **等価曲げ剛性 *EI***

　棒材理論で用いる等価曲げ剛性 EI は、各階の垂直部材（柱および耐震壁）による対称軸に関する断面2次モーメントより算出する。例えば、地震力が y 軸方向から作用する場合には、z 軸まわりの曲げ剛性 EI は次式により与えられる。

$$EI = \sum E(A_c y_c^2 + I_0) \tag{4.1}$$

ここに、I_0 = 各柱または耐震壁の断面2次モーメント；y_c = 対称軸（z軸）より測った各柱または耐震壁の中心までの距離；A_c = 各柱または耐震壁の断面積。

② **等価せん断剛性 *κGA***

　チューブ構造を等価なせん断剛性を持つ棒材に置換すると、フレームからなるチューブ構造の各ウェブ構面（側面、図4-3参照）に対する各階当たりの等価せん断剛性 κGA は次式で求まる。

$$\kappa GA = \cfrac{1}{\cfrac{h\left(\cfrac{1}{\sum K_c}+\cfrac{1}{\sum K_b}\right)}{12E} + \cfrac{1}{\sum \kappa GA_{cw}} + \cfrac{h}{\sum \ell\, \kappa GA_{bw}}} \tag{4.2}$$

ここに、E = 構造部材のヤング係数；G = 構造部材のせん断弾性係数；h = 当該階の階高；K_c = 当該階の柱の剛度；K_b = 当該階の上階側の梁の剛度；κ = 1.0；A_{cw} = 各柱部材のウェブ断面積；A_{bw} = 各梁部材のウェブ断面積；ℓ = 梁のスパン長さ。

　Σは当該フレームの当該階に位置する柱または梁（上階と接する梁）についての和をとる。上式の右辺の分母において、第1項はフレームの曲げによるせん断変形、第2項は柱部材のせん断変形、第3項は梁部材のせん断変形を表す。フレームのみで構成したチューブ構造の各階の等価せん断剛性は、各ウェブ面に対して、式(4.2)より$(\kappa GA)_{web}$ を求め、それらを、外力の加力方向に抵抗するウェブ構面について合計（図

4-3 の場合では 2 面のウェブ構面がある）した値となる。

$$\kappa GA = \sum (\kappa GA)_{web} \tag{4.3}$$

したがって、ダブルチューブの場合は外殻チューブと内殻チューブのせん断剛性の和となる。

図 4-4 に示す交差している一対のブレースの等価せん断剛性 $(\kappa GA)_{brace}$ は、

$$(\kappa GA)_{brace} = \frac{h}{\ell} 2 A_B E_B \cos^2 \theta_B \tag{4.4}$$

となる。ここに、ℓ = ブレースが架構する水平スパン長さ；A_B = ブレース 1 本の断面積；E_B = ブレースのヤング係数；θ_B = 水平面より測ったブレースの傾き；h = 階高。

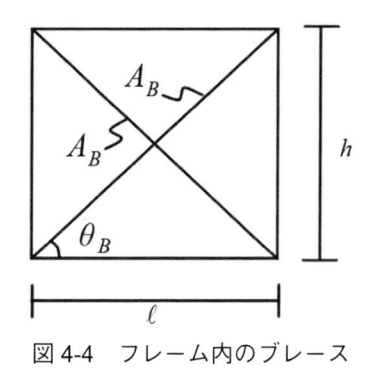

図 4-4　フレーム内のブレース

　もし、ブレースが引張のみに対して有効で圧縮側ブレースの耐力を無視する場合は、式 (4.4) の係数 2 を 1 とする。式 (4.4) はブレース 1 構面当たりのせん断剛性であるから、水平力が作用する方向に配置されるブレースの構面の総和がブレースによる等価せん断剛性となる。

　よって、ブレースを持つフレームチューブの等価せん断剛性 κGA は、水平力が作用する方向に配置されるフレームとブレースの等価せん断剛性の和である。

$$\kappa GA = \sum (\kappa GA)_{web} + \sum (\kappa GA)_{brace} \tag{4.5}$$

　なお、鉄骨造建物ではブレースが用いられるが、鉄筋コンクリート造建物では耐震壁が用いられる。この場合のせん断剛性は、ブレースに代えて式 (4.6) より求めた耐震壁の剛性を考慮する[4-28]。

$$\kappa GA = \frac{3EI}{h^2 \left[1 + 0.6(1+\nu) \left(\frac{d}{h} \right)^2 \right]} \tag{4.6}$$

ここに、ν = ポアソン比（0.17）；d = 耐震壁の長さ；h = 階高（図 4-5）。

図 4-5　耐震壁

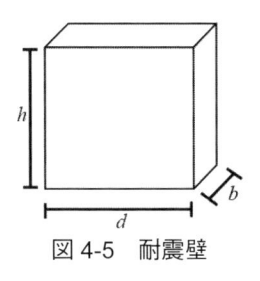

③ チューブ構面の等価厚さ

チューブ構造は多数の柱がウェブ構面およびフランジ構面に配置されることから、各構面の柱の断面積と等価な断面積を有するチューブの等価厚さに置換して取り扱う場合がある。shear-lag 等は、等価厚さを持つチューブとしての取扱いをすると扱いやすい。

4.3　解析理論

(1) 変位

簡略化のため外力が y 方向に作用する 2 軸対称のチューブ構造を考えると、棒の運動は y 軸に対して対称となる。このチューブ構造と等価な剛性を持つ棒材に置換する。棒材の座標軸は、図 4-3 に示すように右手直交座標をとり、材軸線を x 軸にとり上向きを正とする。y 軸および z 軸はチューブ構造の主軸にとる。

剛床仮定を用いると、棒材の断面内剛の仮定が適用できる。2 軸対称断面形からなるチューブ構造ではねじりの問題は分離して検討できるので、ねじりモーメントが作用しない場合を考える。棒材の変形は、軸変形、曲げ変形、せん断変形、shear-lag を考慮する。チューブ構造の一般点の変位（外殻または内殻の変位）$\bar{U}(x,y,z,t)$、$\bar{V}(x,y,z,t)$、$\bar{W}(x,y,z,t)$ は、材軸点の変位 $u(x,t)$、$\phi(x,t)$、および、$u^*(x,t)$ により次式で表せる。

$$\bar{U}(x,y,z,t) = u(x,t) + y\phi(x,t) + \varphi^*(y,z)\ u^*(x,t) \tag{4.7}$$

$$\bar{V}(x,y,z,t) = v(x,t) \tag{4.8}$$

$$\bar{W}(x,y,z,t) = 0 \tag{4.9}$$

ここに、$\bar{U}(x,y,z,t)$ = 一般点の x 方向変位；$\bar{V}(x,y,z,t)$ = 一般点の y 方向変位；$\bar{W}(x,y,z,t)$ = 一般点の z 方向変位；u および v = 等価剛性を持つ棒材の材軸点の x 方向および y 方向変位；ϕ = 回転角（図 4-6）；u^* = shear-lag の未知変位係数；φ^* = shear-lag の断面内の分布関数。

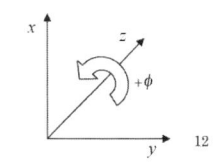

図 4-6　回転角 ϕ の正方向

式 (4.7) では、構造物の主たる変形である軸変形、曲げ変形、せん断変形に関しては、材軸線に関して 1 次分布すると仮定する。この変位に関する取扱いは Timoshenko beam の仮定と同じである。これに加えて、チューブ構造では shear-lag（せん断遅れ）が発生し、軸方向の変位が 1 次分布でなく、2 次分布となる。

一般点の shear-lag $\bar{U}^*(x,y,z,t)$ は、座標軸 x, y, z および時刻 t の関数である。簡略化のため Reissner[4-29] と同様に、shear-lag は断面内座標 y および z に関する shear-lag の断面内の分布関数 $\varphi^*(y,z)$ と、材軸点に関する shear-lag 変位係数 $u^*(x,t)$ とに変数分離できると仮定する。

$$\bar{U}^*(x,y,z,t) = \varphi^*(y,z) u^*(x,t) \tag{4.10}$$

一般的な構造平面に対する shear-lag 関数は、あらかじめ求めることができる。一般に、高層ビルの平面形は矩形が用いられることから、図 4-3 に示したように、チューブ構造のフランジ構面の shear-lag 分布関数 $\varphi^*(y,z)$ は Reissner の 2 次曲線分布の shear-lag 関数を適用する。一方、ウェブ構面の shear-lag 分布関数は sin 分布と仮定する。

$$\text{フランジ構面：} \quad \varphi^*(y,z) = \pm \left[1 - \left(\frac{z}{b_1} \right)^2 \right] \tag{4.11}$$

$$\text{ウェブ構面：} \quad \varphi^*(y,z) = \sin\left(\frac{\pi y}{b_2} \right) \tag{4.12}$$

ただし、上式の ± の値は座標値 y が正の値をとるフランジ構面は正に、y が負の値をとるフランジ構面は負にとる。また、b_1 および b_2 は、図 4-3 に示したように、それぞれ当該チューブ構造平面のフランジ構面の幅の半分およびウェブ構面の幅の半分である。

チューブ構造とは異なり、大スパンがなく均等スパンで柱が配置される通常のフレーム構造では、チューブ構造のフランジ構面に発生する shear-lag はフランジ構面に直交する各フレームにより区分された分布をするので、式 (4.11) と異なり、式 (4.13) となる（図 4-7 参照）。

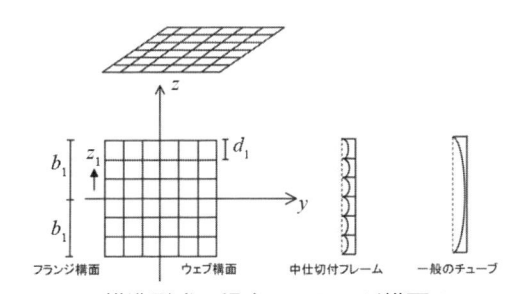

図 4-7　フレーム構造形式の場合のフランジ構面の shear-lag 分布

$$\varphi^*(y,z) = \pm\left[1-\left(\frac{z_1}{d_1}\right)^2\right] \tag{4.13}$$

ここに、d_1 は次式となる。

$$d_1 = \frac{2b_1}{n-1} \tag{4.14}$$

ここに、n = フランジ構面に直交するフレームの数（図 4-7 の場合 $n = 7$ となる）；z_i = フランジ構面の d_1 区間の領域で定義される z 方向の局所座標であり、座標の原点は各区間長さ d_1 の中心にとる。よって z_1 は $d_1/2$ から $-d_1/2$ の間の値をとる。

(2) ひずみ–変位の関係

ひずみと変位の関係は線形関係を仮定すると、以下のようになる。

$$\varepsilon_x = \frac{\partial \bar{U}}{\partial x} = u' + y\phi' + \varphi^* u^{*\prime} \tag{4.15}$$

$$\gamma_{xy} = \frac{\partial \bar{U}}{\partial y} + \frac{\partial \bar{V}}{\partial x} = \phi + \varphi^*_{,z} u^* + v' \tag{4.16}$$

$$\gamma_{xz} = \frac{\partial \bar{U}}{\partial z} + \frac{\partial \bar{W}}{\partial x} = \varphi^*_{,y} u^* \tag{4.17}$$

ここに、ダッシュは x に関する微分を表す。y および z に関する微分は以下のように表示する。

$$\varphi^*_{,y} = \frac{\partial \varphi^*}{\partial y}\ ,\ \varphi^*_{,z} = \frac{\partial \varphi^*}{\partial z} \tag{4.18}$$

(3) 応力–ひずみ関係

応力–ひずみ関係は、棒材の工学的構成式を用いる。

$$\sigma_x = E\varepsilon_x \tag{4.19}$$

$$\tau_{xy} = G\gamma_{xy} \tag{4.20}$$

$$\tau_{xz} = G\tau_{xz} \tag{4.21}$$

ここに、E = 構成部材のヤング係数（N/m^2）；G = 構成部材のせん断弾性係数（N/m^2）。

(4) ひずみエネルギー U

棒材の支配方程式を Hamilton の原理（式(4.43)）を用いて求めるので、各項をあらかじめ求めておく。ひずみエネルギー U は以下のように表せる。

$$U = \frac{1}{2}\int_0^\ell \iint (\sigma_x \varepsilon_x + \tau_{xy}\gamma_{xy} + \tau_{xz}\gamma_{xz})\,dxdydz \tag{4.22}$$

式(4.22)に式(4.15)～式(4.17)および式(4.19)～式(4.21)を代入すると、次式となる。

$$U = \frac{1}{2}\int_0^\ell \iint \left[E(u' + y\phi' + \varphi^* u^{*\prime})^2 + \kappa G(\phi + \varphi^*_{,y} u^* + v')^2 + \kappa G(\varphi^*_{,z} u^*)^2\right] dx\,dy\,dz \tag{4.23}$$

各項を計算すると次式を得る。

（第 1 項）

$$E\iint (u' + y\phi' + \varphi^* {u^*}')^2 dydz$$
$$= E\iint \left[(u')^2 + y^2(\phi')^2 + \varphi^{*2}({u^*}')^2 + 2yu'\phi' + 2\varphi^* u'{u^*}' + 2y\varphi^*\phi'{u^*}' \right] dydz$$
$$= E\left[A(u')^2 + I(\phi')^2 + I^*({u^*}')^2 + 2Su'\phi' + 2S^*\phi'{u^*}' + 2A^* u'{u^*}' \right] \quad (4.24)$$

（第 2 項、第 3 項）

$$\kappa G\iint \left[(\phi)^2 + (\varphi^*_{,y} u^*)^2 + (v')^2 + 2\phi\varphi^*_{,y} u^* + 2\phi v' + 2\varphi^*_{,y} u^* v' \right] dydz + \kappa G\iint (\varphi^*_{,z} u^*)^2 dydz$$
$$= \kappa GA\left[(\phi)^2 + (v')^2 + 2\phi v' \right] + \kappa G\left[2J^*\phi u^* + 2J^* u^* v' + F^*(u^*)^2 \right] \quad (4.25)$$

ここに、断面定数は次式で定義する。チューブ構造が 2 軸対称断面であるから、断面定数 A^*、S、J^* はゼロとなる。

$$A = \iint dydz = \sum A_c \quad (4.26)$$

$$I = \iint y^2 dydz \quad (4.27)$$

$$I^* = \iint (\varphi^*)^2 dydz \quad (4.28)$$

$$S^* = \iint y\varphi^* dydz \quad (4.29)$$

$$F^* = \iint (\varphi^*_{,y})^2 dydz + \iint (\varphi^*_{,z})^2 dydz \quad (4.30)$$

$$A^* = \iint \varphi^* dydz = 0 \qquad \text{2軸対称断面より} \quad (4.31)$$

$$S = \iint y dydz = 0 \qquad \text{2軸対称断面より} \quad (4.32)$$

$$J^* = \iint (\varphi^*_{,y}) dydz = 0 \qquad \text{2軸対称断面より} \quad (4.33)$$

ここに、断面積 A および断面 2 次モーメント I はチューブ構造のすべての垂直部材（柱および耐震壁）をとる。

式 (4.24)、式 (4.25) を式 (4.23) に用いると、ひずみエネルギー U は次式となる。

$$\boxed{U = \frac{1}{2}\int_0^\ell \{EA(u')^2 + EI(\phi')^2 + EI^*({u^*}')^2 + \kappa GF^*(u^*)^2 + 2ES^*\phi'{u^*}' + \kappa GA\left[(\phi)^2 + (v')^2 + 2\phi v'\right]\} dx} \quad (4.34)$$

(5) kinetic energy T

kinetic energy T は当該変位場では次式で表せる。

$$T = \frac{1}{2}\iiint \rho(\dot{\bar{U}}^2 + \dot{\bar{V}}^2 + \dot{\bar{W}}^2) dxdydz \quad (4.35)$$

ここに、ρ = 棒材の質量密度。ドットは時間に対する微分を示す。上式に式(4.7)〜式(4.9)の変位関数を用いて整理すると次式となる。

$$T = \frac{1}{2}\int_0^\ell \left[\rho A(\dot{u})^2 + \rho I(\dot{\phi})^2 + \rho I^*(\dot{u}^*)^2 + 2\rho S^*\dot{\phi}\dot{u}^* + \rho A(\dot{v})^2\right]dx \tag{4.36}$$

(6) 外力のなす仕事 V

外力のなす仕事 V（境界部分で外力がなした仕事も考慮する）の変分 δV は次式となる。ここに、δ は変分を表す。変分の計算は偏微分の計算と同様に考えればよく、変位のみに作用する演算記号である。

$$\delta V = -\int_0^\ell \int\int (p_x \delta \bar{U} + p_y \delta \bar{V})dxdydz + \int_0^\ell (c_u \dot{u}\,\delta u + c_v \dot{v}\,\delta v)dx \tag{4.37}$$

ここに、c_u および c_v = 上下動および水平動に対する単位長さ当たりの減衰係数（N/(m/s)/m）；p_x および p_y = チューブの一般点（側面）に作用する x 方向および y 方向の面荷重（N/m²）。いま、外力および外力モーメントを次式のように材軸線の単位長さ当たりに作用する線荷重として定義する。

$$m = \int\int p_x y\,dydz \quad (\text{N·m/m}) \tag{4.38}$$

$$m^* = \int\int p_x \varphi^* dydz = 0 \tag{4.39}$$

$$P_x = \int\int p_x dydz \quad (\text{N/m}) \tag{4.40}$$

$$P_y = \int\int p_y dydz \quad (\text{N/m}) \tag{4.41}$$

よって、式(4.37)は次式のように表せる。

$$\delta V = -\int_0^\ell (P_x \delta u + m\delta\phi + P_y \delta v - c_u \dot{u}\,\delta u - c_v \dot{v}\,\delta v)dx \tag{4.42}$$

(7) Hamilton の原理

Hamilton の原理を使用すれば、仮定した変位場に対応する運動方程式および境界条件式は矛盾なく求まる。Hamilton の原理は、微小時間 t_1 から t_2 の間に変化したエネルギーの総和は 0 に等しく、次式で表せる。

$$\delta I = \delta \int_{t_1}^{t_2}(T - U - V)dt = 0 \tag{4.43}$$

ここに、δ = 定められた時間間隔の間における変分；t_1 および t_2 = 任意時刻。

(8) kinetic energy T の変分 δT

式(4.36)より kinetic energy T の変分 δT を求める。

$$\delta T = \int_{t_1}^{t_2}\int_0^\ell \left[\rho A\dot{u}\,\delta\dot{u} + \rho I\dot{\phi}\,\delta\dot{\phi} + \rho I^*\dot{u}^*\,\delta\dot{u}^* + \rho S^*(\delta\dot{\phi}\,\dot{u}^* + \dot{\phi}\,\delta\dot{u}^*) + \rho A\dot{v}\,\delta\dot{v}\right]dxdt \tag{4.44}$$

第 1 項における変分 δu の時間に関する微分を除去するため、時刻 t に関して部分積分をする。

$$\int_{t_1}^{t_2}\int_0^\ell [\rho A\dot{u}\delta\dot{u}]dx\,dt = \int_0^\ell [\rho A\dot{u}\delta u]_{t_1}^{t_2}dx - \int_{t_1}^{t_2}\int_0^\ell [\rho A\ddot{u}\delta u]dx\,dt$$

微小時間 t_1 と t_2 の間の変分を 0 と置くと、右辺第 1 項は省略でき、次式となる。

$$\int_{t_1}^{t_2}\int_0^\ell [\rho A\dot{u}\delta\dot{u}]dx\,dt = -\int_{t_1}^{t_2}\int_0^\ell [\rho A\ddot{u}\delta u]dx\,dt$$

第 2 項以下も同様に、変分の時間微分を除去するため時刻 t に関して部分積分をすると次式を得る。

$$\int_{t_1}^{t_2}\delta T\,dt = -\int_{t_1}^{t_2}\int_0^\ell \left[\rho A\ddot{u}\delta u + \rho I\ddot{\phi}\delta\phi + \rho I^*\ddot{u}^*\delta u^* + \rho S^*(\ddot{\phi}\delta u^* + \ddot{u}^*\delta\phi) + \rho A\ddot{v}\delta v\right]dx\,dt \tag{4.45}$$

(9) ひずみエネルギー U の変分 δU

式 (4.34) よりひずみエネルギー U の変分 δU を求める。

$$\delta U = \int_0^\ell [EAu'\delta u' + EI\phi'\delta\phi' + EI^*{u^*}'\delta {u^*}' + ES^*(\phi'\delta {u^*}' + {u^*}'\delta\phi')$$
$$+\kappa GA(\phi\delta\phi + v'\delta v' + v'\delta\phi + \phi\delta v') + \kappa GF^* u^*\delta u^*]dx \tag{4.46}$$

第 1 項の変分 δu の x に関する微分を除去するため、x に関して部分積分をすると次式となる。

（第 1 項）

$$\int_0^\ell [EAu'\delta u']dx = [EAu'\delta u]_0^\ell - \int_0^\ell [(EAu')'\delta u]dx$$

以下同様な計算を第 2 ～ 10 項について行いまとめると、ひずみエネルギー δU は次式となる。

$$\begin{aligned}\delta U = -\int_0^\ell &\Big\{(EAu')'\delta u + \left[(EI^*{u^*}' + ES^*\phi')' - \kappa GF^* u^*\right]\delta u^* \\ &+ \left[(EI\phi' + ES^*{u^*}')' - \kappa GA(\phi + v')\right]\delta\phi + \left[\kappa GA(\phi + v')\right]'\delta v\Big\}dx \\ &+ \left[EAu'\delta u + (EI\phi' + ES^*{u^*}')\delta\phi + (EI^*{u^*}' + ES^*\phi')\delta u^* + \kappa GA(\phi + v')\delta v\right]_0^\ell\end{aligned} \tag{4.47}$$

(10) エネルギーの総和 I の変分 δI

式 (4.43) に式 (4.42)、式 (4.45)、式 (4.47) を代入すると次式を得る。

$$\delta I = \int_{t_1}^{t_2} \left[-\int_0^\ell \left\{ \left[\rho A\ddot{u} - (EAu')' - P_x + c_u\dot{u} \right]\delta u \right. \right.$$

$$+ \left[\rho A\ddot{v} - \{\kappa GA(v'+\phi)\}' - P_y + c_v\dot{v} \right]\delta v$$

$$+ \left[\rho I\ddot{\phi} + \rho S^*\ddot{u}^* - \left(EI\phi' + ES^*u^{*'}\right)' + \kappa GA(v'+\phi) - m \right]\delta\phi$$

$$+ \left[\rho I^*\ddot{u}^* + \rho S^*\ddot{\phi} - \left(EI^*u^{*'} + ES^*\phi'\right)' + \kappa GF^*u^* \right]\delta u^* \bigg\} dx$$

$$\left. - \left[EAu'\delta u + (EI\phi' + ES^*u^{*'})\delta\phi + (EI^*u^{*'} + ES^*\phi')\delta u^* + \kappa GA(v'+\phi)\delta v \right]_0^\ell \right] dt = 0$$

(4.48)

(11) 運動方程式および境界条件式

任意の変分 δu, δv, $\delta \phi$, δu^* に対して式 (4.48) が常に成立するには、各変分量に掛かる項がゼロでなければならない。よって、次の運動方程式および境界条件式が成立する。

（運動方程式）

$$\delta u : \rho A\ddot{u} - (EAu')' - P_x + c_u\dot{u} = 0 \tag{4.49}$$

$$\delta v : \rho A\ddot{v} - [\kappa GA(v'+\phi)]' - P_y + c_v\dot{v} = 0 \tag{4.50}$$

$$\delta \phi : \rho I\ddot{\phi} + \rho S^*\ddot{u}^* - (EI\phi' + ES^*u^{*'})' + \kappa GA(v'+\phi) - m = 0 \tag{4.51}$$

$$\delta u^* : \rho I^*\ddot{u}^* + \rho S^*\ddot{\phi} - (EI^*u^{*'} + ES^*\phi')' + \kappa GF^*u^* = 0 \tag{4.52}$$

（境界条件式）

$x=0$ および $x=\ell$ で次式となる。

$$u = 0 \quad \text{or} \quad EAu' = 0 \tag{4.53}$$

$$v = 0 \quad \text{or} \quad \kappa GA(v'+\phi) = 0 \tag{4.54}$$

$$\phi = 0 \quad \text{or} \quad EI\phi' + ES^*u^{*'} = 0 \tag{4.55}$$

$$u^* = 0 \quad \text{or} \quad EI^*u^{*'} + ES^*\phi' = 0 \tag{4.56}$$

ここに、ρ = 質量密度（kg/m³）；c_u および c_v = x 方向および y 方向の単位長さ当たりの減衰係数（N/(m/s)/m）；κGA = 各階の等価せん断剛性（N）；EI = 各階の等価曲げ剛性（Nm²）；P_x および P_y = x 方向および y 方向に作用する単位長さ当たりの線荷重（N/m）；E = ヤング係数（N/m²）；A = 断面積（m²）；I = 断面2次モーメント（m⁴）；I^* = shear-lag に関する断面定数（m²）；S^* = shear-lag に関する断面定数（m³）；F^* = shear-lag に関する断面定数（無次元）。

4.4 断面定数

棒材理論では断面定数は式(4.26)～式(4.33)に示すように、周知の断面定数に加えて shear-lag の分布形状に依存する断面定数を定義した。平面形状が矩形の形状をなすチューブ構造については、shear-lag の分布形状は式(4.11)および式(4.12)に与えられるので、shear-lag に関係する断面定数 A^*, I^*, S^*, F^* は次の値をとる。

① 断面定数 A^*

$$A^* = \iint \varphi^* dydz = \iint \left[\varphi_f^* + \varphi_w^*\right] dydz \tag{4.57}$$

ここに、φ_f^* = フランジ構面における shear-lag の分布関数；φ_w^* = ウェブ構面における shear-lag の分布関数。

（第1項）外フランジ構面について求めると、

$$\iint \varphi_f^* dydz = t_1 \int \varphi_f^* dz = t_1 \int_{-b_1}^{b_1}\left[1-\frac{z^2}{b_1^2}\right]dz - t_1 \int_{-b_1}^{b_1}\left[1-\frac{z^2}{b_1^2}\right]dz = 0$$

（第2項）外ウェブ構面について求めると、

$$\iint \varphi_w^* dydz = t_2 \int \varphi_w^* dy = 2t_2 \int_{-b_2}^{b_2} \sin\frac{\pi y}{b_2}dy = 2t_2\left[-\frac{b_2}{\pi}\cos\frac{\pi y}{b_2}\right]_{-b_2}^{b_2} = 0$$

よって、2軸対称断面では0となる。

$$\boxed{A^* = 0} \tag{4.58}$$

② 断面定数 I^*

$$I^* = \iint (\varphi^*)^2 dydz = 2t_1 \int (\varphi_f^*)^2 dz + 2t_2 \int (\varphi_w^*)^2 dy \tag{4.59}$$

上式と同様に、shear-lag 関数を用いて計算すると次式になる。

$$\boxed{I^* = \frac{8}{15}A_f + \frac{1}{2}A_w} \tag{4.60}$$

ここに、$A_f = 4t_1b_1$；$A_w = 4t_2b_2$（チューブ構造としてのフランジ構面およびウェブ構面のそれぞれについての全断面積）；なお、A_f および A_w はフランジ構面およびウェブ構面に位置する柱の断面積の和と等しくなるように等価厚さ t_1 および t_2 を求める。

③ 断面定数 S^*

$$S^* = \iint y\varphi^* dydz = 2t_1\int_{-b_1}^{b_1} b_2\varphi_f^* dz + 2t_2\int_{-b_2}^{b_2} y\varphi_w^* dy = S^* = \frac{2}{3}b_2 A_f + \frac{b_2}{\pi}A_w \tag{4.61}$$

④ 断面定数 F^*

$$F^* = \iint (\varphi_{,z}^*)^2 dydz + \iint (\varphi_{,y}^*)^2 dydz = \iint \left[\varphi_{f,z}^* + \varphi_{w,z}^*\right]^2 dydz + \iint \left[\varphi_{f,y}^* + \varphi_{w,y}^*\right]^2 dydz \tag{4.62}$$

よって、

$$F^* = \frac{4}{3(b_1)^2}A_f + \frac{\pi^2}{2(b_2)^2}A_w \tag{4.63}$$

以上をまとめると、一般的な矩形の形状をするチューブ構造の断面定数は次のようになる (図 4-8)。

$$A^* = 0 \tag{4.64}$$

$$I^* = \frac{8}{15}A_f + \frac{1}{2}A_w \tag{4.65}$$

$$S^* = \frac{2}{3}b_2 A_f + \frac{b_2}{\pi}A_w \tag{4.66}$$

$$F^* = \frac{4}{3(b_1)^2}A_f + \frac{\pi^2}{2(b_2)^2}A_w \tag{4.67}$$

ここに、$A_f = 4t_1 b_1$ (チューブ構造としてのフランジ構面の全断面積);$A_w = 4t_2 b_2$ (チューブ構造としてのウェブ構面の全断面積)。

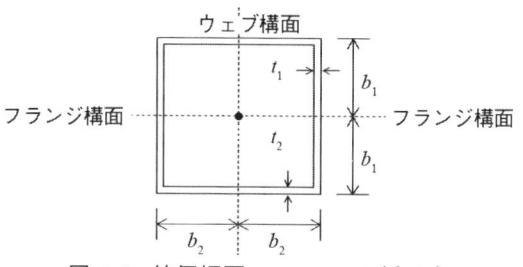

図 4-8　等価板厚 t_1, t_2, b_1, b_2 の採り方

チューブ構造でなく中間に柱が配置される通常のフレーム構造の場合、フランジ構面に生じる shear-lag の分布関数は、各フレームの間隔でのみ発生するが、結果的に式 (4.64) ～式 (4.67) と同じ形になる。また、ダブルチューブ構造 (tube-in-tube) の場合には、外殻のチューブに対する値が支配的であるが、内殻チューブの剛性と外殻チューブの剛性の和とすればよい。

4.5 差分法による計算

(1) 差分化

チューブ構造の運動方程式は各層で断面形状や階高が変化するため、剛性が高さ方向に変化する変数係数の偏微分方程式となり、解析的に解くことは不可能である。そこで、実用的観点より差分法を用いた一般的な解析を行う（図4-9）。

差分法は、差分点の選択方法により前部差分、後部差分、中央差分に大別される。これらの差分公式を表4-2に示す。この表を利用して微分の項を差分で置き換えれば、微分方程式は代数方程式となる。表4-2に示すように、中央差分は前部差分および後部差分よりも誤差が少ない。なお、Δは差分長さであり、本解析ではすべて同じ長さをとる。差分長さΔが小さくなれば差分精度が向上するが、差分点が増加すれば変数が増加する。超高層ビルの場合、差分長さは階高にとれば解の収束上は問題ない。

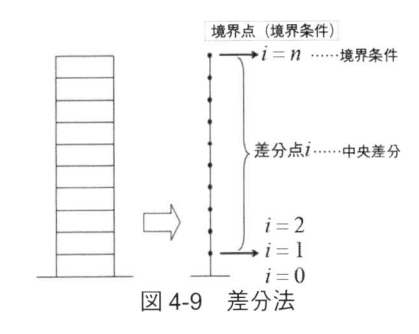

図 4-9 差分法

表 4-2 差分公式

TYPE	$y_m^{(k)}$									誤差
中央差分	y_i'				-1		+1	$\frac{1}{2(\Delta)}$		$-\frac{1}{6}(\Delta)^2 y_i'''$
	y_i''				+1	-2	+1	$\frac{1}{(\Delta)^2}$		$-\frac{1}{12}(\Delta)^2 y_i^{(iv)}$
前部差分	y_i'			$\frac{1}{\Delta}$	-1	+1				$-\frac{1}{2}(\Delta)^2 y_i''$
	y_i''			$\frac{1}{(\Delta)^2}$	+1	-2	+1			$-(\Delta)y_i'''$
後部差分	y_i'				-1	+1	$\frac{1}{\Delta}$			$+\frac{1}{2}(\Delta x) y_i''$
	y_i''				+1	-2	+1	$\frac{1}{(\Delta)^2}$		$+(\Delta)^2 y_i'''$
Point		i-4	i-3	i-2	i-1	i	i+1	i+2	i+3	i+4

(2) 静的解析の釣合方程式の差分化

2軸対称チューブ構造における静的問題に対する釣合方程式は、運動方程式の動的項を省略すると求まる。

$$\delta v : -[\kappa GA(v' + \phi)]' - P_y = 0 \tag{4.68}$$

$$\delta\phi : -\left(EI\phi' + ES^*u^{*'}\right)' + \kappa GA(v' + \phi) - m = 0 \tag{4.69}$$

$$\delta u^* : -\left(EI^*u^{*'} + ES^*\phi^{*'}\right)' + \kappa GF^*u^* = 0 \tag{4.70}$$

式(4.68)を中央差分を用いて差分化すると次式となる。

$$-\frac{(\kappa GA)'}{2\Delta}(-v_{i-1} + v_{i+1}) - (\kappa GA)'\phi_i - \frac{\kappa GA}{\Delta^2}(v_{i-1} - 2v_i + v_{i+1}) - \frac{\kappa GA}{2\Delta}(-\phi_{i-1} + \phi_{i+1}) = P_y \tag{4.71}$$

差分点ごとの変数についてまとめると次式となる。

$$\begin{aligned}
&\left[-\frac{\kappa GA}{\Delta^2} + \frac{(\kappa GA)'}{2\Delta}\right]v_{i-1} + \left[\frac{\kappa GA}{2\Delta}\right]\phi_{i-1} + \left[\frac{2\kappa GA}{\Delta^2}\right]v_i \\
&+ \left[-(\kappa GA)'\right]\phi_i + \left[-\frac{\kappa GA}{\Delta^2} - \frac{(\kappa GA)'}{2\Delta}\right]v_{i+1} + \left[-\frac{\kappa GA}{2\Delta}\right]\phi_{i+1} = P_y
\end{aligned} \tag{4.72}$$

同様に、式(4.69)、式(4.70)を差分化して各項についてまとめると次式となる。

$$\begin{aligned}
&\left[-\frac{\kappa GA}{2\Delta}\right]v_{i-1} + \left[-\frac{EI}{\Delta^2} + \frac{(EI)'}{2\Delta}\right]\phi_{i-1} + \left[-\frac{ES^*}{\Delta^2} + \frac{(ES^*)'}{2\Delta}\right]u^*_{i-1} \\
&+ \left[\frac{2EI}{\Delta^2} + \kappa GA\right]\phi_i + \left[\frac{2ES^*}{\Delta^2}\right]u^*_i + \left[\frac{\kappa GA}{2\Delta}\right]v_{i+1} \\
&+ \left[-\frac{EI}{\Delta^2} - \frac{(EI)'}{2\Delta}\right]\phi_{i+1} + \left[-\frac{ES^*}{\Delta^2} - \frac{(ES^*)'}{2\Delta}\right]u^*_{i+1} = m
\end{aligned} \tag{4.73}$$

$$\begin{aligned}
&\left[-\frac{ES^*}{\Delta^2} + \frac{(ES^*)'}{2\Delta}\right]\phi_{i-1} + \left[-\frac{EI^*}{\Delta^2} + \frac{(EI^*)'}{2\Delta}\right]u^*_{i-1} + \left[\frac{2ES^*}{\Delta^2}\right]\phi_i \\
&+ \left[\frac{2EI^*}{\Delta^2} + \kappa GF^*\right]u^*_i + \left[-\frac{ES^*}{\Delta^2} - \frac{(ES^*)'}{2\Delta}\right]\phi_{i+1} + \left[-\frac{EI^*}{\Delta^2} - \frac{(EI^*)'}{2\Delta}\right]u^*_{i+1} = 0
\end{aligned} \tag{4.74}$$

式(4.72)～式(4.74)を未知数に関してステンシル表示すると表4-3となる。なお、ここで留意すべき事項は、式(4.72)～式(4.74)は差分点 i についての運動方程式であるので、ステンシル表4-3での差分変数 u_i および u_{i+1} 等にかかる断面定数は差分点 i での値である。この表は差分点の内点（未知変位）に関して成立する。内点以外の点（仮想点）を含む場合は、境界条件を用いて内点で表した式としなければならない。

表4-3の表中に示した C11 ～ C39 はプログラム化に際して、各項目の値を表わすために表記してある。このように表記してプログラム化をすると、プログラムのエラー

や確認が容易になると共に、**表 4-5** および**表 4-6** に示すように、境界条件により当該項目が移動する際の表記として便利である。

表 4-3　一般点（内点）での差分方程式

	$i-1$			i			$i+1$			P
	v_{i-1}	ϕ_{i-1}	u^*_{i-1}	v_i	ϕ_i	u^*_i	v_{i+1}	ϕ_{i+1}	u^*_{i+1}	
δv	$-\dfrac{\kappa GA}{\Delta^2}$ $+\dfrac{(\kappa GA)'}{2\Delta}$	$+\dfrac{\kappa GA}{2\Delta}$	0	$\dfrac{2\kappa GA}{\Delta^2}$	$-(\kappa GA)'$	0	$-\dfrac{\kappa GA}{\Delta^2}$ $-\dfrac{(\kappa GA)'}{2\Delta}$	$-\dfrac{\kappa GA}{2\Delta}$	0	$= P_{yi}$
	C11	C12	C13	C14	C15	C16	C17	C18	C19	
$\delta \phi$	$-\dfrac{\kappa GA}{2\Delta}$	$-\dfrac{EI}{\Delta^2}+\dfrac{(EI)'}{2\Delta}$	$-\dfrac{ES^*}{\Delta^2}$ $+\dfrac{(ES^*)'}{2\Delta}$	0	$\dfrac{2EI}{\Delta^2}+\kappa GA$	$\dfrac{2ES^*}{\Delta^2}$	$\dfrac{\kappa GA}{2\Delta}$	$-\dfrac{EI}{\Delta^2}$ $-\dfrac{(EI)'}{2\Delta}$	$-\dfrac{ES^*}{\Delta^2}$ $-\dfrac{(ES^*)'}{2\Delta}$	$= m_i$
	C21	C22	C23	C24	C25	C26	C27	C28	C29	
δu^*	0	$-\dfrac{ES^*}{\Delta^2}$ $+\dfrac{(ES^*)'}{2\Delta}$	$-\dfrac{EI^*}{\Delta^2}$ $+\dfrac{(EI^*)'}{2\Delta}$	0	$\dfrac{2ES^*}{\Delta^2}$	$\dfrac{2EI^*}{\Delta^2}+\kappa GF^*$	0	$-\dfrac{ES^*}{\Delta^2}$ $-\dfrac{(ES^*)'}{2\Delta}$	$-\dfrac{EI^*}{\Delta^2}$ $-\dfrac{(EI^*)'}{2\Delta}$	$= 0$
	C31	C32	C33	C34	C35	C36	C37	C38	C39	

(3) 境界条件の差分化

① $x=0$ で変位が固定される場合の境界条件は式 (4.53) 〜式 (4.56) より求まる。

$$v = 0 \quad (x=0) \tag{4.75}$$
$$\phi = 0 \quad (x=0) \tag{4.76}$$
$$u^* = 0 \quad (x=0) \tag{4.77}$$

なお、$x=0$ で変位が規定される場合は、右辺 0 の代わりに規定される変位として、例えば、v_0, ϕ_0, u_0^* に置換すればよい。詳しくは $v=v_0, \phi=\phi_0, u^*=u_0^*$ となる。

$x=0$ での境界条件の拡張については 4.10 節で詳述する。

② $x=\ell$ の top で曲げおよびせん断に対して自由の場合は、次式となる。

$$v' + \phi = 0 \quad (x=\ell) \tag{4.78}$$

$$EI\phi' + ES^* u^{*'} = 0 \quad (x=\ell) \tag{4.79}$$

③ $x=\ell$ の top で shear-lag が自由または拘束の場合は、式 (4.56) より次式となる。

$$ES^*\phi' + EI^* u^{*'} = 0 \quad (x=\ell) \quad \text{shear-lag自由} \tag{4.80}$$

$$u^* = 0 \quad (x=\ell) \quad \text{shear-lag拘束} \tag{4.81}$$

④ 自由端 $x = \ell$ での境界条件を差分化する。この際、内点以外の仮想点は境界条件より、$x = 0$ および $x = \ell$ でそれぞれ v, ϕ, u^* に対して各1個採用できる。中央差分を用いると、自由端 $x = \ell$ の差分点は $i = n$ に相当する。自由端 $x = \ell$ での釣合式の差分式では、内点の外側の仮想点 $n + 1$ での未知変数が発生する。そこで、この仮想点での未知変数を内点で表すため、$x = \ell$ での境界条件式を用いる（図4-10）。

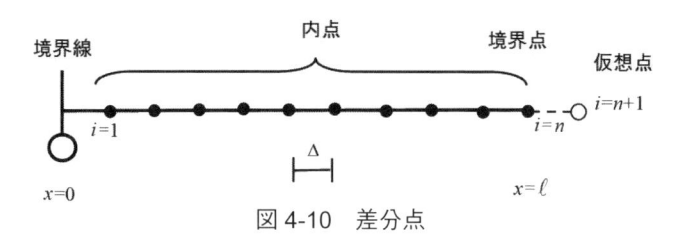

図4-10 差分点

⑤ shear-lag が top で自由の場合について示す。境界条件式(4.78)、式(4.79)、式(4.80)を中央差分を用いて表すと次のようになる。

$$[-v_{n-1} + v_{n+1}]\frac{1}{2\Delta} + \phi_n = 0 \tag{4.82}$$

$$EI[-\phi_{n-1} + \phi_{n+1}]\frac{1}{2\Delta} + ES^*[-u^*_{n-1} + u^*_{n+1}]\frac{1}{2\Delta} = 0 \tag{4.83}$$

$$ES^*[-\phi_{n-1} + \phi_{n+1}]\frac{1}{2\Delta} + EI^*[-u^*_{n-1} + u^*_{n+1}]\frac{1}{2\Delta} = 0 \tag{4.84}$$

上式を仮想点 $n + 1$ での変位について解くと次式となる。

$$v_{n+1} = v_{n-1} - 2\Delta\phi_n \tag{4.85}$$

$$\phi_{n+1} = \phi_{n-1} \tag{4.86}$$

$$u^*_{n+1} = u^*_{n-1} \tag{4.87}$$

⑥ 次に、shear-lag が top で拘束の場合について示す。当該境界条件は式(4.78)、式(4.79)、式(4.81)である。式(4.78)と式(4.79)を中央差分を用いて表すと、u^*_{n+1} が残るので、$u^{*\prime}$ は後部差分を用いる。

$$[-v_{n-1} + v_{n+1}]\frac{1}{2\Delta} + \phi_n = 0 \tag{4.88}$$

$$EI[-\phi_{n-1} + \phi_{n+1}]\frac{1}{2\Delta} + ES^*[-u^*_{n-1} + u^*_n]\frac{1}{\Delta} = 0 \tag{4.89}$$

式(4.81)より $u^*_n = 0$ となるが、この場合 u^*_n に相当するステンシルを大幅に変更することになり計算は面倒になる。そこで、近似的に次の関係を用いる。

$$u^*_{n+1} = -u^*_{n-1} \tag{4.90}$$

式 (4.88) ～式 (4.90) より、shear-lag が拘束の場合の仮想点の変位は次のようになる。

$$v_{n+1} = v_{n-1} - 2\Delta\phi_n \tag{4.91}$$

$$\phi_{n+1} = \phi_{n-1} + \frac{2ES^*}{EI}u_{n-1}^* \tag{4.92}$$

$$u_{n+1}^* = -u_{n-1}^* \tag{4.93}$$

⑦ 以上の結果をまとめて再記すると、境界条件式および仮想点の変位は次のようになる。

（境界条件式）

$$\begin{array}{ll} v = 0 & (x = 0) \\ \phi = 0 & (x = 0) \\ u^* = 0 & (x = 0) \end{array}$$

shear-lag 自由の場合		shear-lag 拘束の場合	
$v' + \phi = 0$	$(x = \ell)$	$v' + \phi = 0$	$(x = \ell)$
$EI\phi' + ES^*{u^*}' = 0$	$(x = \ell)$	$EI\phi' + ES^*{u^*}' = 0$	$(x = \ell)$
$ES^*\phi' + EI^*{u^*}' = 0$	$(x = \ell)$	$u^* = 0$	$(x = \ell)$

（仮想点 $n + 1$ での変位）

shear-lag 自由の場合	shear-lag 拘束の場合
$v_{n+1} = v_{n-1} - 2\Delta\phi_n$	$v_{n+1} = v_{n-1} - 2\Delta\phi_n$
$\phi_{n+1} = \phi_{n-1}$	$\phi_{n+1} = \phi_{n-1} + \dfrac{2ES^*}{EI}u_{n-1}^*$
$u_{n+1}^* = u_{n-1}^*$	$u_{n+1}^* = -u_{n-1}^*$

差分点 $i = 1$（通常 1 階に相当する）での差分方程式のステンシルを**表 4-4** に示す。また、最上階（$i = n$）については、top で shear-lag を自由または拘束した場合について、それぞれ**表 4-5**、**表 4-6** に示す。なお、ステンシルの各項目の C11、C12…は各項の値を示すために表示した記号であり、これらはプログラム化に際して便利である。

表 4-4 $i = 1$ での差分方程式

	$i-1\ (0)$			$i\ (1)$			$i+1\ (2)$			P
	v_{i-1}	ϕ_{i-1}	u^*_{i-1}	v_i	ϕ_i	u^*_i	v_{i+1}	ϕ_{i+1}	u^*_{i+1}	
δv	$-\dfrac{\kappa GA}{\Delta^2}+\dfrac{(\kappa GA)'}{2\Delta}$ (×)	$\dfrac{\kappa GA}{2\Delta}$ (×)	0 (×)	$\dfrac{2\kappa GA}{\Delta^2}$	$-(\kappa GA)'$	0	$-\dfrac{\kappa GA}{\Delta^2}-\dfrac{(\kappa GA)'}{2\Delta}$	$-\dfrac{\kappa GA}{2\Delta}$	0	$= P_{yi}$
	C11	C12	C13	C14	C15	C16	C17	C18	C19	
$\delta\phi$	$-\dfrac{\kappa GA}{2\Delta}$ (×)	$-\dfrac{EI}{\Delta^2}+\dfrac{(EI)'}{2\Delta}$ (×)	$-\dfrac{ES^*}{\Delta^2}+\dfrac{(ES^*)'}{2\Delta}$ (×)	0	$\dfrac{2EI}{\Delta^2}+\kappa GA$	$\dfrac{2ES^*}{\Delta^2}$	$\dfrac{\kappa GA}{2\Delta}$	$-\dfrac{EI}{\Delta^2}-\dfrac{(EI^*)'}{2\Delta}$	$-\dfrac{ES^*}{\Delta^2}-\dfrac{(ES^*)'}{2\Delta}$	$= m_i$
	C21	C22	C23	C24	C25	C26	C27	C28	C29	
δu^*	0 (×)	$-\dfrac{ES^*}{\Delta^2}+\dfrac{(ES^*)'}{2\Delta}$ (×)	$-\dfrac{EI^*}{\Delta^2}+\dfrac{(EI^*)'}{2\Delta}$ (×)	0	$\dfrac{2ES^*}{\Delta^2}$	$\dfrac{2EI^*}{\Delta^2}+\kappa GF^*$	0	$-\dfrac{ES^*}{\Delta^2}-\dfrac{(ES^*)'}{2\Delta}$	$-\dfrac{EI^*}{\Delta^2}-\dfrac{(EI^*)'}{2\Delta}$	$= 0$
	C31	C32	C33	C34	C35	C36	C37	C38	C39	

表 4-5 $i = n$ （top で shear-lag を自由）で境界条件を中央差分した場合の差分方程式

	$i-1\ (=n-1)$			$i\ (=n)$			$i+1\ (=n+1)$			P
	v_{i-1}	ϕ_{i-1}	u^*_{i-1}	v_i	ϕ_i	u^*_i	v_{i+1}	ϕ_{i+1}	u^*_{i+1}	
δv	$-\dfrac{\kappa GA}{\Delta^2}+\dfrac{(\kappa GA)'}{2\Delta}+\text{C17}$	$\dfrac{\kappa GA}{2\Delta}+\text{C18}$	$0+\text{C19}$	$\dfrac{2\kappa GA}{\Delta^2}$	$-(\kappa GA)'-\text{C17}(2\Delta)$	0	$-\dfrac{\kappa GA}{\Delta^2}-\dfrac{(\kappa GA)'}{2\Delta}$ (×)	$-\dfrac{\kappa GA}{2\Delta}$ (×)	0 (×)	$= P_{yi}$
	C11	C12	C13	C14	C15	C16	C17	C18	C19	
$\delta\phi$	$-\dfrac{\kappa GA}{2\Delta}+\text{C27}$	$-\dfrac{EI}{\Delta^2}+\dfrac{(EI)'}{2\Delta}+\text{C28}$	$-\dfrac{ES^*}{\Delta^2}+\dfrac{(ES^*)'}{2\Delta}+\text{C29}$	0	$\dfrac{2EI}{\Delta^2}+\kappa GA-\text{C27}(2\Delta)$	$\dfrac{2ES^*}{\Delta^2}$	$\dfrac{\kappa GA}{2\Delta}$ (×)	$-\dfrac{EI}{\Delta^2}-\dfrac{(EI^*)'}{2\Delta}$ (×)	$-\dfrac{ES^*}{\Delta^2}-\dfrac{(ES^*)'}{2\Delta}$ (×)	$= m_i$
	C21	C22	C23	C24	C25	C26	C27	C28	C29	
δu^*	$0+\text{C37}$	$-\dfrac{ES^*}{\Delta^2}+\dfrac{(ES^*)'}{2\Delta}+\text{C38}$	$-\dfrac{EI^*}{\Delta^2}+\dfrac{(EI^*)'}{2\Delta}+\text{C39}$	0	$\dfrac{2ES^*}{\Delta^2}-\text{C37}(2\Delta)$	$\dfrac{2EI^*}{\Delta^2}+\kappa GF^*$	0 (×)	$-\dfrac{ES^*}{\Delta^2}-\dfrac{(ES^*)'}{2\Delta}$ (×)	$-\dfrac{EI^*}{\Delta^2}-\dfrac{(EI^*)'}{2\Delta}$ (×)	$= 0$
	C31	C32	C33	C34	C35	C36	C37	C38	C39	

表 4-6 $i = n$（top で shear-lag を拘束）で境界条件を中央差分した場合の差分方程式

	$i-1(=n-1)$			$i(=n)$			$i+1(=n+1)$			P
	v_{i-1}	ϕ_{i-1}	u^*_{i-1}	v_i	ϕ_i	u^*_i	v_{i+1}	ϕ_{i+1}	u^*_{i+1}	
δv	$-\dfrac{\kappa GA}{\Delta^2}$ $+\dfrac{(\kappa GA)'}{2\Delta}$ $+ C17$	$\dfrac{\kappa GA}{2\Delta}$ $+ C18$	0 $+C18\left(\dfrac{2ES^*}{EI}\right)$ $- C19$	$\dfrac{2\kappa GA}{\Delta^2}$	$-(\kappa GA)'$ $- C17(2\Delta)$	0	$-\dfrac{\kappa GA}{\Delta^2}$ $-\dfrac{(\kappa GA)'}{2\Delta}$	$-\dfrac{\kappa GA}{2\Delta}$	0	$= P_{yi}$
	C11	C12	C13	C14	C15	C16	C17	C18	C19	
$\delta \phi$	$-\dfrac{\kappa GA}{2\Delta}$ $+ C27$	$-\dfrac{EI}{\Delta^2}+\dfrac{(EI)'}{2\Delta}$ $+ C28$	$-\dfrac{ES^*}{\Delta^2}+\dfrac{(ES^*)'}{2\Delta}$ $+C28\left(\dfrac{2ES^*}{EI}\right)$	0	$\dfrac{2EI}{\Delta^2}+\kappa GA$ $- C27(2\Delta)$	$\dfrac{2ES^*}{\Delta^2}$	$\dfrac{\kappa GA}{2\Delta}$	$-\dfrac{EI}{\Delta^2}$ $-\dfrac{(EI^*)'}{2\Delta}$	$-\dfrac{ES^*}{\Delta^2}$ $-\dfrac{(ES^*)'}{2\Delta}$	$= m_i$
	C21	C22	C23	C24	C25	C26	C27	C28	C29	
δu^*	0 $+ C37$	$-\dfrac{ES^*}{\Delta^2}$ $+\dfrac{(ES^*)'}{2\Delta}$ $+ C38$	$-\dfrac{EI^*}{\Delta^2}$ $+\dfrac{(EI^*)'}{2\Delta}$ $+C38\left(\dfrac{2ES^*}{EI}\right)$ $- C39$	0	$\dfrac{2ES^*}{\Delta^2}$ $- C37(2\Delta)$	$\dfrac{2EI^*}{\Delta^2}+\kappa GF^*$	0	$-\dfrac{ES^*}{\Delta^2}$ $-\dfrac{(ES^*)'}{2\Delta}$	$-\dfrac{EI^*}{\Delta^2}$ $-\dfrac{(EI^*)'}{2\Delta}$	$= 0$
	C31	C32	C33	C34	C35	C36	C37	C38	C39	

4.6 固有値解析

(1) 自由振動方程式

y 方向に横振動をする 2 軸対称チューブ構造の自由振動方程式は、運動方程式 式 (4.49)、式 (4.50)、式 (4.51) において、外力項および減衰項を無視すると求まる。

$$\delta v : \rho A \ddot{v} - [\kappa GA(v' + \phi)]' = 0 \tag{4.94}$$

$$\delta \phi : \rho I \ddot{\phi} + \rho S^* \ddot{u}^* - (EI\phi')' - (ES^* {u^*}')' + \kappa GA(v' + \phi) = 0 \tag{4.95}$$

$$\delta u^* : \rho S^* \ddot{\phi} + \rho I^* \ddot{u}^* - (ES^* \phi')' - (EI^* {u^*}')' + \kappa GF^* u^* = 0 \tag{4.96}$$

変位 $v(x,t)$、$\phi(x,t)$、$u^*(x,t)$ を、座標変数 x と時間 t に変数分離する。

$$v(x,t) = \bar{v}(x)\, e^{i\omega t}(t) \tag{4.97}$$

$$\phi(x,t) = \bar{\phi}(x)\, e^{i\omega t}(t) \tag{4.98}$$

$$u^*(x,t) = \bar{u}^*(x)\, e^{i\omega t}(t) \tag{4.99}$$

式(4.97)～式(4.99)を式(4.94)～式(4.96)に代入すると振動方程式が得られる。

$$\delta v : -\omega^2 \rho A \bar{v} - (\kappa GA)'(\bar{v}' + \bar{\phi}) - (\kappa GA)(\bar{v}'' + \bar{\phi}') = 0 \tag{4.100}$$

$$\delta \phi : -\omega^2 \rho I \bar{\phi} - \omega^2 \rho S^* \bar{u}^* - (EI)' \bar{\phi}' - (EI) \bar{\phi}'' - (ES^*)' \bar{u}^{*\,\prime} - (ES^*) \bar{u}^{*\,\prime\prime} + \kappa GA(\bar{v}' + \bar{\phi}) = 0 \tag{4.101}$$

$$\delta u^* : -\omega^2 \rho S^* \bar{\phi} - \omega^2 \rho I^* \bar{u}^* - (EI^*)' \bar{u}^{*\,\prime} - (EI^*) \bar{u}^{*\,\prime\prime} - (ES^*)' \bar{\phi}' - (ES^*) \bar{\phi}'' + \kappa GF^* \bar{u}^* = 0 \tag{4.102}$$

(2) 振動方程式の差分化

式(4.100)～式(4.102)を中央差分を用いて表示し、各項についてまとめると次式となる。

$$\delta v : \left[-\frac{\kappa GA}{\Delta^2} + \frac{(\kappa GA)'}{2\Delta} \right] \bar{v}_{i-1} + \left[\frac{\kappa GA}{2\Delta} \right] \bar{\phi}_{i-1} + \left[\frac{2\kappa GA}{\Delta^2} \right] \bar{v}_i$$
$$+ [-\kappa GA] \bar{\phi}_i + \left[-\frac{\kappa GA}{\Delta^2} - \frac{(\kappa GA)'}{2\Delta} \right] \bar{v}_{i+1} + \left[-\frac{\kappa GA}{2\Delta} \right] \bar{\phi}_{i+1} + \omega^2 \{ [-\rho A] \bar{v}_i \} = 0 \tag{4.103}$$

$$\delta \phi : \left[-\frac{\kappa GA}{2\Delta} \right] \bar{v}_{i-1} + \left[-\frac{EI}{\Delta^2} + \frac{(EI)'}{2\Delta} \right] \bar{\phi}_{i-1} + \left[-\frac{ES^*}{\Delta^2} + \frac{(ES^*)'}{2\Delta} \right] \bar{u}^*_{i-1} + \left[\kappa GA + \frac{2EI}{\Delta^2} \right] \bar{\phi}_i + \left[\frac{2ES^*}{\Delta^2} \right] \bar{u}^*_i$$
$$+ \left[\frac{\kappa GA}{2\Delta} \right] \bar{v}_{i+1} + \left[-\frac{EI}{\Delta^2} - \frac{(EI)'}{2\Delta} \right] \bar{\phi}_{i+1} + \left[-\frac{ES^*}{\Delta^2} - \frac{(ES^*)'}{2\Delta} \right] \bar{u}^*_{i+1} + \omega^2 \{ [-\rho I] \bar{\phi}_i \} + \omega^2 \{ [-\rho S^*] \bar{u}^*_i \} = 0 \tag{4.104}$$

$$\delta u^* : \left[-\frac{ES^*}{\Delta^2} + \frac{(ES^*)'}{2\Delta} \right] \bar{\phi}_{i-1} + \left[-\frac{EI^*}{\Delta^2} + \frac{(EI^*)'}{2\Delta} \right] \bar{u}^*_{i-1} + \left[\frac{2ES^*}{\Delta^2} \right] \bar{\phi}_i + \left[\kappa GF^* + \frac{2EI^*}{\Delta^2} \right] \bar{u}^*_i$$
$$+ \left[-\frac{ES^*}{\Delta^2} - \frac{(ES^*)'}{2\Delta} \right] \bar{\phi}_{i+1} + \left[-\frac{EI^*}{\Delta^2} - \frac{(EI^*)'}{2\Delta} \right] \bar{u}^*_{i+1} + \omega^2 \{ [-\rho S^*] \bar{\phi}_i \} + \omega^2 \{ [-\rho I^*] \bar{u}^*_i \} = 0 \tag{4.105}$$

式(4.103)～式(4.105)を差分の内点について立てると、次のように固有値問題の式となる。

$$\begin{bmatrix} A \end{bmatrix} \begin{bmatrix} \bar{v}_m \\ \bar{\phi}_m \\ \bar{u}^*_m \end{bmatrix} - \omega^2 \begin{bmatrix} B \end{bmatrix} \begin{bmatrix} \bar{v}_m \\ \bar{\phi}_m \\ \bar{u}^*_m \end{bmatrix} = 0 \tag{4.106}$$

ここに、[A] = 静的解析における係数マトリックス；[B] = 固有振動数の係数マトリックス；ω = 固有振動数（rad/sec）。

固有振動数の係数マトリックス[A]は、荷重項の部分を除けば静的解析で求めた表4-3～表4-5と同じ係数である。質量に関する係数マトリックス[B]を表4-7に示す。式(4.106)で左辺第2項の[B]の符号は−を付けて一般的な固有値プログラムに対応

させている。固有振動数および固有関数は式 (4.106) の固有値問題より得られる。

表 4-7　マトリックス [B] についての差分方程式

	$\bar{v}_i$	$\bar{\phi}_i$	$\bar{u}^*_i$
δv	ρA C14	0 C15	0 C16
$\delta \phi$	0 C24	ρI C25	ρS^* C26
δu^*	0 C34	ρS^* C35	ρI^* C36

ここに、C14 ～ C36 は各係数の値を示し、プログラム化に際して使用している。

4.7　モーダルアナリシスによる動的解析

前述した固有値解析より固有振動数および固有モードが得られたことから、弾性応答に対する動的解析はモーダルアナリシスが便利である。2.8 節で述べた方法と同様な展開を行う。

地動加速度 $\ddot{v}_0$ を受けるチューブ構造の運動方程式は次式となる。

$$[M]\{\ddot{v}\} + [c_v]\{\dot{v}\} - [\kappa GA(v' + \phi)]' = -[M]\{I\}\{\ddot{v}_0\} \tag{4.107}$$

ここに、$[M]$ = 質量マトリックス；$[c_v]$ = 減衰マトリックス；$\{\ddot{v}\}$ = 相対加速度ベクトル；$\{\dot{v}\}$ = 相対速度ベクトル；$\{v\}$ = 相対変位ベクトル。

たわみ $\{v\}$ および回転角 $\{\phi\}$ は高さ方向と時間に関する関数であるから、次式のように変数分離できるとする。なお、高さ方向の分布は固有関数で表す。

$$\{v\} = \sum_{j=1}^{n} \{\bar{v}_j\}\{q(t)\} \tag{4.108}$$

$$\{\phi\} = \sum_{j=1}^{n} \{\bar{\phi}_j\}\{q(t)\} \tag{4.109}$$

ここに、$\{\bar{v}_j\}$ = 水平変位の第 j 番目モードの固有関数（固有ベクトル）；$\{\bar{\phi}_j\}$ = 回転の第 j 番目モードの固有関数（固有ベクトル）；$\{q(t)\}$ = 時刻関数ベクトル；n = 自由度。

振動は比較的低次のモードに依存するので、通常 5 次モード（n = 5）程度までを考慮すれば実用的には十分である。

式 (4.108)、式 (4.109) を式 (4.107) に代入すると、

$$[M]\sum_{j=1}^{n}\{\bar{v}_j\}\{\ddot{q}(t)\} + [c_v]\sum_{j=1}^{n}\{\bar{v}_j\}\{\dot{q}(t)\}$$

$$-\kappa GA\left[\sum_{j=1}^{n}\{\bar{v}_j\}^*\{q(t)\} + \sum_{j=1}^{n}\{\bar{\phi}_j\}'\{q(t)\}\right] + \left\{(\kappa GA)'\left[\sum_{j=1}^{n}\{\bar{v}_j\}'\{q(t)\} + \sum_{j=1}^{n}\{\bar{\phi}_j\}\{q(t)\}\right]\right\} = -[M]\{I\}\{\ddot{v}_0\} \tag{4.110}$$

両辺に$\{\bar{v}_i\}^T$を前乗し、固有関数の直交性を用いると、上式の下線の項は省略できて、次式となる。

$$\{\bar{v}_i\}^T[M]\{\bar{v}_i\}\ddot{q}_i(t)+\{\bar{v}_i\}^T[c_v]\{\bar{v}_i\}\dot{q}_i(t)$$

$$-\left[\{\bar{v}_i\}^T(\kappa GA)\{\bar{v}_i\}''q_i+\{\bar{v}_i\}^T(\kappa GA)'\{\bar{v}_i\}'q_i\right]=-\{\bar{v}_i\}^T[M]\{I\}\ddot{v}_0 \tag{4.111}$$

上式の剛性$[\kappa GA]$を含む項を、自由振動から求められた固有振動数ωを用いて書き換える操作をする。そこで自由振動に対する運動方程式は、

$$\rho A\ddot{v}-\left[\kappa GA(v'+\phi)\right]'=0 \tag{4.112}$$

で与えられる。いま、$v(x,t)$および$\phi(x,t)$をxとtに関して変数分離して次式で表す。

$$v(x,t)=\bar{v}(x)\exp\{i\omega t\} \tag{4.113}$$

$$\phi(x,t)=\bar{\phi}(x)\exp\{i\omega t\} \tag{4.114}$$

（注）$e^{i\omega t}$を$\exp\{i\omega t\}$とも表示できる。

式(4.113)、式(4.114)を式(4.112)に代入すると次式を得る。

$$\omega^2\rho A\bar{v}+\left[\kappa GA(\bar{v}'+\bar{\phi})\right]'=0 \tag{4.115}$$

上式は、各モードの次数で次のように書き換えることができる。いま、i次モードについて表示すると次式となる。

$$\omega^2[M]\{\bar{v}_i\}+\left[\kappa GA\left(\{\bar{v}_i\}'+\{\bar{\phi}_i\}\right)\right]'=0 \tag{4.116}$$

上式の両辺に$\{\bar{v}_i\}^T$を前乗し、式(4.111)に代入し、固有関数の直交性を考慮すると次式を得る。

$$\{\bar{v}_i\}^T[M]\{\bar{v}_i\}\ddot{q}_i(t)+\{\bar{v}_i\}^T[c_v]\{\bar{v}_i\}\dot{q}_i(t)+\omega^2\{\bar{v}_i\}^T[M]\{\bar{v}_i\}q_i=-\{\bar{v}_i\}^T[M]\{I\}\ddot{v}_0 \tag{4.117}$$

ここに、$q_i(t)=$第i番目モードに対応した時刻関数。

減衰マトリックス$[c_v]$および刺激係数β_iを、次のように定義する。

$$\frac{\{\bar{v}_i\}^T[c_v]\{\bar{v}_i\}}{\{\bar{v}_i\}^T[M]\{\bar{v}_i\}}=2h_i\omega_i \tag{4.118}$$

$$\beta_i=\frac{\{\bar{v}_i\}^T[M]\{I\}}{\{\bar{v}_i\}^T[M]\{\bar{v}_i\}} \tag{4.119}$$

ここで、h_iはi番目モードの減衰定数である。

これらを式(4.117)に代入すると、i次モードに関する時間変数$q_i(t)$に関する微分方程式を得る。

$$\ddot{q}_i(t)+2h_i\omega_i\dot{q}_i(t)+\omega_i^2 q_i(t)=-\beta_i\ddot{v}_0 \tag{4.120}$$

式(4.120)は他のモードと連成しない式であり、その一般解はDuhanel積分となる。

$$q_i(t) = \exp(-h_i\omega_i t)(C_1 \sin\omega_{Di}t + C_2 \cos\omega_{Di}t)$$
$$-\frac{1}{\omega_{Di}}\int_0^t \exp[-h_i\omega_i(t-\tau)]\sin\omega_{Di}(t-\tau)\beta_i\ddot{v}_0 d\tau \tag{4.121}$$

ここに、減衰を考慮した i モードの固有振動数 ω_{Di} は、

$$\omega_{Di} = \omega_i\sqrt{1-h_i^2} \tag{4.122}$$

で定義される。式 (4.121) の C_1 および C_2 は初期条件より決定される値である。強制振動については、式 (4.121) の右辺第 3 項のみを考慮すればよい。

4.8　棒材理論の拡張

前節では、ねじり変形を含まない場合について展開した。本節ではねじり変形に対する検討をする。外力が y 方向から作用する場合を考えると、y 軸回りの曲げ変形は無視できる。せん断変形に対して Timoshenko beam の考えを採用すると、軸変形、曲げ変形、せん断変形、shear-lag、ねじり変形を考慮した棒材の一般的な変位関数は次式となる。

$$U(x,y,z,t) = u(x,t) + y\ \phi(x,t) + \varphi^*(y,z)u^*(x,t) + \omega(y,z)\theta'(x,t) \tag{4.123}$$
$$V(x,y,z,t) = v(x,t) + V^*(x,y,z,t) \tag{4.124}$$
$$W(x,y,z,t) = w(x,t) + W^*(x,y,z,t) \tag{4.125}$$

ここに、U, V, W = 一般点の x、y、z 方向の変位；u, v, w = 材軸点の x、y、z 方向の変位；ϕ = 座標軸 z 軸周りの材軸点の回転角；$\varphi^*(y,z)$ = 一般点の shear-lag 変形の断面内の変位分布関数；$u^*(x,t)$ = shear-lag 変形の材軸方向の変位係数；$\omega(y,z)$ = 断面内の反り関数；$\theta'(x,t)$ = ねじり率；$V^*(x,y,z,t)$ および $W^*(x,y,z,t)$ = 断面の面内変形。

式 (4.123) の右辺第 3 項は、前述したようにチューブ構造などに発生する shear-lag の効果を表し、第 4 項はねじりの項を表している。等価棒材の断面の主軸をねじり中心に持っていくと、ねじりと他の運動（上下動、水平動）とは連成しないことから、一般にはねじりの項は分離して考えることができる。式 (4.124) および式 (4.125) の右辺の第 2 項は断面の面内変形を表しており、円筒シェルに発生するバルジ現象（膨らみ）や薄肉開断面の断面変形などがこれに該当する。面内変位は、他の変位と同様に、材軸点で規定される変数と、断面の面内変形モードを表す変位関数との積で表す[4-30]。

古典的な棒材理論（Bernoulli-Euler beam および Timoshenko beam）において無視されている断面の面外変形（shear-lag）や面内変形（bulge）を考慮することによって、棒材理論が解析できる領域は変数の数を極端に増やすことなく拡張できる。断面の高次変形は、高次変形の分布形状を表す変形パターンと、材軸線に沿って変化する変数（材軸座標値 x と時間 t の関数）との積として表すことにより少ない変数で表現できる。

2 次元および 3 次元骨組の動的解析を対象とした棒材理論では、Timoshenko beam に shear-lag を付加した変位関数で実用上は十分と考えられる。なお、ねじりは他の

変形挙動と分離して考え、z方向に作用する外力は無視してある。そのときの運動方程式は次式となる。

$$\delta u : m\ddot{u} + c_u \dot{u} - (EAu')' - P_x = 0 \tag{4.126}$$

$$\delta v : m\ddot{v} + c_v \dot{v} - [\kappa GA(v' + \phi)]' - P_y = 0 \tag{4.127}$$

$$\delta \phi : \rho I \ddot{\phi} + \rho S^* \ddot{u}^* - (EI\phi' + ES^* u^{*\prime})' + \kappa GA(v' + \phi) - m = 0 \tag{4.128}$$

$$\delta u^* : \rho I^* \ddot{u}^* + \rho S^* \ddot{\phi} - (EI^* u^{*\prime} + ES^* \phi')' + \kappa GF^* u^* = 0 \tag{4.129}$$

$$\delta \theta : \rho I_p \ddot{\theta} + c_\theta \dot{\theta} - (GJ\theta')' + m_z = 0 \tag{4.130}$$

ここに、m = 単位長さ当たりの質量（$m = \rho A$ （kg/m））；c_u および c_v = 縦振動（上下方向）および横振動（水平方向）の単位長さ当たりの減衰係数（N/(m/s)/m）；EA = 等価伸び剛性；EI = 等価曲げ剛性；κGA = 等価せん断剛性；I_p = 重心まわりの極2次モーメント；GJ = 等価ねじり剛性；θ = ねじれ角；m_z = 単位長さ当たりのねじりモーメント；c_θ = ねじり振動の単位ねじれ角当りの減衰係数。

その他の断面定数は以下で定義されるが、構造物の部材寸法は高さ方向の座標値 x の値により変化するので定数でない。

$$A = \iint dydz = \sum A_c \tag{4.131}$$

$$I = \iint y^2 dydz \tag{4.132}$$

$$S = \iint y \, dydz \tag{4.133}$$

$$I^* = \iint (\varphi^*)^2 dydz \tag{4.134}$$

$$S^* = \iint y\varphi^* dydz \tag{4.135}$$

$$F^* = \iint (\varphi^*_y)^2 dydz + \iint (\varphi^*_z)^2 dydz \tag{4.136}$$

$$A^* = \iint \varphi^* dydz \tag{4.137}$$

$$J^* = \iint \varphi^*_y dydz \tag{4.138}$$

構造物が鉄塔、タワー、煙突等の塔状構造物については、せん断変形を無視して曲げ挙動のみを対象とする場合が多い。この場合は、上式を簡略化した Bernoulli-Euler beam を使用できる。

$$\delta v : m\ddot{v} + c_v \dot{v} + [EIv'']'' - P_y = 0 \tag{4.139}$$

4.9 オイルダンパーを考慮した棒材理論の拡張

超高層ビルの減衰を増加させるには、オイルダンパーの利用が有効である。本節では、外付および内付オイルダンパーを考慮した棒材理論について示す。

内付オイルダンパーは階ごとに設置され、ブレースと同様に柱・梁のフレーム内の

対角線の方向を持つ。したがって、オイルダンパーの減衰係数はオイルダンパーの軸心方向（斜材方向）で規定されているので、これを水平面当たりの方向に分解する必要がある。オイルダンパーの階当たりの減衰係数の水平成分は、当該階に設置されるオイルダンパーの和をとり C_e と表す。棒材理論では諸量を連続体で表示するので、階当たりのオイルダンパーの減衰係数の水平成分 C_e は単位長さ当たりの減衰係数 c_{oil} で表す必要がある。C_e の単位は N/(m/s) であり、一方、c_{oil} の単位は N/(m/s)/m であり、次式の関係にある。

$$C_e = c_{oil} \times h \tag{4.140}$$

ここに、h = オイルダンパーが設置されている当該階の階高（m）。

オイルダンパーを含まない場合の棒材理論の運動方程式は式(4.49)〜式(4.52)で与えられる。式(4.49)をオイルダンパーを含んだ運動方程式に拡張すると次式となる。

$$m\ddot{v} + c_v \dot{v} + c_{oil}\dot{v} + [\kappa GA(v' + \phi)]' = -m\ddot{v}_0 \tag{4.141}$$

ここに、m = 単位長さ当たりの質量（$m = \rho A$ (kg/m)）；c_v = オイルダンパーを含まない建物の単位長さ当たりの減衰係数（N/(m/s)/m）；$\ddot{v}_0$ = 地動加速度。c_{oil} はオイルダンパーが位置する部分のみ有効である。

動的解析法は前述したモーダルアナリシスを用いる。変位 $v(x,t)$ は、式(4.108)のように座標軸 x と時間 t に変数分離する。

$$v(x,t) = \sum_{i=1}^{n} \{\bar{v}_i(x)\}\{q(t)\} \tag{4.142}$$

固有関数の直交化を用いれば、式(4.141)は式(4.120)と同様な形式で求まる。

$$\ddot{q}_i + 2h_i\omega_i\dot{q}_i + c_i\dot{q}_i + \omega_i^2 q_i = -\beta_i\ddot{v}_0 \tag{4.143}$$

ここに、h_i は i 次の構造物の減衰定数であり、建物の減衰係数 c_v と関係する。一方、オイルダンパーは任意の位置に設置されるので、建物の固有関数とは無関係となる。したがって、固有関数を用いた直交化により得られた減衰マトリックス $[c]$ は対角項以外にも値を持つ。減衰マトリックス $[c]$ は次式で与えられる。

$$[c] = \frac{[\bar{v}]^T [C_D][\bar{v}]}{[\bar{v}]^T [M][\bar{v}]} \tag{4.144}$$

ここに、$[C_D]$ はオイルダンパーの減衰マトリックスであり、単位長さ当たりのオイルダンパーの減衰係数 c_{oil} より構成する（式(2.3)を参照）。一方、$[\bar{v}]$ は固有関数のマトリックスである。

減衰マトリックス $[c]$ の非対角項を無視して近似的に直交化を仮定する。モードに非連成とした式(4.143)での c_i は、式(4.144)で与えられる直交化を仮定した減衰マトリックス $[c]$ の i 番目の対角項の値である。

オイルダンパーが負担する階当たりの最大層せん断力 Q_{DAMP} は、

$$Q_{DAMP} = C_e \dot{v}_{max} \tag{4.145}$$

で与えられる。ここに、$\dot{v}_{max}$ = 当該階の最大応答速度；C_e = 当該階の階当たりのオイ

ルダンパーの水平面当たりの減衰係数。

内付および外付オイルダンパーにより発生する周辺の梁の付加軸力 N_{BEAM} は、オイルダンパーを取り付ける当該平面フレームの同一階に位置するすべての梁に均等に負担されると考えると、次式となる。

$$N_{BEAM} = \frac{Q_{DAMP}}{n}\kappa \qquad (4.146)$$

ここに、n は当該平面フレームのオイルダンパーが設置される階の梁の総数である。κ は軸力の集中係数であり、$\kappa = 1.5$ を採用すれば梁に発生する付加軸力を概算できる。

また、オイルダンパーに接続する柱には当該オイルダンパーが負担するせん断力の垂直成分が付加軸力として作用する。柱の変動軸力 N_{COLUMN} は次式で求まる。

$$N_{COLUMN} = N_{BEAM}\tan\theta \qquad (4.147)$$

4.10　S-R モデルへの境界条件の拡張

(1)　ベースでの境界条件の一般化

前節までは超高層ビルのベース（$x = 0$）は柱脚固定として展開した。本節では、地盤と構造物の連成効果を考慮する際の簡易な解析モデルとして、基礎に水平ばねと回転ばねを取り付けた S-R モデルについての取扱いを説明する。柱脚固定でない場合は、柱脚に変位が発生する。この場合は幾何学的境界条件として変位が規定されるか、または、力学的境界条件として弾性ばねを設けた場合の 2 通りがある。

境界条件式 (4.53)～式 (4.56) は、次のように一般化できる。

$$u = u_0 \quad \text{or} \quad EAu' = k_u u_0 + C_{0u}\dot{u}_0 \qquad (4.148)$$

$$v = v_0 \quad \text{or} \quad \kappa GA(v' + \phi) = k_v v_0 + C_{0v}\dot{v}_0 \qquad (4.149)$$

$$\phi = \phi_0 \quad \text{or} \quad EI\phi' + ES^* u^{*'} = k_R\phi_0 + C_{0R}\dot{\phi}_0 \qquad (4.150)$$

$$u^* = u_0^* \quad \text{or} \quad EI^* u^{*'} + ES^*\phi' = 0 \qquad (4.151)$$

ここに、u_0, v_0, ϕ_0, u_0^* = ベース（$x = 0$）で規定される垂直変位、水平変位、回転変位、shear-lag 変位；k_u, k_v, k_R = ベース（$x = 0$）で規定される垂直ばね剛性（N/m）、水平ばね剛性（N/m）、回転ばね剛性（Nm/rad）；C_{0u}, C_{0v}, C_{0R} = ベース（$x = 0$）で規定される垂直方向減衰係数（N/(m/s)）、水平方向減衰係数（N/(m/s)）、回転方向減衰係数（Nm/(m/s)）（図 4-11 参照）。ただし、shear-lag についてはばね剛性はないと仮定する。

式 (4.148)～式 (4.151) の左側は、変位が規定される幾何学的境界条件である。一方、右側は力が規定される力学的境界条件である。

$x = 0$ での幾何学的境界条件を含む場合は、表 4-4 の差分点 0 点での値が既知として値を持つので、右辺に移項して連立方程式を解法する。

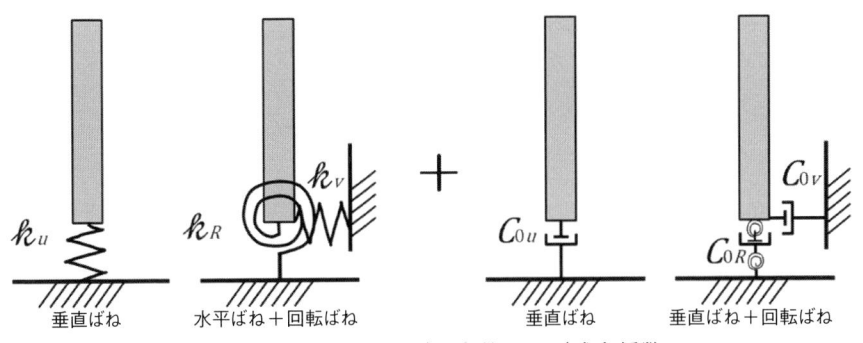

図 4-11 ベースでのばね定数および減衰係数

一方、$x = 0$ での力学的境界条件を含む場合は、$x = 0$ での境界点の変位 u_0, v_0, ϕ_0, u_0^* は未知数となるので、$x = 0$ での運動方程式を一般点と同様に解く必要がある。以下、力学的境界条件（S-R モデル）について述べる。なお、地盤と構造物の連成問題および水平ばねおよび回転ばねについては第 8 章で述べている。

(2) S-R モデルの境界条件式
　① ベース $x = 0$ が力学的境界条件の場合

上下動に対する検討は除外する。境界条件式 (4.149)～式 (4.151) を中央差分を用いて表示すると次式となる。

$$\kappa GA \frac{(-v_{-1} + v_1)}{2\Delta} + \phi_0 = k_v v_0 + C_{0v} \dot{v}_0 \tag{4.152}$$

$$EI \frac{(-\phi_{-1} + \phi_1)}{2\Delta} + ES^* \frac{(-u_{-1}^* + u_1^*)}{2\Delta} = k_R \phi_0 + C_{0R} \dot{\phi}_0 \tag{4.153}$$

$$EI^* \frac{(-u_{-1}^* + u_1^*)}{2\Delta} + ES^* \frac{(-\phi_{-1} + \phi_1)}{2\Delta} = 0 \tag{4.154}$$

ここに、Δ = 差分長さ；$v_{-1}, \phi_{-1}, u_{-1}^*$ = 差分点 (-1) での変位量；v_1, ϕ_1, u_1^* = 差分点 (1) での変位量（図 4-12）。

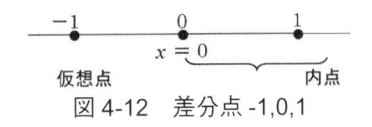

図 4-12 差分点 -1, 0, 1

差分点 (-1) は仮想点であるから、境界条件を用いて内点で表示する。式 (4.152) ～式 (4.154) を仮想点を未知数として解くと、次式を得る。

$$v_{-1} = v_1 + \kappa GA \phi_0 2\Delta - \frac{(k_v v_0 + C_{0v} \dot{v}_0)}{\kappa GA} 2\Delta \tag{4.155}$$

$$\phi_{-1} = \alpha_\phi (\kappa_R \phi_0 + C_{0R} \dot{\phi}_0) 2\Delta + \phi_1 \tag{4.156}$$

$$u_{-1}^* = \alpha_u (\kappa_R \phi_0 + C_{0R} \dot{\phi}_0) 2\Delta + u_1^* \tag{4.157}$$

ここに、α_ϕ および α_u は次式で定義する。

$$\alpha_\phi = \frac{-EI^*}{(EI)(EI^*) - (ES^*)^2} \tag{4.158}$$

$$\alpha_u = \frac{ES^*}{(EI)(EI^*) - (ES^*)^2} \tag{4.159}$$

② $i = 0$ での差分ステンシル

S-R モデルに対する $i = 1$ 点での差分ステンシルは表4-4 の代りに表4-3 が $i = 1$ として適用出来る。また、$i = 0$ での差分ステンシルは、表4-4 の代わりに表4-8 となる。ベースでの減衰項は速度 $\dot{v}_0$ および回転速度 $\dot{\phi}_0$ に依存する。増分計算ではベースでの初速度 $\dot{v}_0$ および $\dot{\phi}_0$ はゼロと仮定し、時間増分の1ステップ前の値を採用する。これらの値は既知であるので、表4-8 のステンシルでは右辺の荷重項に入れる。P_{0V}、$P_{0\phi}$、P_{0u^*} がこれに該当し、次式で定義する。

$$P_{0v} = C_{11} \frac{C_{0v} \dot{v}_0}{\kappa GA} 2\Delta - C_{12} C_{0R} \dot{\phi}_0 2\Delta \alpha_\phi \tag{4.160}$$

$$P_{0\phi} = C_{21} \frac{C_{0v} \dot{v}_0}{\kappa GA} 2\Delta - C_{22} C_{0R} \dot{\phi}_0 2\Delta \alpha_\phi - C_{23} C_{0R} \dot{\phi}_0 2\Delta \alpha_u \tag{4.161}$$

$$P_{0u^*} = -C_{32} C_{0R} \dot{\phi}_0 2\Delta \alpha_\phi - C_{33} C_{0R} \dot{\phi}_0 2\Delta \alpha_u \tag{4.162}$$

なお、上式の $C_{11}, C_{12}, C_{21}, C_{22}, C_{23}, C_{32}, C_{33}$ はステンシル表4-4 で与えられる係数の値である。

未知数は $i = 0 \sim n$ の差分点に対して $3 \times (n + 1)$ 個となる（図4-13）。静的問題および動的問題は $3 \times (n + 1)$ 個の連立方程式を解くことになる。また、固有振動数を求める際のマトリックス [**B**] は表4-7と同じであり、$i = 0 \sim n$ まで考慮することになる。ただし、表4-7 のベース（$i = 0$ 点）での質量は、S-R モデルの基礎（杭を含む）の等価質量を考慮する。一方、[**A**] マトリックスの $i = 0$ 点に相当する部分は、表4-8 の左辺の係数マトリックスのみが固有値問題および静的問題に関係する。

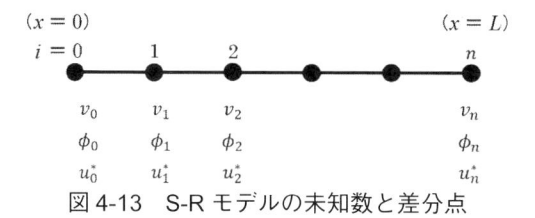

図 4-13　S-R モデルの未知数と差分点

S-R モデルに必要な基礎の水平ばね剛性 k_v、回転ばね剛性 k_R、減衰係数 C_{0v}、C_{0R} の値は多くの書物に紹介されている [4-31]〜[4-35]。山原[4-32] は実用的観点からこれらの係数を詳述している。スウェイおよびロッキングに対する減衰係数は

表 4-8 $i=0$ での差分方程式（S-R モデル）

	$i-1(-1)$			$i(0)$			$i+1(1)$			P
	v_{i-1}	ϕ_{i-1}	u^*_{i-1}	v_i	ϕ_i	u^*_i	v_{i+1}	ϕ_{i+1}	u^*_{i+1}	
δv	$\frac{\kappa GA}{\Delta^2}$ $+\frac{(\kappa GA)'}{2\Delta}$	$\frac{\kappa GA}{2\Delta}$	0	$\frac{2\kappa GA}{\Delta^2}$ $-C_{11}\frac{k_v}{\kappa GA}2\Delta$	$-(\kappa GA)'$ $+C_{11}\kappa GA 2\Delta$ $+C_{12}k_R 2\Delta\alpha_\phi$	0	$-\frac{\kappa GA}{\Delta^2}$ $-\frac{(\kappa GA)'}{2\Delta}$ $+C_{11}$	$-\frac{\kappa GA}{2\Delta}$ $+C_{12}$	0	$= P_{yi}$ $+P_{0v}$
	C11	C12	C13	C14	C15	C16	C17	C18	C19	
$\delta\phi$	$-\frac{\kappa GA}{2\Delta}$	$-\frac{EI}{\Delta^2}$ $+\frac{(EI)'}{2\Delta}$	$-\frac{ES^*}{\Delta^2}$ $+\frac{(ES^*)'}{2\Delta}$	0 $-C_{21}\frac{k_v}{\kappa GA}2\Delta$	$\frac{2EI}{\Delta^2}+\kappa GA$ $+C_{21}\kappa GA 2\Delta$ $+C_{22}k_R 2\Delta\alpha_\phi$ $+C_{23}k_R 2\Delta\alpha_u$	$\frac{2ES^*}{\Delta^2}$	$\frac{\kappa GA}{2\Delta}$ $+C_{21}$	$-\frac{EI}{\Delta^2}$ $-\frac{(EI^*)'}{2\Delta}$ $+C_{22}$	$-\frac{ES^*}{\Delta^2}$ $-\frac{(ES^*)'}{2\Delta}$ $+C_{23}$	$= m_i$ $+P_{0\phi}$
	C21	C22	C23	C24	C25	C26	C27	C28	C29	
δu^*	0	$-\frac{ES^*}{\Delta^2}$ $+\frac{(ES^*)'}{2\Delta}$	$-\frac{EI^*}{\Delta^2}$ $+\frac{(EI^*)'}{2\Delta}$	0	$\frac{2ES^*}{\Delta^2}$ $+C_{32}k_R 2\Delta\alpha_\phi$ $+C_{33}k_R 2\Delta\alpha_u$	$\frac{2EI^*}{\Delta^2}+\kappa GF^*$	0	$-\frac{ES^*}{\Delta^2}$ $-\frac{(ES^*)'}{2\Delta}$ $+C_{32}$	$-\frac{EI^*}{\Delta^2}$ $-\frac{(EI^*)'}{2\Delta}$ $+C_{33}$	$= 0$ $+P_{0u^*}$
	C31	C32	C33	C34	C35	C36	C37	C38	C39	

$$C_{0V} = \rho V_S A_F \quad (4.163)$$

$$C_{0R} = \rho V_p I_R \quad (4.164)$$

となる。ここに、ρ = 地盤の密度；V_s = S 波の伝播速度；V_P = P 波の伝播速度；A_F = 基礎の底面積；I_R = 基礎断面のロッキングを生じる回転軸まわりの断面 2 次モーメント。減衰係数は基礎の接地面積と地盤の物性に依存し、基礎の質量や地盤のばね定数に無関係に決まる。

減衰係数は無次元化した減衰定数が使用される場合が多いので、地盤のスウェイおよびロッキングに対する減衰係数 h_v および h_R は

$$h_V = \frac{C_{0V}}{2\sqrt{k_V M_F}} \quad (4.165)$$

$$h_R = \frac{C_{0R}}{2\sqrt{k_R I_R}} \quad (4.166)$$

の関係にある。ここに、M_F = 等価基礎質量（kg）。水平ばね剛性 k_v および回転ばね剛性 k_R は各基礎底面に作用する接地応力分布に依存して変化する。

基礎底の接地応力分布を水平動に対しては等分布とし、回転に対しては三角形分布と仮定したときの減衰定数は、

$$h_V = \frac{1}{2}\sqrt{\frac{\pi(2-\nu)}{2}\frac{\rho a^3}{M_F}} \tag{4.167}$$

$$h_R = \frac{1-\nu}{4}\sqrt{\frac{\pi}{1-2\nu}\frac{\rho a^5}{I_R}} \tag{4.168}$$

となる。ここに、a = 水平および回転を生じる方向の基礎幅の半分。

地盤剛性は地盤の密度 ρ、P波速度 V_P、せん断波速度 V_s、ポアソン比 ν に依存する。これらの実用上の値として山原[4-32)]による**表 4-9、表 4-10、表 4-11** を示す。

表 4-9　地盤の単位体積重量と密度 [4-32)]

地盤		γ (t/m³)	ρ (t·sec²/cm⁴)
砂質地盤	ゆるい場合	1.6	1.6×10^{-9}
	しまっている場合	1.8	1.8×10^{-9}
粘土質地盤		1.5	1.5×10^{-9}

表 4-10　地盤の種類別標準 V_s 値 [4-32)]

地盤の種類	V_s 値 (m/sec)
軟らかい粘土・シルト（$N < 4$）	100 ～ 150
中位の粘土・シルト（$4 < N < 8$）	150 ～ 180
粘り強い粘土・シルト（$8 < N < 15$）	180 ～ 220
硬い粘土・シルト（$N > 15$）	220 ～ 300
関東ローム	150 ～ 200
緩い砂・砂れき（$N < 10$）	150 ～ 180
中位の砂・砂れき（$10 < N < 30$）	180 ～ 220
締まった砂・砂れき（$30 < N < 50$）	220 ～ 250
非常に締まった砂・砂れき（$N > 50$）	250 ～ 350
風化岩・土丹（$N \geqq 50$）	350 ～ 500
岩盤（$N \geqq 50$）	400 ～ 800

表 4-11　振動計算における地盤のポアソン比 [4-32)]

地盤の種類	ポアソン比	
	理想地盤	自然地盤
粘性土		0.35 ～ 0.40
砂質土	0.25	0.30 ～ 0.35
岩盤		0.25 ～ 0.30

式（4.163）と式（4.164）に表れる P 波および S 波の伝播速度 V_s および V_p は弾性体中を伝播する場合には、

$$V_p = \sqrt{\frac{E(1-\nu)}{\rho(1+\nu)(1-2\nu)}} \tag{4.169}$$

$$V_S = \sqrt{\frac{E}{2\rho(1+\nu)}} \tag{4.170}$$

となる。ここに、E ＝弾性体のヤング係数（N/m^2）。P 波と S 波の伝播速度の比はポアソン比のみに関係する。

$$\frac{V_S}{V_P} = \sqrt{\frac{1-2\nu}{2(1-\nu)}} \tag{4.171}$$

参考文献

4-1) H. Beck: "Contribution to the analysis of coupled shear walls", Journal American Concrete Institution, Vol. 59(8), pp. 1055-1069, 1962.

4-2) W.K. Tso and H. Chan: "Dynamic analysis of plane coupled shear walls", Journal of the Engineering Mechanics Division, ASCE, Vol. 97(1), pp. 33-48, 1971.

4-3) A.C. Heidenbrech and B.S. Smith: "Approximate analyses of tall wall frame structures", Journal of the Engineering Mechanics Division, ASCE, Vol. 99(2), pp. 199-221, 1973.

4-4) A. Rutenberg: "Approximate natural frequencies for coupled shear walls", Earthquake Engineering & Structural Dynamics, Vol. 4(1), pp. 95-100, 1975.

4-5) A. Rutenberg: "Dynamic properties of asymmetric wall-frame structures", Earthquake Engineering & Structural Dynamics, Vol. 5(1), pp. 41-51, 1977.

4-6) A. Danay, J. Gluck, and M. Geller: "A generalized continuum method for dynamic analysis of asymmetric tall buildings", Earthquake Engineering & Structural Dynamics, Vol. 4(2), pp.179-203, 1975.

4-7) A.K. Basu, A.K. Nagpal, R.S. Bajaj, and A.K. Guliani: "Dynamic characteristics of coupled shear walls", Journal of the Structural Division, ASCE, Vol. 105(8), pp. 1637-1652, 1979.

4-8) Y.K. Cheung and S. Swaddiwudhipong: "Free vibration of frame shear wall structures on flexible foundations", Earthquake Engineering & Structural Dynamics, Vol. 7(4), pp. 355-367, 1979.

4-9) A. Coull and B. Bose: "Simplified analysis of frame-tube structures", Journal of the Structural Division, ASCE, Vol. 101(11), pp. 2223-2240, 1975.

4-10) A. Coull and B.S. Smith: "Torsional analyses of symmetric structures", Journal of the Structural Division, ASCE, Vol. 99(11), pp. 229-233, 1973.

4-11) B.S. Smith and E. Crowe: "Estimating periods of vibration of tall buildings", Journal of Structural Engineering, ASCE, Vol. 112(5), pp. 1005-1019, 1986.

4-12) B.S. Smith, M. Kuster, and J.C.D. Hoenderkamp: "Generalized method for estimating drift in high-rise structures", Journal of Structural Engineering, ASCE, Vol. 110(7), pp. 1549-1562, 1984.

4-13) P.R. Mukherjee and A. Coull: "Free vibrations of open-section shear wall", Earthquake Engineering & Structural Dynamics, Vol.5(1), pp. 81-101, 1977.

4-14) H. Takabatake, H. Mukai, and T. Hirano: "Doubly symmetric tube structures. I：Static analysis", Journal of Structural Engineering, ASCE, Vol. 119(7), pp. 1981-2001, 1993.

4-15) H. Takabatake, H. Mukai, and T. Hirano: "Doubly symmetric tube structures, II：Dynamic analysis", Journal of Structural Engineering, ASCE, Vol. 119(7), pp. 2002-2016, 1993.

4-16) H. Takabatake, R. Takesako, and M. Kobayashi: "A simplified analysis of doubly symmetric tube structures", The Structural Design of Tall Buildings, Vol. 4(2), pp. 137-135, 1995.

4-17) H. Takabatake: "A simplified analysis of doubly symmetric tube structures by the finite difference method", The Structural Design of Tall Buildings, Vol. 5(2), pp. 111-128, 1996.

4-18) H. Takabatake: "Two-dimensional rod theory for approximate analysis of building structures", Earthquake and Structure, Vol. 1(4), pp. 1-19, 2010.

4-19) H. Takabatake, F. Ikarashi, and M. Matsuoka: "A simplified analysis of super building structures with setback", Earthquake and Structure, Vol. 2(1), pp. 43-64, 2011.

4-20) 藤谷義信、藤井大地：薄肉はり理論による高層ビルの構造解析、応用力学シリーズ9 建築における計算応用力学の進展、日本建築学会、pp. 91-112, 2001.

4-21) 藤井大地、藤谷義信：薄肉はり理論にもとづく立体解析の有限要素法－薄肉はり置換法による高層ビルの構造解析に関する研究(その1～3)、日本建築学会構造系論文報告集、第453号、pp. 65-75, 1993; 第467号、pp. 45-53, 1995; 第477号、pp. 57-66, 1995.

4-22) 髙畠秀雄：棒材理論による高層ビルの簡易解析法、応用力学シリーズ11、最近の建築構造解析理論の基礎と応用、日本建築学会、pp. 145-184, 2004.

4-23) H. Takabatake: "A simplified analytical method for high-rise buildings", Advance in Vibration Engineering and Structural Dynamics, INTEC, Chapter 10, pp. 235-283, 2012.

4-24) C.N. Gaylord and M. Watanabe (Group Editors): "Structural design of tall steel buildings", Monograph of Planning and Design of Tall Buildings, Vol. SB, ASCE, 1979.

4-25) F. Naeim: The seismic design handbook, Van Nostrand Reinhold, New York, 1989.

4-26) B.S. Smith and A. Coull: Tall building structures, Wiley, New York, 1989.

4-27) Z. Půbal: Theory and calculation of frame structures with stiffening walls, Elsevier, 1988.

4-28) M. Paz: International handbook of earthquake engineering: Codes, programs, and examples, Chapman & Hall, 1994.

4-29) E. Reissner: "Analysis of shear lag in box beams by the principle of minimum potential energy", Quarterly of Applied Mathematics, Vol. 4(3), pp. 268-278, 1945.

4-30) H. Takabatake and O. Matsuoka: "Elastic analysis of circular cylindrical shells by rod theory including distortion of cross-section", International Journal of Solids and Structures, Vol. 21(6), pp. 797-817, 1987.

4-31) 金井清、田治見宏、大沢胖、小林啓美：建築構造学大系1　地震工学、彰国社、1968.

4-32) 山原浩：環境保全のための防振設計、彰国社、1974.

4-33) 日本建築学会：建物と地盤の動的相互作用を考慮した応答解析と耐震設計、2006.

4-34) 柴田明徳：最新耐震構造解析・第2版、森北出版、2003.

4-35) 北村春幸：性能設計のための建築振動解析入門・第2版、彰国社、2009.

第5章　棒材理論による超高層ビルの解析

　本章では、前章で提示した棒材理論を、各種の超高層ビルに適用した際の解析法の妥当性を提示する。なお、解析理論の検証には、3次元骨組解析の汎用ソフトであるNASTRAN（MSC Software Corporation）、SNAP（株式会社 構造システム）、および、質点系の弾塑性解析プログラムdynamic Pro（SS3と略記）（ユニオンシステム株式会社）を用いる。

5.1　既存超高層ビルの簡易耐震診断法

(1)　数値計算モデル

　計算例は既存の超高層ビルを参考に35階建ての超高層ビルを考える。図5-1(a)は構造平面、(b)および(c)は軸組図である。平面は桁行72m張間36m、各階層高は4.3m、全建物高さは150.5mである。地下階は考慮せずに地上階について検討する。構造は鉄骨フレーム構造であり、柱および梁の部材断面は表5-1に示す。各階の動的解析時の荷重は、床面積当たり$8kN/m^2$と仮定する。

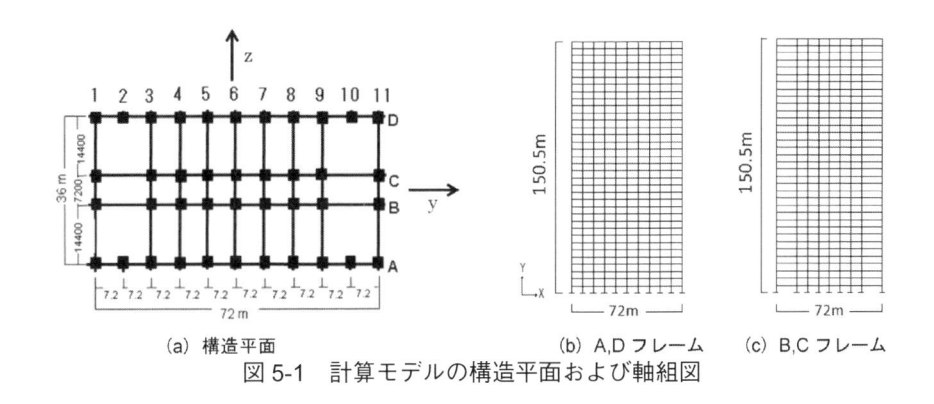

図5-1　計算モデルの構造平面および軸組図

(a) 構造平面　　(b) A,Dフレーム　　(c) B,Cフレーム

表5-1　柱および梁の部材断面

柱		梁		
階	断面	階	y方向断面	z方向断面
1~20	■ -800 × 800 × 40 (CFT)	1~10	H-800 × 350 × 16 × 32	H-800 × 400 × 16 × 32
21~25	□ -800 × 800 × 40	11~25	H-800 × 300 × 16 × 32	H-800 × 350 × 16 × 32
26~30	□ -800 × 800 × 32	26~35	H-800 × 250 × 16 × 32	H-800 × 300 × 16 × 32
31~35	□ -700 × 700 × 32			

各層当たりの地震用の荷重は $w = 8 \text{ kN/m}^2 \times 72 \text{ m} \times 36 \text{ m} = 20736 \text{ kN}$ である。これを質量で表すと、各層当たりは次の値となる。

$$M = \frac{w}{g} = \frac{20736 \text{ kN}}{9.8 \text{m/s}^2} = 2.12 \times 10^6 \text{ kg/階}$$

地震動が桁行方向（y方向）に作用した場合を検討する。

(2) 固有周期

建物の固有周期を**表 5-2** に示す。ここに、SNAP および SS3 は 3 次元骨組解析ソフトから求めた値である。棒材理論による値と各ソフトから得られた値の比を（　）中に示す。棒材理論は高次モードに対しても 3 次元骨組解析と良好な一致を示す。

表 5-2　固有周期

モード	y方向の固有周期 (s) 棒材理論	SNAP	SS3	z方向の固有周期 (s) 棒材理論	SNAP	SS3
1	4.254	4.358 (1.02)	4.230 (0.99)	5.132	5.399 (1.02)	5.315 (1.04)
2	1.455	1.480 (1.02)	1.500 (1.03)	1.728	1.795 (1.02)	1.916 (1.11)
3	0.866	0.870 (1.00)	0.918 (1.06)	1.003	1.029 (1.00)	1.174 (1.17)
4	0.616	0.611 (0.99)	0.656 (1.06)	0.754	0.715 (0.93)	0.842 (1.12)
5	0.479	0.467 (0.97)	0.511 (1.07)	0.551	0.542 (0.96)	0.658 (1.19)

注）比 =（SNAP または SS3）／（棒材理論）

図 5-2 は桁方向についての 1～3 次モード形状を示す。モード図は各解析法共に一致している。

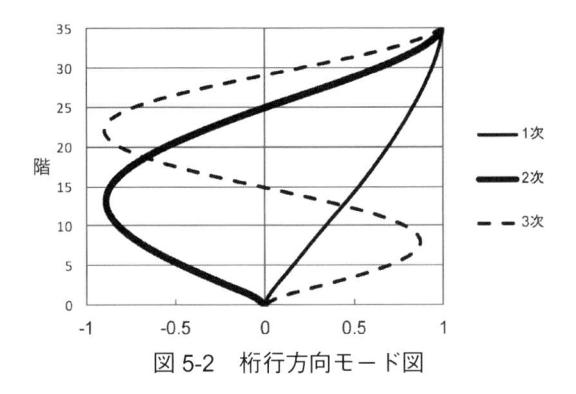

図 5-2　桁行方向モード図

(3) 動的応答

① 入力地震動

入力地震動は短周期地震動と長周期地震動を考慮して、**表 5-3** に示すように 4 種類を検討する。

表 5-3 入力地震動の諸元

地震動	略記	方向	最大加速度 (m/s²)	最大速度 (m/s)
EL-CENTRO 1940	ELCENTRO	NS	5.11	0.50
		EW	2.85	0.50
SHINJUKU	SHINJUKU	NS	1.92	0.253
		EW	1.66	0.226
URAYASU	URAYASU	NS	1.25	0.317
		EW	1.57	0.452
JMA KOBE 1995	KOBE	NS	8.18	0.909
		EW	6.17	0.757

なお、EL-CENTRO 1940 地震動はレベル 2 の最大速度 0.50 m/s に加速度を基準化したものである。短周期地震動は EL-CENTRO と JMA KOBE であり、長周期地震動は SHINJUKU と URAYASU であり、2011 年 3 月 11 日に発生した東日本大震災での本震を、新宿および浦安の地点で観測された地震波であり、K-NET から入手した。

これらの加速度の時刻歴を図 5-3 に示す。長周期地震動は加速度の大きさよりも継続時間が短周期地震動の約 10 倍近く長いことに特徴がある。

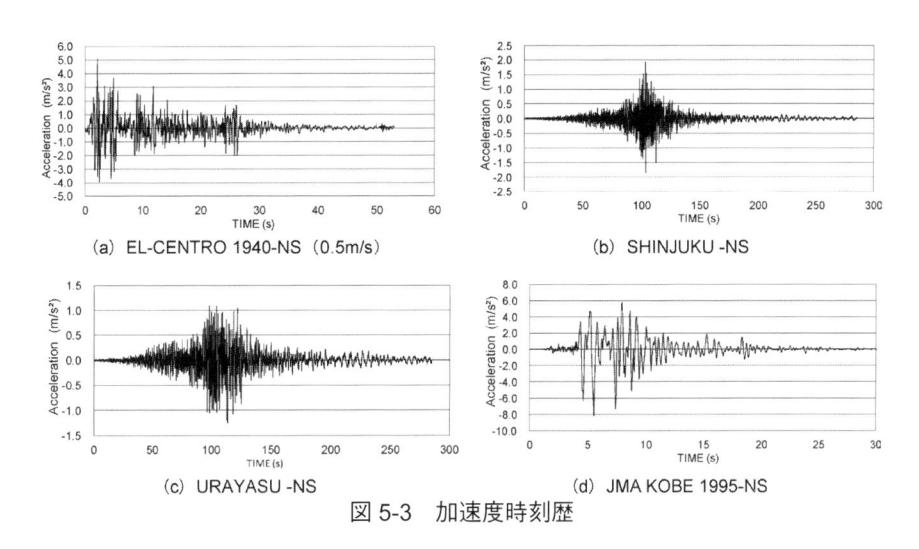

(a) EL-CENTRO 1940-NS (0.5m/s)　　(b) SHINJUKU -NS

(c) URAYASU -NS　　(d) JMA KOBE 1995-NS

図 5-3 加速度時刻歴

SHINJUKU-NS および URAYASU-NS の速度応答スペクトルを図 5-4 に示す。最大速度応答は周期が 1 ～ 5 秒まで同じような傾向を示す。

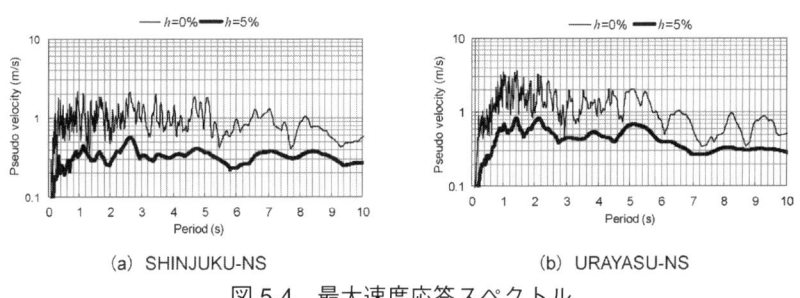

(a) SHINJUKU-NS　　(b) URAYASU-NS

図 5-4 最大速度応答スペクトル

地震動のフーリエスペクトルより求めた卓越周期を表5-4に示す。

表5-4 入力地震動の卓越周期

地震動	卓越周期 (s)	地震動	卓越周期 (s)
EL-CENTRO-NS	0.325	EL-CENTRO-EW	0.125
SHINJUKU-NS	1.706	SHINJUKU-EW	2.730
URAYASU-NS	1.342	URAYASU-EW	1.153
KOBE-NS	0.190	KOBE-EW	0.202

② 動的応答結果

構造物の減衰定数を1次モードに対して0.02として、上記地震動が例題の超高層ビルに作用した場合の動的応答を以下に示す。これらは、付録のプログラムを使用して求めた結果であり、使用法は第6章および第7章で詳述する。

最大相対変位の分布を図5-5に示す。これらの図の縦軸は階を、横軸は変位を示す。各階の最大応答の相対変位をプロットしたものであり、各階の発生時刻は一致しない。

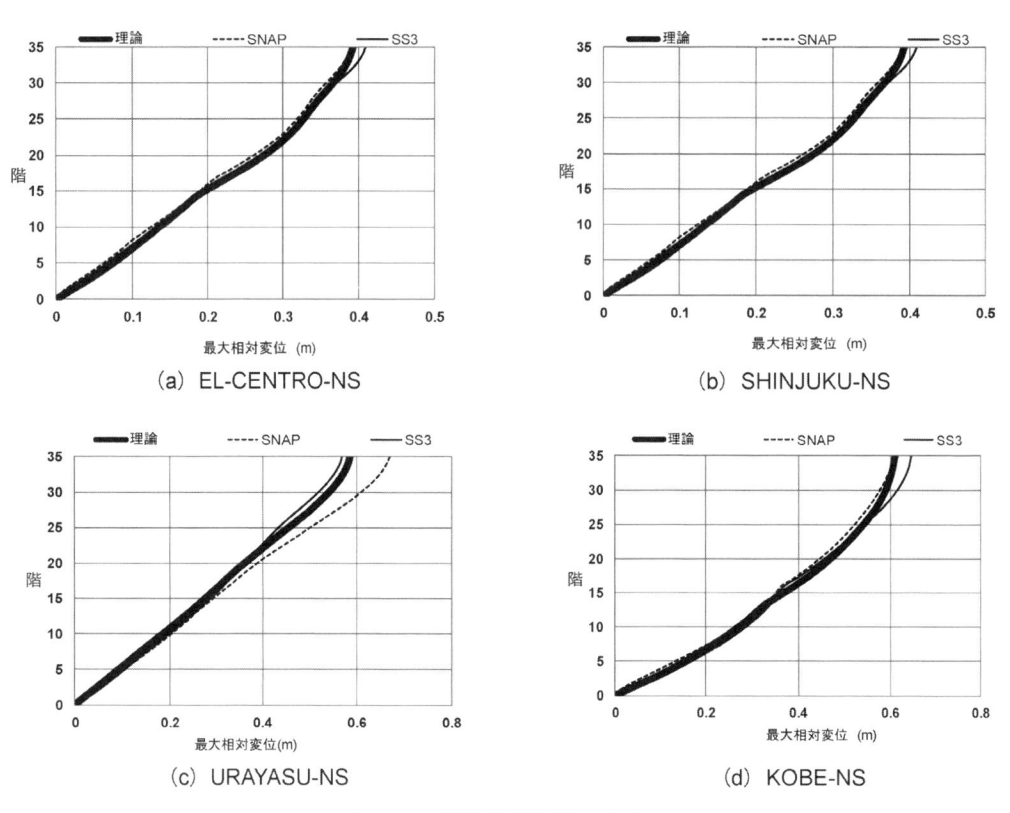

(a) EL-CENTRO-NS

(b) SHINJUKU-NS

(c) URAYASU-NS

(d) KOBE-NS

図5-5 最大相対変位の分布

最大絶対加速度の分布を図 5-6 に示す。（絶対加速度＝相対加速度＋地動加速度）

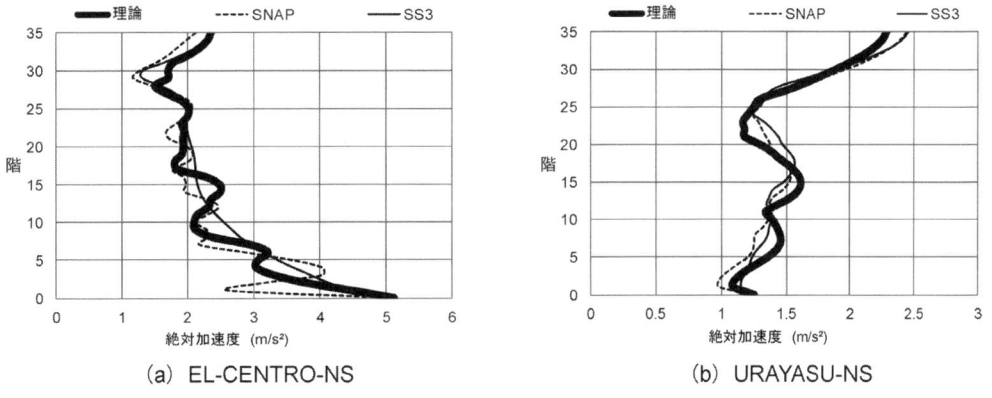

(a) EL-CENTRO-NS

(b) URAYASU-NS

図 5-6　最大絶対加速度の分布

最大層せん断力の分布を図 5-7 に示す。

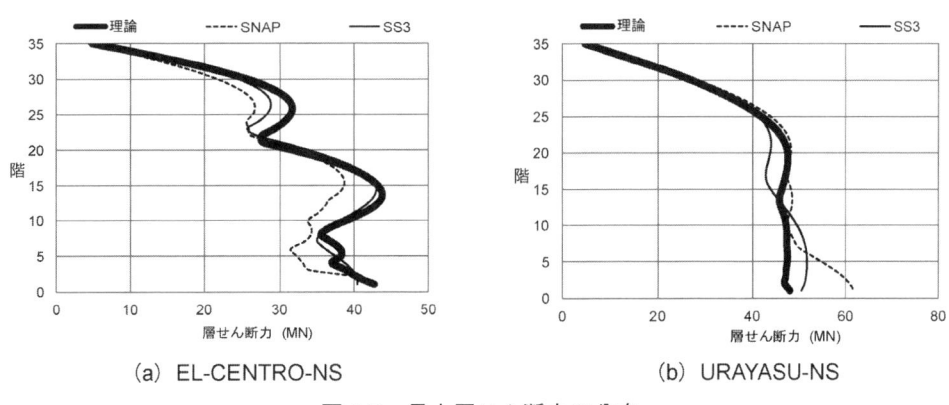

(a) EL-CENTRO-NS

(b) URAYASU-NS

図 5-7　最大層せん断力の分布

最大転倒モーメントの分布を図 5-8 に示す。

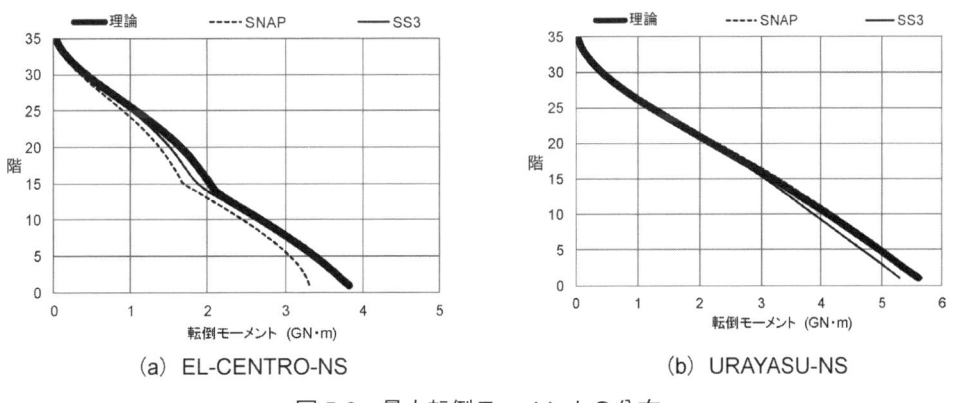

(a) EL-CENTRO-NS

(b) URAYASU-NS

図 5-8　最大転倒モーメントの分布

以上の結果から、棒材理論は SNAP および SS3 による解析結果と良好な一致を示していることがわかる。

(4) 簡易耐震診断法

各入力地震動に対して最大相対変位を比較すると図 5-9 となる。基準となる EL-CENTRO -NS 地震動に対して、SHINJUKU-NS の応答は少し大きいが、URAYASU-NS の応答は約 1.6 倍の応答を示している。これは長周期地震動の作用により超高層が大きな横揺れを発生しているので、横揺れを抑止する対策が必要であることを示唆している。

既存超高層ビルの長周期地震動に対する耐震性能の評価は、簡易耐震診断では、「長周期地震動により生じた動的最大応答値が設計時のクライテリアを超えれば、耐震性能が不足する」と判定する。判断とする最大動的応答は、水平変位（相対変位）、層せん断力、転倒モーメントが対象となる (3.1 節を参照)。長周期地震動による水平変位が基準波である EL-CENTRO-NS により発生した動的応答を超える横揺れが発生する場合は、耐震性が不足していると判定できる。

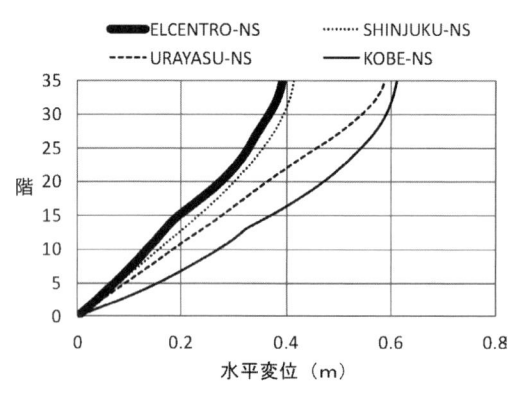

図 5-9　最大相対変位の比較

5.2　内付オイルダンパーによる簡易耐震補強法

既存超高層ビルに対する耐震補強法としては、第 3 章で述べたように、フレーム内に内付オイルダンパーを設ける方法が有効と考えられる。オイルダンパーを設置すると剛性も付与されるが、ダンパーによる減衰エネルギーが増加して、超高層ビルは揺れながら減衰するので、動的応答を小さくできる。以後、説明を簡潔にするため、図 5-1 で示した超高層ビルの y 方向（桁行方向）に地震動が作用する場合について検討する。

(1)　内付オイルダンパーの適切な減衰係数

内付オイルダンパーを、図 5-10 に示すように B 通りと C 通りに配置する。各階に

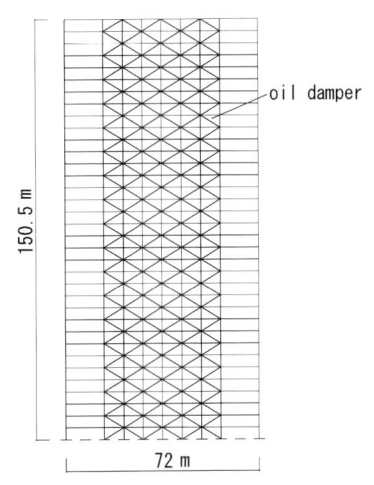

図 5-10　内付オイルダンパーの配置（B, C フレーム）

配置するオイルダンパーの数は問題ではなく、各階のオイルダンパーの減衰係数をどの程度にするかが設計上重要になる。オイルダンパーの減衰係数が大き過ぎると、構造物の剛性が硬くなり過ぎて、相対変位は極めて小さくなるが、逆に、加速度、せん断力、転倒モーメントは増大する。オイルダンパーの適切な減衰係数の大きさは、構造物の応答値を見て試行錯誤して見つけることになるので、その意味で簡易解析法は有効な設計法として利用できる。本例題では、オイルダンパーの減衰力は速度と線形関係にあると仮定する。実際には、オイルダンパーの負荷力がある限度を超えれば減衰係数が低下するオイルダンパーもあるが、ここでは、オイルダンパーの初期の状態で応答変位を小さくすることを目標とするので、線形関係を使用する。

オイルダンパーはブレースと同様に、水平面と角度 θ を有するので、階当たりのダンパーの水平面当たりの減衰係数は水平成分に分解した値をとる。また、棒材理論では構造物を 1 次元連続体に置換するので、オイルダンパーの減衰係数は**単位長さ当たりの量**である。

内付オイルダンパーの減衰係数の高さ方向の分布形状を、図 5-11 に示すような、一様分布、三角形分布、逆三角形分布の 3 種類について検討する。三角形および逆三角形分布は一様分布よりも半分のオイルダンパーの減衰係数で対応していることになる。

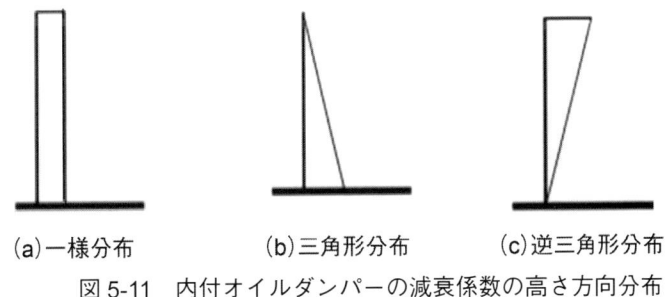

(a)一様分布　　(b)三角形分布　　(c)逆三角形分布

図 5-11　内付オイルダンパーの減衰係数の高さ方向分布

オイルダンパーの減衰係数が高さ方向に一様分布する場合について、オイルダンパーの減衰係数の大きさと動的応答値の関係を図 5-12 に示す。これらの図における縦軸は、オイルダンパーを取り付けた場合の応答値を、オイルダンパーを設置しない場合の応答値で割った比を示している。この比が 1 より小さい場合は、オイルダンパーの使用により応答値が小さくなり、オイルダンパーの設置が有効であることを示す。逆に、比が 1 より大きい場合はオイルダンパーの使用により応答値が大きくなり、オイルダンパーの設置が有効でないことを示す。これらの結果から、長周期地震動に対しては、オイルダンパーの減衰係数が大きくなっても有効であるが、短周期地震動では減衰係数の小さいオイルダンパーが有効である。この傾向は、オイルダンパーの減衰係数が高さ方向に三角形分布、および逆三角形分布した場合も、図 5-13 および図 5-14 に示すように同じ傾向を示す。なお、これらの図におけるオイルダンパーの減衰係数 C_e は階当たりの水平成分を表し、オイルダンパーの減衰係数の最大値は 100MN/(m/s) と 1000MN/(m/s) の 2 ケースを検討している。

(a) EL-CENTRO-NS　　(b) URAYASU-NS

図 5-12　一様分布のオイルダンパーの低減比

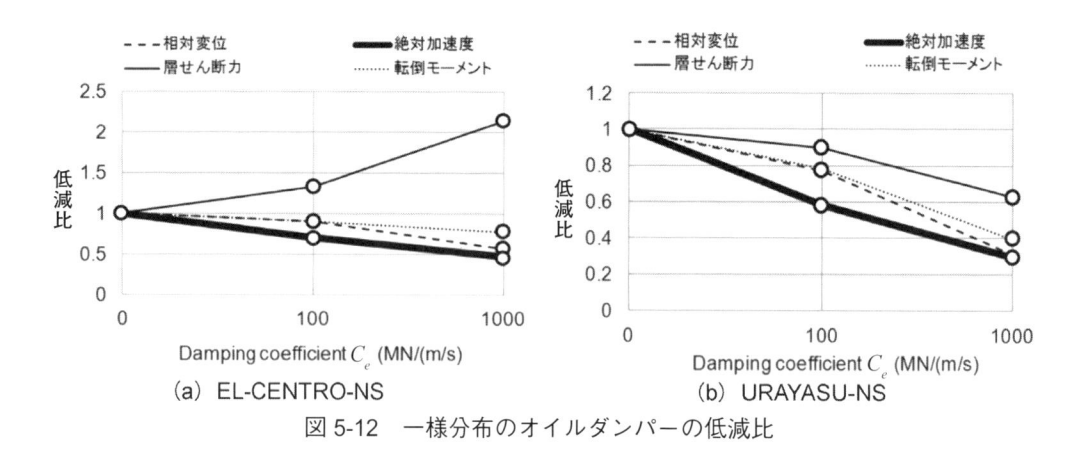

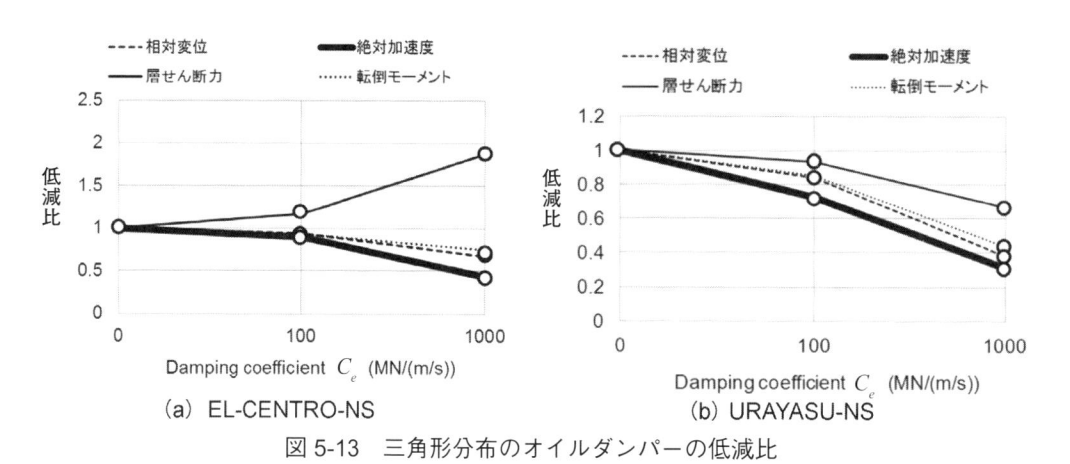

(a) EL-CENTRO-NS　　(b) URAYASU-NS

図 5-13　三角形分布のオイルダンパーの低減比

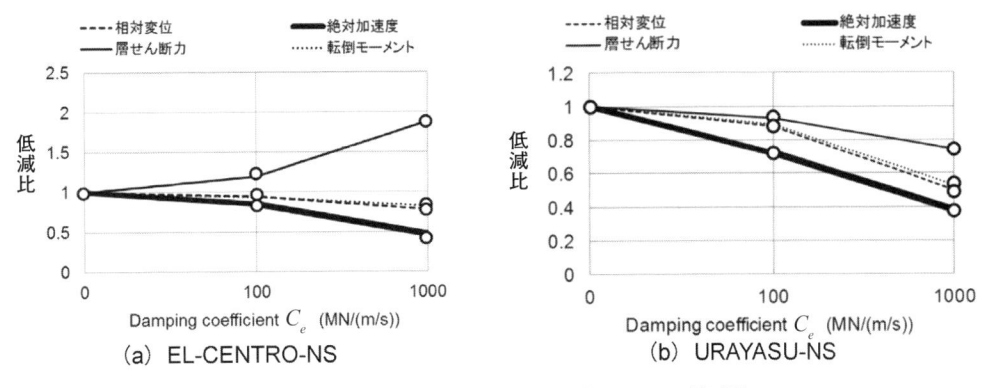

図 5-14　逆三角形分布のオイルダンパーの低減比

内付オイルダンパーに対する動的応答についても、棒材理論の結果は汎用ソフト SNAP および SS3 による結果と良好な一致を示すことが図 5-15 でわかる。

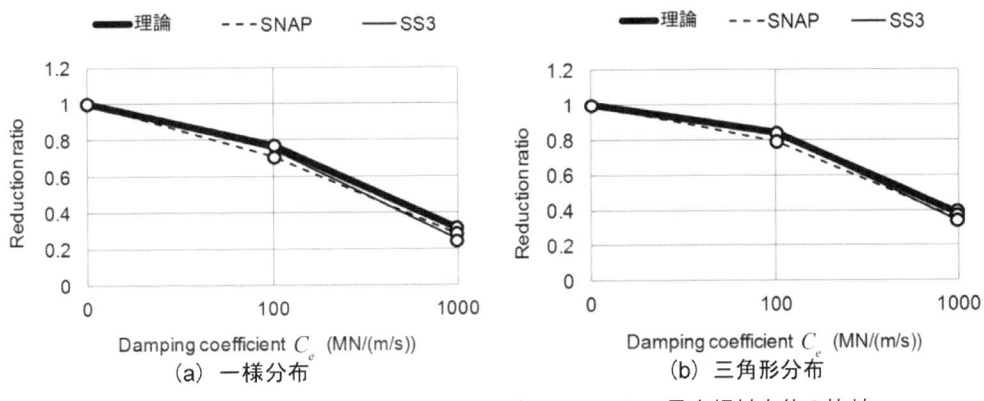

図 5-15　一様と三角形分布のオイルダンパーによる最大相対変位の比較

(2) 内付オイルダンパーの減衰係数の高さ方向分布と有効性

内付オイルダンパーの水平成分に対する減衰係数 C_e の最大値を層当たり 100MN/(m/s) と仮定し、高さ方向の分布を一様分布、三角形分布、逆三角形分布とした 3 ケースの応答値を図 5-16 ～図 5-18 に示す。これらの図において、太線はオイルダンパーを設置していない場合の応答値であり、同じ線種の細線はオイルダンパーを設置した際の応答値を示す。以後、この表現を使用する。オイルダンパーの設置による有効性は細線の応答値が同じ線種の太線より小さくなっている場合であり、両線の差が大きいほど、効果が大であることを示す。

(a) 相対変位

(b) 絶対加速度

(c) 層せん断力

(d) 転倒モーメント

図 5-16　一様分布の減衰係数 100MN/(m/s) の効果

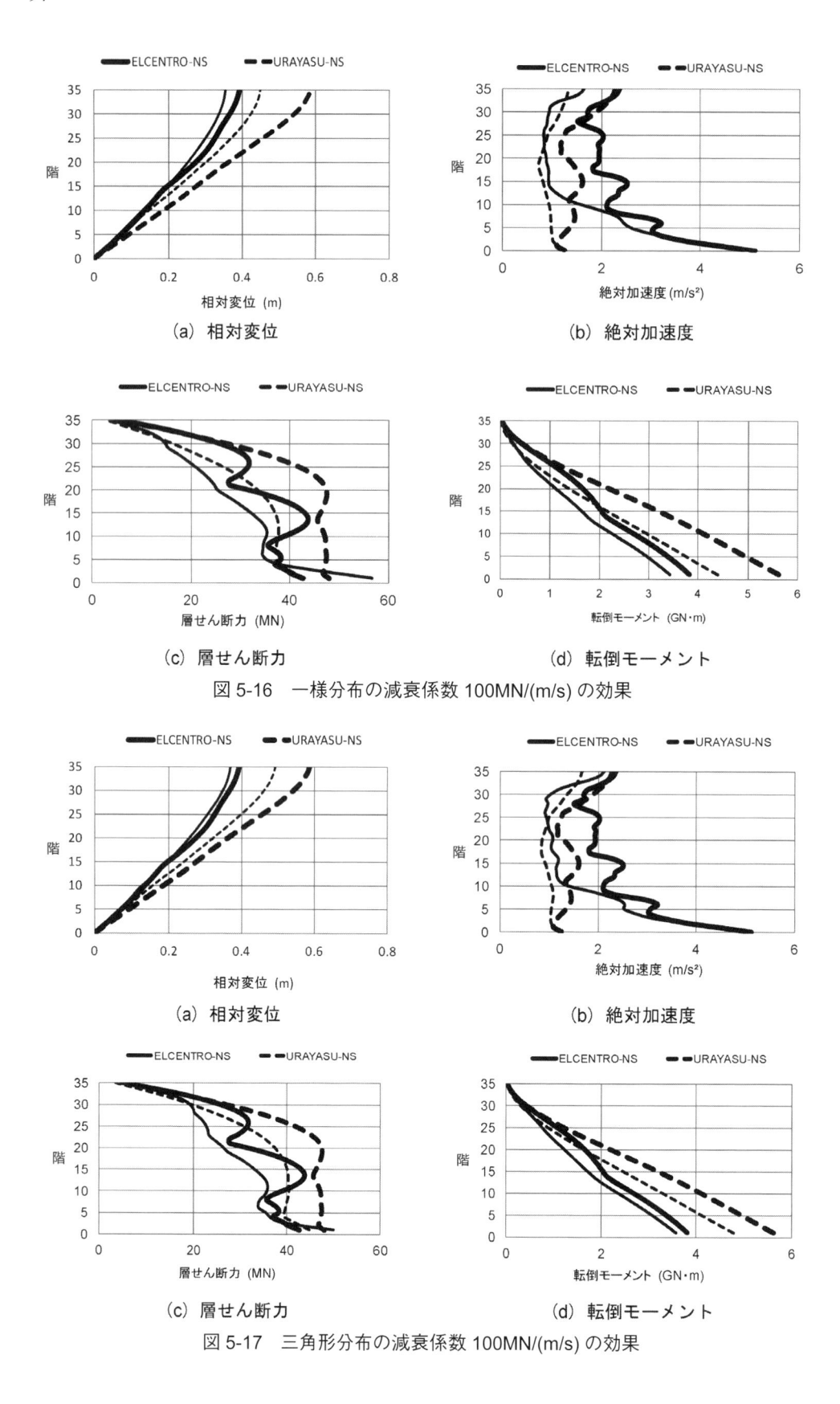

(a) 相対変位

(b) 絶対加速度

(c) 層せん断力

(d) 転倒モーメント

図 5-17　三角形分布の減衰係数 100MN/(m/s) の効果

(a) 相対変位

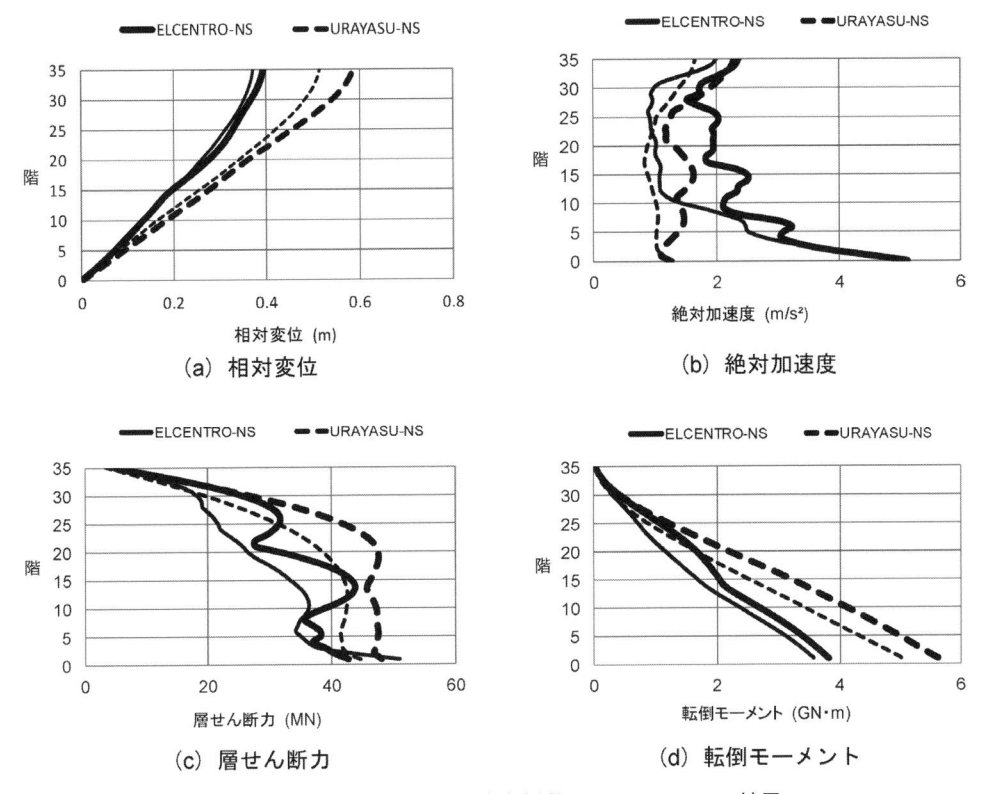

(b) 絶対加速度

(c) 層せん断力

(d) 転倒モーメント

図 5-18 逆三角形分布の減衰係数 100MN/(m/s) の効果

オイルダンパーの減衰係数が高さ方向に異なる 3 種類の場合について、応答変位の比較を図 5-19 に示す。応答変位は、内付オイルダンパーを一様分布に設置した場合が最も小さくできることがわかる。三角形分布にオイルダンパーを配置した場合は、オイルダンパーの数が一様分布に配置した場合の半分の量であるので、応答値の減少は効率的である。

(a) SHINJUKU-NS

(b) URAYASU-NS

図 5-19 オイルダンパーによる最大相対変位の減少

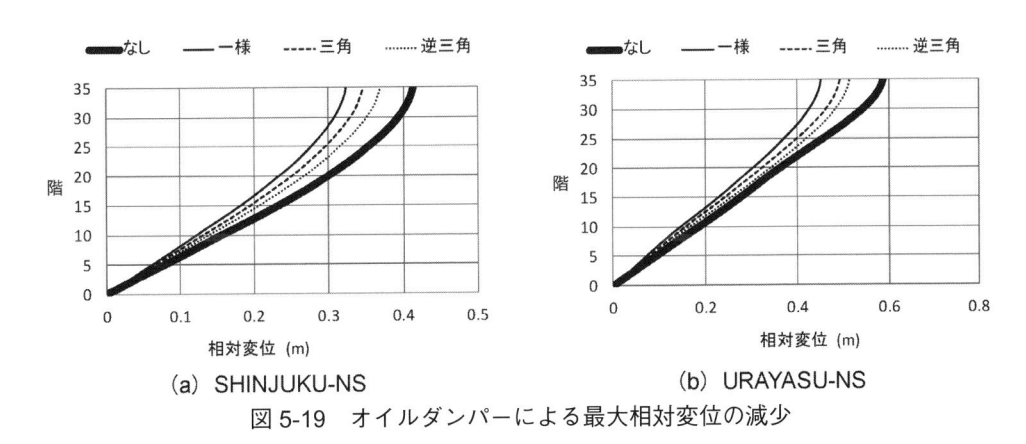

表 5-5 は、内付オイルダンパーの有無による応答値の低減効果を示す。

表 5-5　減衰係数 100MN/(m/s) の内付オイルダンパーによる最大応答の減少

	相対変位	絶対加速度	層せん断力	転倒モーメント
地震動	\multicolumn{4}{c}{ELCENTRO-NS}
なし	0.393 m	2.358 m/s^2	42.680 MN	3.819 GN・m
一様分布	(0.903)	(0.698)	(1.328)	(0.897)
三角分布	(0.939)	(0.897)	(1.171)	(0.935)
逆三角分布	(0.947)	(0.848)	(1.193)	(0.935)
地震動	\multicolumn{4}{c}{ELCENTRO-EW}
なし	0.767 m	2.624 m/s^2	87.500 MN	7.427 GN・m
一様分布	(0.952)	(0.771)	(0.910)	(0.959)
三角分布	(0.969)	(0.885)	(0.931)	(0.973)
逆三角分布	(0.977)	(0.872)	(0.931)	(0.984)
地震動	\multicolumn{4}{c}{SHINJUKU-NS}
なし	0.413 m	1.027 m/s^2	41.310 MN	4.009 GN・m
一様分布	(0.782)	(0.671)	(0.791)	(0.785)
三角分布	(0.838)	(0.724)	(0.847)	(0.838)
逆三角分布	(0.896)	(0.769)	(0.892)	(0.896)
地震動	\multicolumn{4}{c}{SHINJUKU-EW}
なし	0.446 m	1.248 m/s^2	43.240 MN	4.307 GN・m
一様分布	(0.715)	(0.588)	(0.770)	(0.723)
三角分布	(0.796)	(0.679)	(0.843)	(0.802)
逆三角分布	(0.865)	(0.728)	(0.903)	(0.872)
地震動	\multicolumn{4}{c}{URAYASU-NS}
なし	0.586 m	2.282 m/s^2	48.030 MN	5.616 GN・m
一様分布	(0.768)	(0.584)	(0.896)	(0.781)
三角分布	(0.841)	(0.728)	(0.933)	(0.851)
逆三角分布	(0.879)	(0.721)	(0.928)	(0.890)
地震動	\multicolumn{4}{c}{URAYASU-EW}
なし	0.533 m	2.232 m/s^2	48.640 MN	5.140 GN・m
一様分布	(0.760)	(0.546)	(0.872)	(0.761)
三角分布	(0.848)	(0.718)	(0.907)	(0.849)
逆三角分布	(0.889)	(0.705)	(0.932)	(0.888)
地震動	\multicolumn{4}{c}{KOBE-NS}
なし	0.610 m	5.375 m/s^2	82.500 MN	5.872 GN・m
一様分布	(0.839)	(0.385)	(0.857)	(0.845)
三角分布	(0.902)	(0.462)	(0.883)	(0.906)
逆三角分布	(0.952)	(0.443)	(0.869)	(0.957)
地震動	\multicolumn{4}{c}{KOBE-EW}
なし	0.537 m	5.152 m/s^2	69.150 MN	5.476 GN・m
一様分布	(0.804)	(0.340)	(0.934)	(0.770)
三角分布	(0.858)	(0.452)	(0.895)	(0.822)
逆三角分布	(0.864)	(0.424)	(0.893)	(0.825)

注）比 =（オイルダンパー有の最大応答値）／（オイルダンパー無の最大応答値）

(3) 内付オイルダンパーによる応答値の低減効果

各階のせん断力比は、各階の層せん断力を当該階の地震用重量で割った値と定義する。内付オイルダンパーの減衰係数を一様分布および三角形分布に配置した場合について、各階のせん断力比の分布を図 5-20 と図 5-21 に各々示す。オイルダンパーの設置により層せん断力比は格段に小さくなることがわかる。またその効果は、オイルダンパーの減衰係数を高さ方向に等分布に配置した場合が効果的である。ベースでのせん断力比はベースシア係数と呼ばれ、同時に小さくなることがわかる。

(a) NS waves　　(b) EW waves

図 5-20　一様分布オイルダンパーのせん断力比の分布

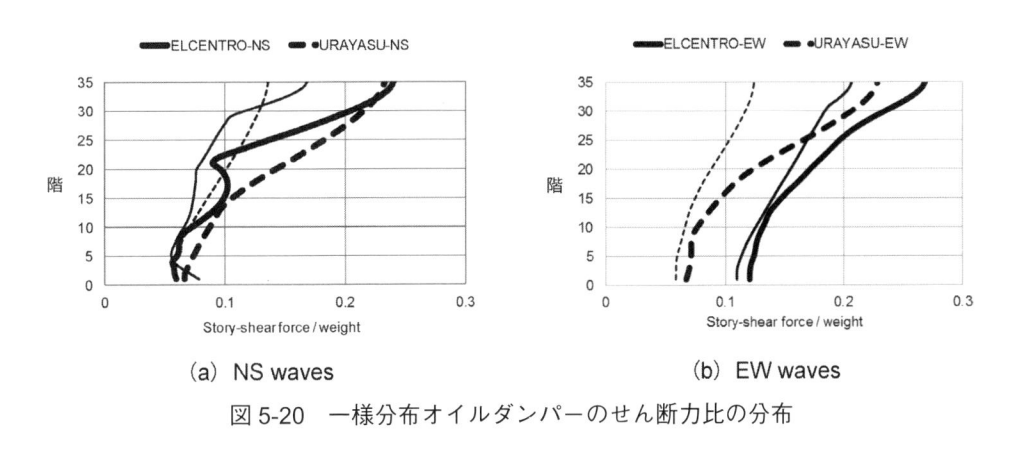

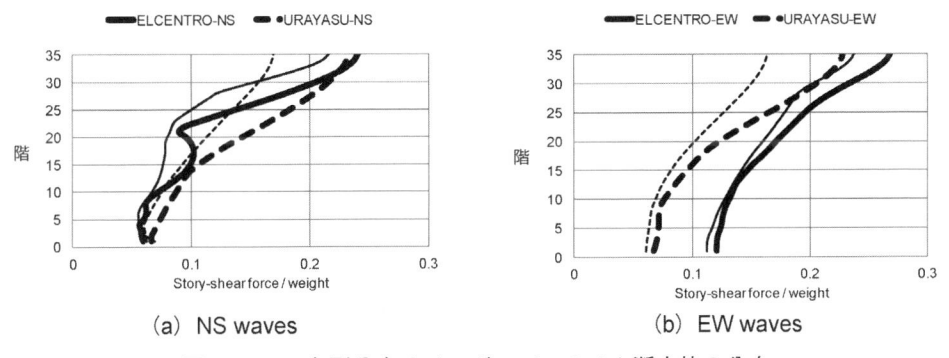

(a) NS waves　　(b) EW waves

図 5-21　三角形分布オイルダンパーのせん断力比の分布

ベースでの層せん断力係数で各層の層せん断力係数を割ると、図 5-22 および図 5-23 に示すように、高さ方向の層せん断力係数の分布が得られる。最上階のせん断力係数比はオイルダンパーの設置前では 3.5～5 の値であるが、オイルダンパーの設置により半分以下に減少している。

(a) NS waves　　　　　　　　　(b) EW waves

図 5-22　一様分布オイルダンパーのせん断力係数の分布

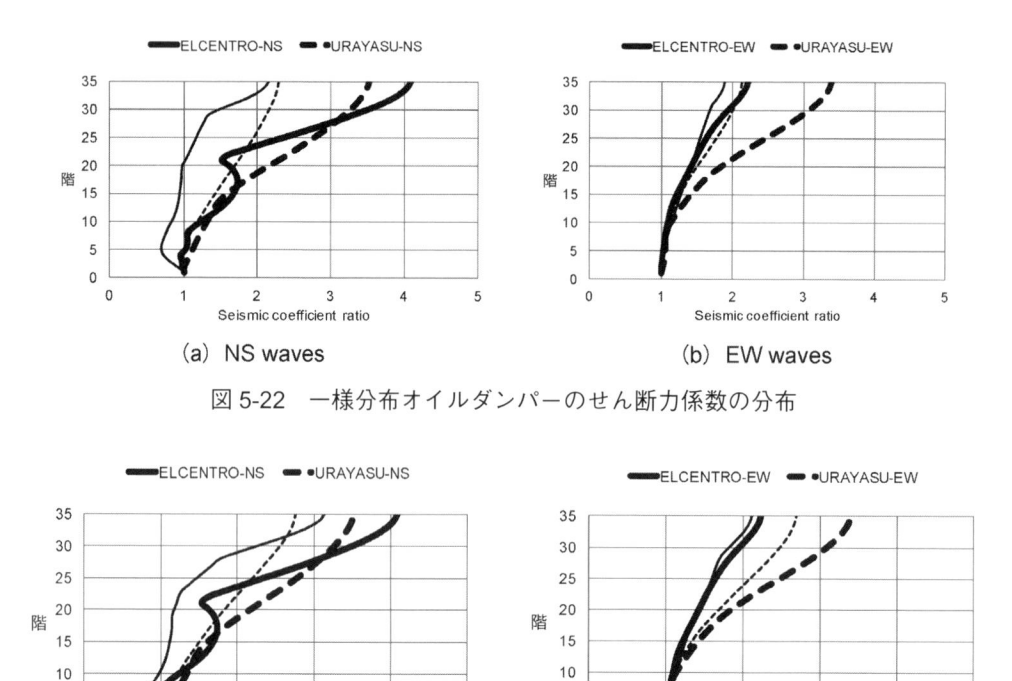

(a) NS waves　　　　　　　　　(b) EW waves

図 5-23　三角形分布オイルダンパーのせん断力係数の分布

　オイルダンパーの設置により各階の層間変形角は低減することを、図 5-24 および図 5-25 に示す。長周期地震動である URAYASU-NS では層間変形角は 1 階から 25 階まで大きく、特に 20 階部分で最大となる。この中間層での大きな層間変形角が、中間層での損傷をもたらし、また、最上層の大きな横揺れの原因ともなっている。内付オイルダンパーの設置により、低層階から層間変形角が小さくなっている。これは、長周期地震動による横揺れを押さえ、短周期での地震動と同傾向の最大層間変形角の分布となる。また直下型地震の KOBE-NS に対する層間変形角も極めて小さくなっている。

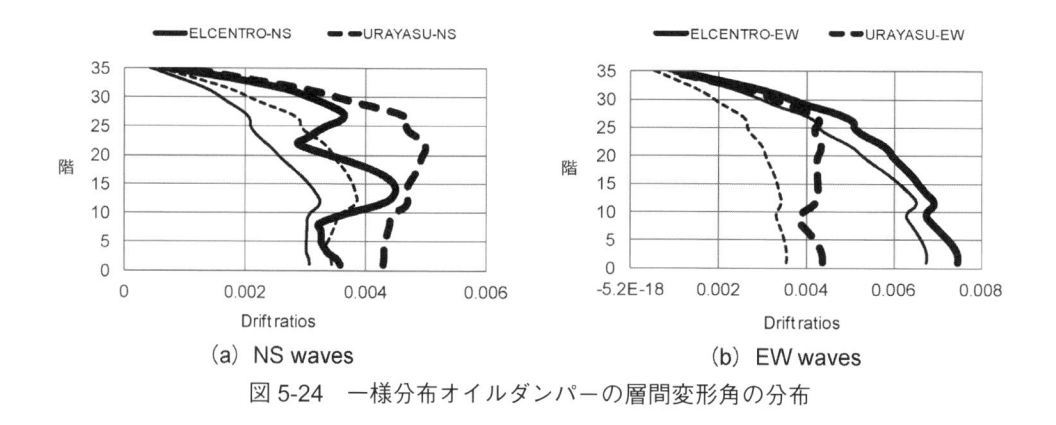

(a) NS waves　　　　　　　　　(b) EW waves

図 5-24　一様分布オイルダンパーの層間変形角の分布

(a) NS waves　　　　　　　　　　　(b) EW waves

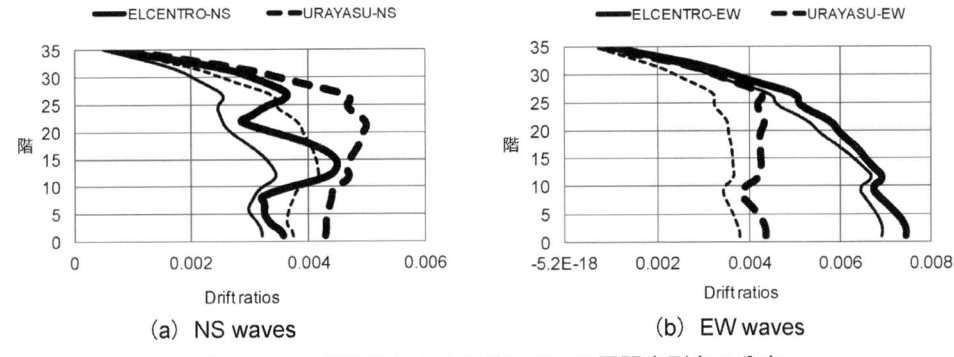

図 5-25　三角形分布オイルダンパーの層間変形角の分布

(4) 内付オイルダンパーの周辺部材の軸力変動

内付オイルダンパーの設置により、ダンパーに取り付く周辺の柱や梁に軸力変動が発生する。高さ方向に一様な減衰係数を持った内付オイルダンパーを取り付けた場合、柱に発生する最大軸力の変動を図 5-26 に示す。オイルダンパーが取り付く周辺柱の軸力変動はほとんど変化がなく、逆に小さくなっている。これは、オイルダンパーの設置により、応答値が小さくなり、動的軸力が減少したためである。

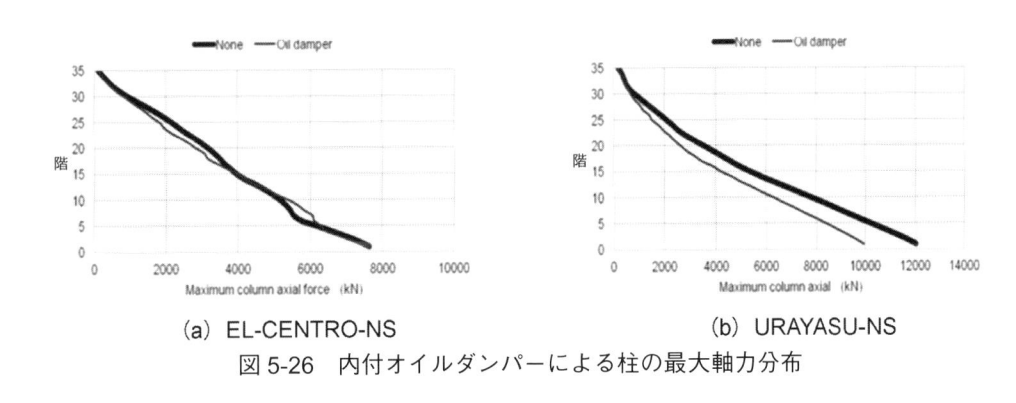

(a) EL-CENTRO-NS　　　　　　　　　(b) URAYASU-NS

図 5-26　内付オイルダンパーによる柱の最大軸力分布

内付オイルダンパーの設置により、周辺の梁に発生する軸力の分布を図 5-27 に示す。長周期地震動については、オイルダンパーの設置により動的応答値が小さくなるので軸力変動は減少しているが、短周期の地震動については増加している。表 5-6 は

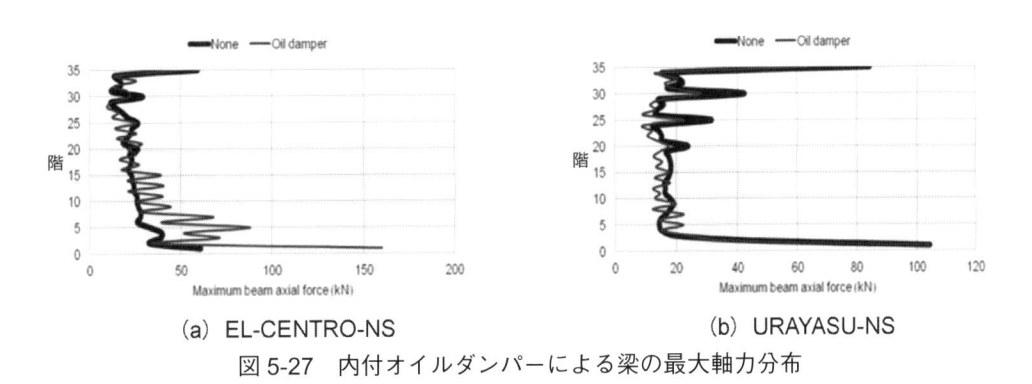

(a) EL-CENTRO-NS　　　　　　　　　(b) URAYASU-NS

図 5-27　内付オイルダンパーによる梁の最大軸力分布

2階床梁の軸力変動を示す。EL-CENTRO の地震動では、約2倍近い梁の軸力変動が発生している。梁には通常軸力が発生しないことから、beam-column としての検討が必要になる。通常の設計では、梁に発生した軸力は小さいことから許容応力以内に納まると考えられる。本例題でも許容応力以内にある。

表5-6 内付オイルダンパーの有無による2階床梁の軸力変動の比較（単位 kN）

内付オイルダンパー		EL-CENTRO		SHINJUKU		URAYASU		KOBE	
		-NS	-EW	-NS	-EW	-NS	-EW	-NS	-EW
①ダンパー無	1F	83.69	168.43	80.49	93.73	128.88	127.05	142.68	131.18
②ダンパー有	100MN/(m/s)	160.20	154.53	67.70	58.96	104.24	99.47	232.88	207.07
比		1.91	0.92	0.84	0.63	0.81	0.78	1.63	1.58

注）比 =（内付オイルダンパー有の応答）／（オイルダンパー無の応答）

5.3　外付オイルダンパーによる簡易耐震補強法

　外付オイルダンパーによる方法は、建物を使用しながらの耐震補強を実施できるメリットがある。超高層ビルのファサードにブレースを積極的に表現したデザインも見られるが、最大のポイントは施主がファサードの変化を許容するかである。意匠的配慮をすれば、外付オイルダンパーの設置は既存ビルのファサードを逆に引き立たせる効果も期待できる。耐震補強として、オイルダンパーを建物の外側に取り付ける外付オイルダンパーを検討する。外付オイルダンパーが負担するせん断力は、ダンパーが取付位置から直接に地盤へと流れ、途中の階には流れないことに長所がある。オイルダンパーの材長は長くなるので座屈に対する対策が必要となるが、この問題は比較的簡単に処理できるので、座屈に対する検討はここでは考慮しない。

　5.1 節で示した計算例の超高層ビルの耐震改修法として、図 5-28 に示すように外付オイルダンパーを検討する。オイルダンパーは 18 階の床面に取り付ける。y 方向の

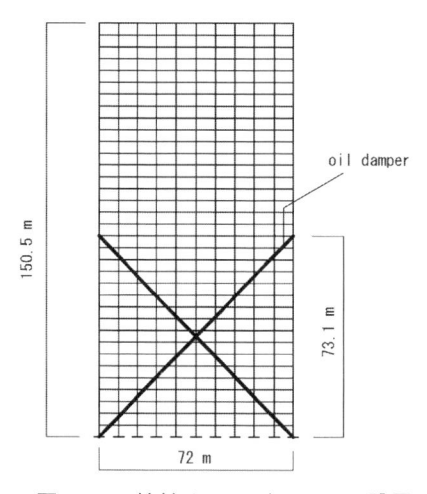

図 5-28　外付オイルダンパーの設置

地震動に対しては、A 通りおよび D 通りのフレームの外側に 2 組ずつ合計 4 本を設置する。オイルダンパーは圧縮および引張ともに同様に有効とし、減衰力と速度とが線形関係にあると仮定する。

(1) 外付オイルダンパーの適切な減衰係数

外付オイルダンパーの減衰係数の水平成分 C_e が各階当たり合計 40MN/(m/s) と 400MN/(m/s) の 2 ケースについて、動的最大応答の性状を図 5-29 に比較する。

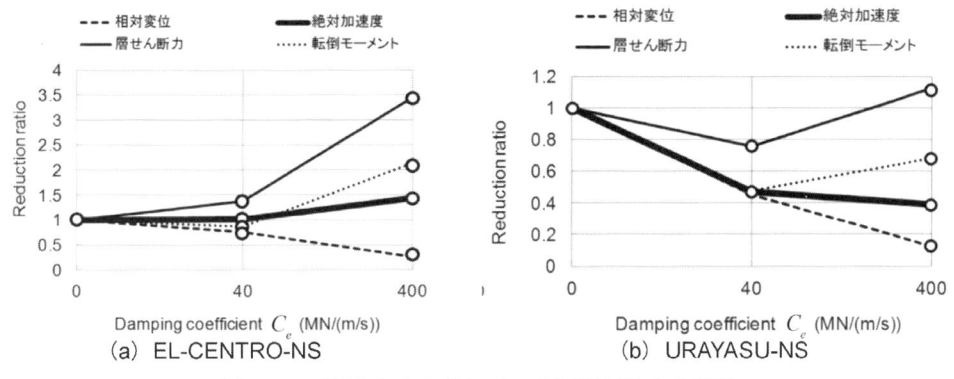

図 5-29 外付オイルダンパーの減衰係数と応答値

外付オイルダンパーの減衰係数が極めて大きい場合、最大相対変位は常に減少するが、振動しながら減衰して応答値を小さくする超高層ビルの長所を発揮できずに、逆に剛性が硬くなり過ぎて、変位以外の応答値が極めて大きくなる。外付オイルダンパーは、減衰係数が小さなオイルダンパーを用いる方が効果的である。どの程度が効果的であるかは、予備設計段階で試行錯誤することが必要である。このような試行錯誤に対して、簡易解析法は極めて有効である。

(2) 外付オイルダンパーの有効性

外付オイルダンパーの減衰係数（水平成分）を階当たり C_e =40MN/(m/s) と仮定する。図 5-30 は外付オイルダンパーの有無による動的最大応答を比較する。これらの図の細線は、外付オイルダンパーを設置した際の応答値を示す。一方、同じ線種の太線は、外付オイルダンパーを設置しない場合の最大応答値の分布を示す。外付オイルダンパーによる最大応答値の低減比を表 5-7 に示す。外付オイルダンパーの設置は、長周期地震動を含めたすべての地震動に対して極めて効果的である。

外付オイルダンパーを設置した場合についても、棒材理論による簡易耐震補強法の有効性は、図 5-31 に示すように、3 次元骨組解析による SNAP の結果と良好な一致を示していることから明らかとなった。

上述のように、外付オイルダンパーの設置は耐震性能を高める上で効果的であることが判明した。外付オイルダンパーが負担する層せん断力は、それが取り付く周辺の

(a) 相対変位　　　　　　　　　(b) 絶対加速度

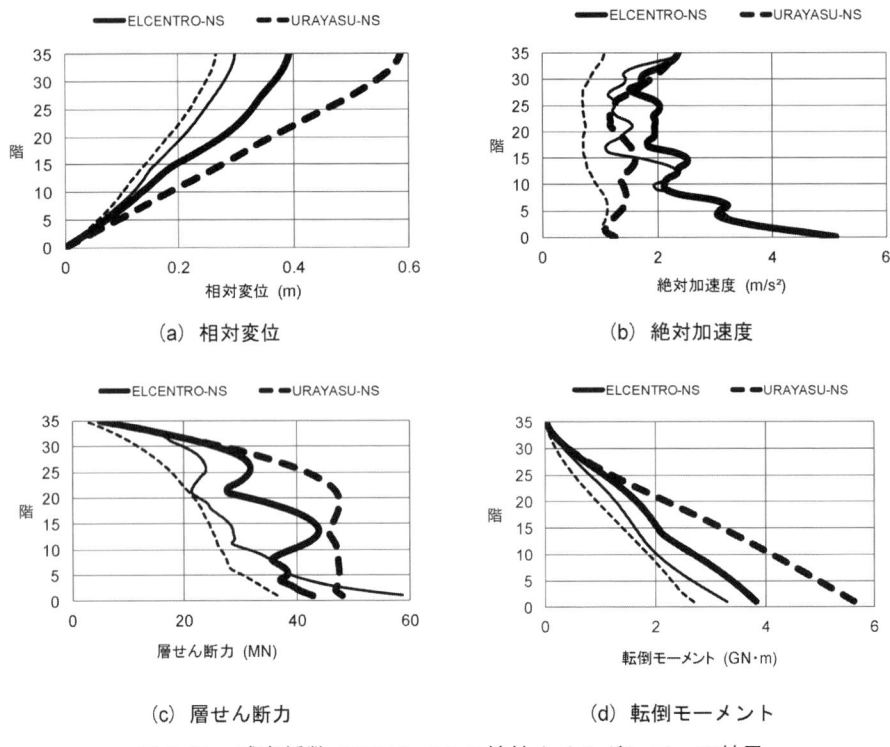

(c) 層せん断力　　　　　　　　(d) 転倒モーメント

図 5-30　減衰係数 40MN/(m/s) の外付オイルダンパーの効果

表 5-7　減衰係数 C_e=40MN/(m/s) の外付オイルダンパーによる最大応答値の減少

	相対変位	絶対加速度	層せん断力	転倒モーメント
地震動		ELCENTRO-NS		
なし	0.393 m	2.358 m/s^2	42.680 MN	3.819 GN・m
外付オイルダンパー	(0.756)	(1.014)	(1.374)	(0.864)
地震動		ELCENTRO-EW		
なし	0.767 m	2.624 m/s^2	87.500 MN	7.427 GN・m
外付オイルダンパー	(0.819)	(0.651)	(0.857)	(0.860)
地震動		SHINJUKU-NS		
なし	0.413 m	1.027 m/s^2	41.310 MN	4.009 GN・m
外付オイルダンパー	(0.467)	(0.683)	(0.522)	(0.489)
地震動		SHINJUKU-EW		
なし	0.446 m	1.248 m/s^2	43.240 MN	4.307 GN・m
外付オイルダンパー	(0.363)	(0.543)	(0.447)	(0.378)
地震動		URAYASU-NS		
なし	0.586 m	2.282 m/s^2	48.030 MN	5.616 GN・m
外付オイルダンパー	(0.451)	(0.470)	(0.758)	(0.479)
地震動		URAYASU-EW		
なし	0.533 m	2.232 m/s^2	48.640 MN	5.140 GN・m
外付オイルダンパー	(0.552)	(0.583)	(0.683)	(0.564)
地震動		KOBE-NS		
なし	0.610 m	5.375 m/s^2	82.500 MN	5.872 GN・m
外付オイルダンパー	(0.644)	(0.639)	(1.091)	(0.690)
地震動		KOBE-EW		
なし	0.537 m	5.152 m/s^2	69.150 MN	5.476 GN・m
外付オイルダンパー	(0.706)	(0.609)	(1.154)	(0.674)

注）比＝（外付オイルダンパー有の応答）／（オイルダンパー無の応答）

(a) 相対変位

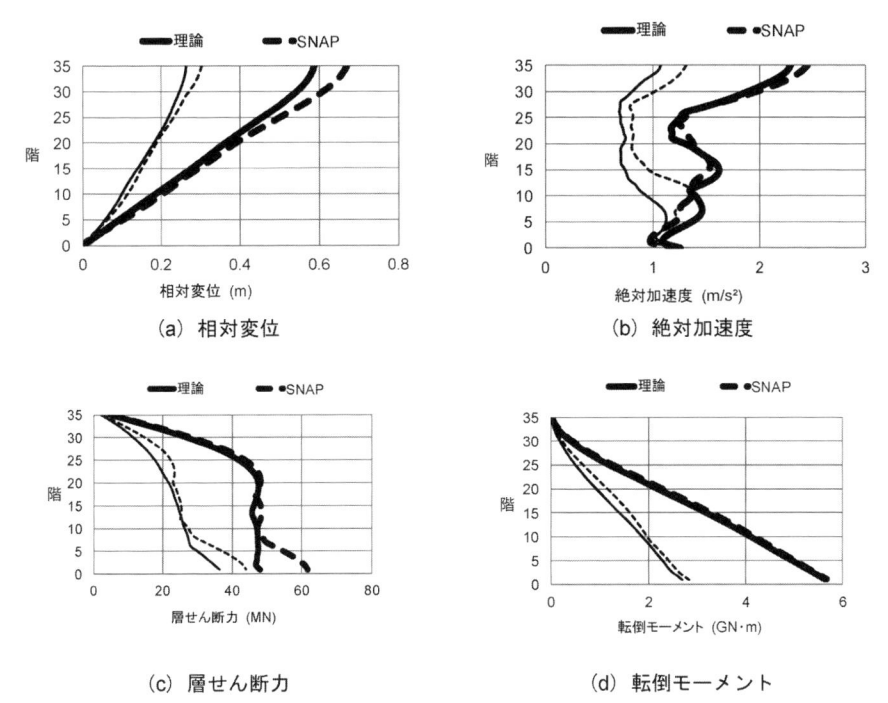

(b) 絶対加速度

(c) 層せん断力

(d) 転倒モーメント

図 5-31　減衰係数 40MN/(m/s) の外付オイルダンパーによる URAYASU-NS 地震動の応答

柱や梁に大きな軸力変動をもたらすと考えられる。柱の軸力は、図5-32に示すように、ダンパーの設置により横揺れが減少するので小さくなる。これに反して、外付オイルダンパーが負担した水平力は梁に大きな軸力変動を発生する。図5-33は、SNAPより求めた梁に発生した軸力変動力を外付オイルダンパーの有無について比較する。表5-8は、オイルダンパーの有無により梁に発生する軸力変動を示すが、60〜70倍の大きさである。これに対処するには、既存の梁の外側に軸力変動に対処できる部材を設置すれば対応できる。

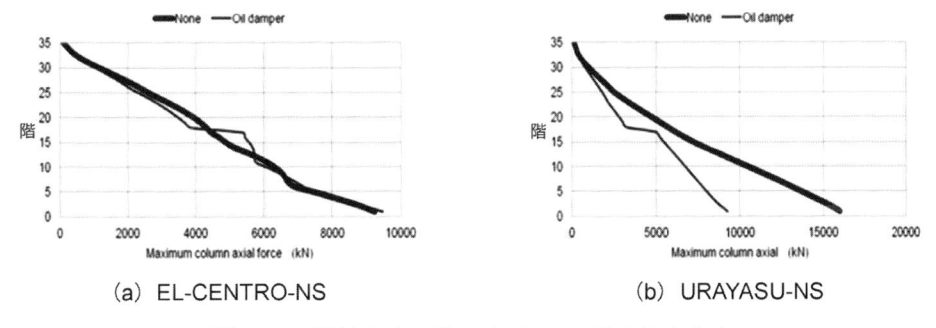

(a) EL-CENTRO-NS

(b) URAYASU-NS

図 5-32　外付オイルダンパーによる柱の軸力分布

(a) EL-CENTRO-NS   (b) URAYASU-NS

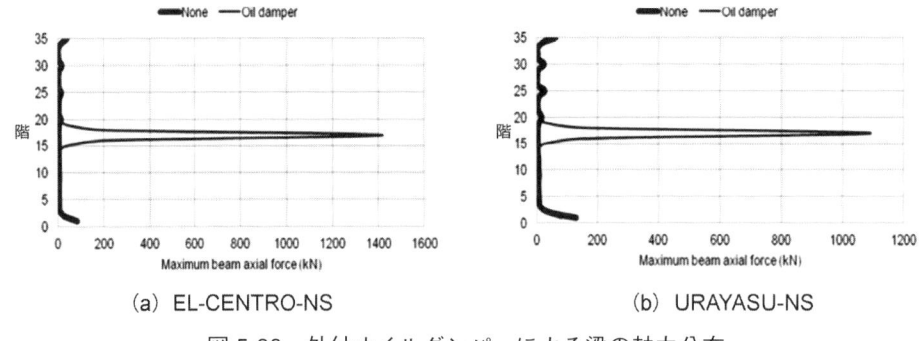

図 5-33　外付オイルダンパーによる梁の軸力分布

表 5-8　外付オイルダンパーによる梁の軸力 17 階（単位 kN）

		EL-CENTRO-NS	SHINJUKU-NS	URAYASU-NS	KOBE-NS
①ダンパー無	17F	22.40	8.59	18.01	59.57
②ダンパー有	100MN/(m/s)	1417.20	640.95	1092.83	2976.94
比		63.26	74.63	60.67	49.97

注）比 =（外付オイルダンパー有の応答）／（オイルダンパー無の応答）

表 5-9 から、第 4 章の式 (4.146) で与えられる $\kappa = 1$ として求めた棒材理論と SNAP との比は $\kappa = 1.08 \sim 1.44$ であることがわかる。よって、式 (4.146) で $\kappa = 1.5$ として求めれば、梁の軸力変動を簡易に求めることができる。

表 5-9　外付オイルダンパーによる梁の軸力の比較

地震動波	17 階での最大速度 (m/s)	棒材理論 (kN)	SNAP (kN)	比 (κ =SNAP/ 理論)
EL-CENTRO-NS	0.660	1308	1417	1.08
EL-CENTRO-EW	0.651	943	1394	1.48
SHINJUKU-NS	0.380	513	641	1.25
SHINJUKU-EW	0.401	367	468	1.28
URAYASU-NS	0.672	772	1093	1.42
URAYASU-EW	0.723	928	1143	1.23
KOBE-NS	1.239	2068	2977	1.44
KOBE-EW	1.126	1926	2469	1.28

5.4　弾塑性応答に対する検討

　棒材理論による動的解析法では、運動方程式をモーダルアナリシスを用いているので、その適用は弾性応答に限定される。モーダルアナリシスに代えて逐次積分法を用いて弾塑性応答問題に解析法を拡張することも可能であるが、ここでは弾性応答と弾塑性応答との相違点を検討する。
　SNAP を用いた 3 次元骨組解析による弾性応答解析と弾塑性応答解析との両者の違いを、オイルダンパーを付与していない超高層ビルについて比較すると、図 5-34 と

なる。同じ線種の太線は弾性応答解析であり、細線は弾塑性応答解析を示す。3次元骨組解析の結果は、当該建物については差が少ない。

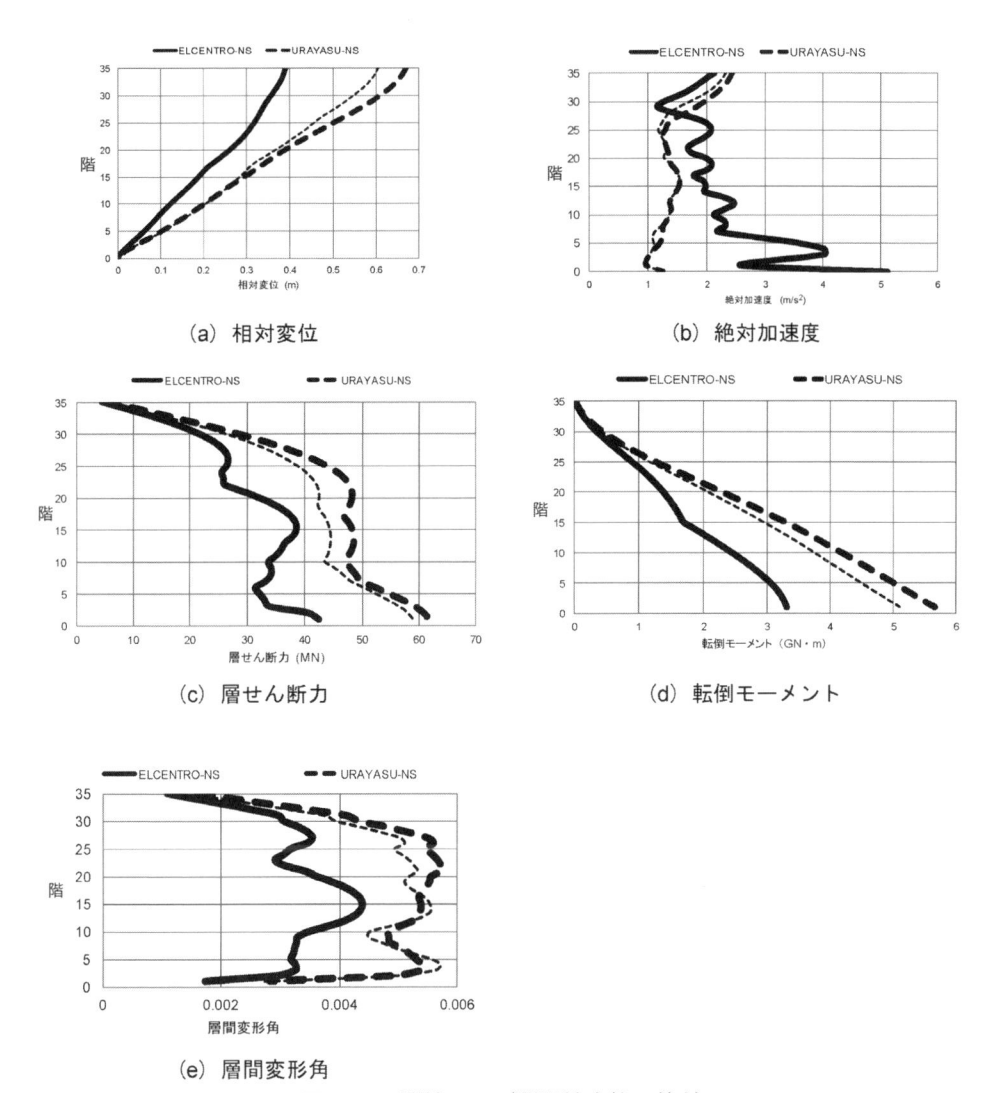

(a) 相対変位

(b) 絶対加速度

(c) 層せん断力

(d) 転倒モーメント

(e) 層間変形角

図 5-34　弾性および弾塑性応答の比較

弾塑性応答値を対応する弾性応答値で割った比を R と定義すると、R の高さ方向の分布は図 5-35 となる。R が 1 以下は、弾塑性応答値が弾性応答値より小さいことを示す。最大相対変位に関する弾塑性比は、EL-CENTRO-EW の地震動に対して中間階で 1.0 を超えているが、長周期地震動に対しては 1.0 を超えることはない。このことは、既存超高層ビルの長周期地震動に対する耐震補強を弾性応答で検討しても差異がないことを示唆しているが、他の計算モデルについて確認する必要がある。

図 5-36 および図 5-37 は、オイルダンパー設置無、内付オイルダンパーおよび外付オイルダンパー設置有について、地震動による塑性ヒンジの発生状況を示す。これらの図は SNAP による 3 次元骨組解析から得られた。耐震補強を実施していない場合、

(a) 相対変位

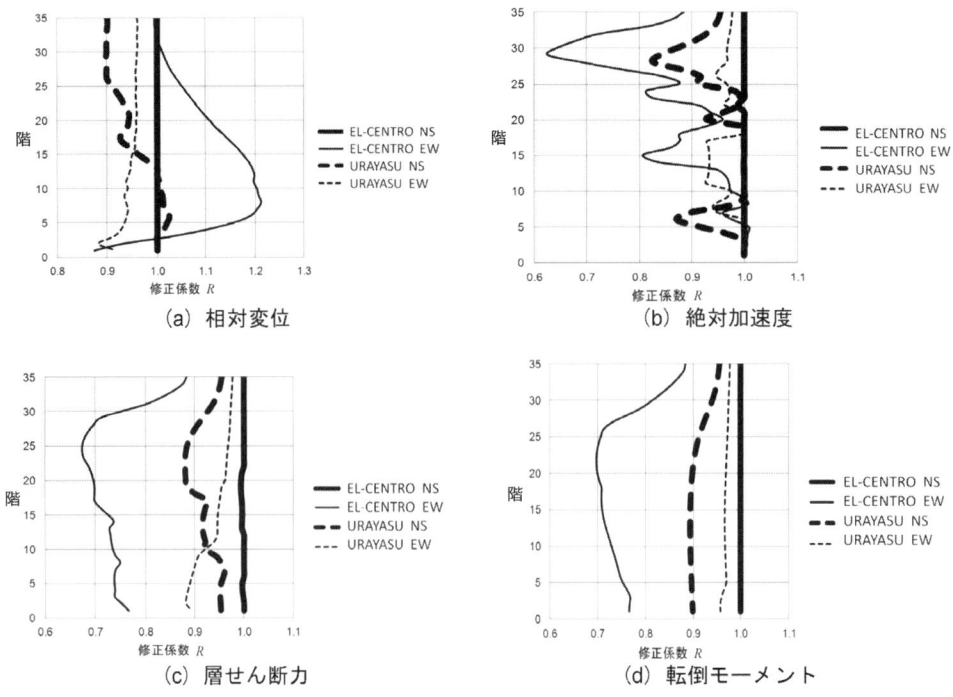

(b) 絶対加速度

(c) 層せん断力

(d) 転倒モーメント

図 5-35　最大応答の弾塑性比 R の分布

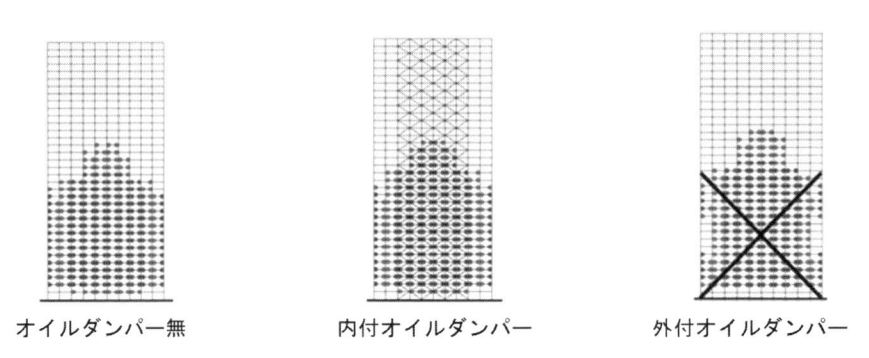

オイルダンパー無　　内付オイルダンパー　　外付オイルダンパー

図 5-36　地震動による EL-CENTRO-EW の塑性ヒンジの発生

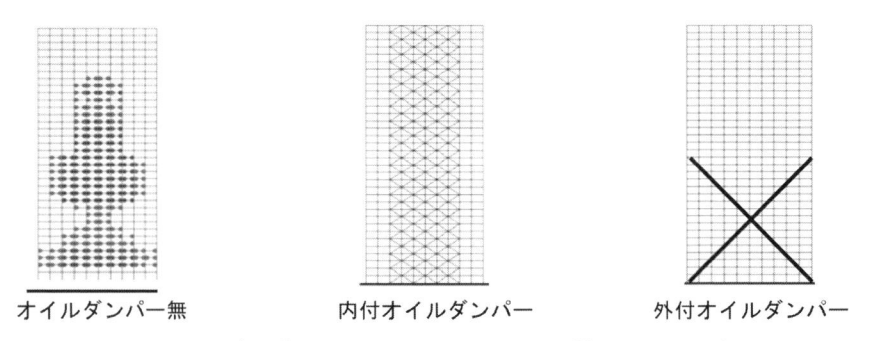

オイルダンパー無　　内付オイルダンパー　　外付オイルダンパー

図 5-37　地震動による URAYASU-NS の塑性ヒンジの発生

長周期地震動を含む URAYASU-NS の作用により、梁に塑性ヒンジが発生している。内付オイルダンパーまたは外付オイルダンパーを設置して耐震補強をした場合は、各部材は弾性領域内になり、塑性ヒンジは発生していない。巨大地震は連動して作用し、本震以後の多くの余震が発生することから、超高層ビルに塑性ヒンジをできるだけ発生させないことが望ましい。

5.5 各種チューブ構造への展開

棒材理論の妥当性を、図 5-38 に示す各種のチューブ構造について数値計算から提示する。詳細は論文 [5-1], [5-2] を参照されたい。計算条件は以下のようである。

① 静的横力は逆三角形分布とする（図 5-39 および図 5-40 参照）。
② 動的荷重に対する入力地震動は、EL-CENTRO 1940 NS、TAFT 1952 EW、八戸 1968 NS とし、最大加速度を 200gal とする。
③ 減衰定数は 1 次モードに対して $h_1 = 0.02$、高次モードに対しては振動数比例型とする。

$$h_n = h_1 \cdot \omega_n / \omega_1$$

④ 各床の重量は 9.807kN/m^2 である。
⑤ 動的解析は弾性応答とし、モーダル解析を使用する。モーダル解析は、5 次までの刺激係数を考慮する。

MODEL (1)	PLAN (2)	BRACING (3)	CONSTRUCTION (4)
T 1	□		STEEL
T 2	 ▫		STEEL
T 3	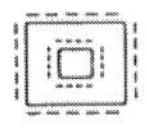 ▣	15, 16 STORY	STEEL
T 4	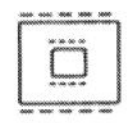 ▣	9, 10 STORY	STEEL
T 5	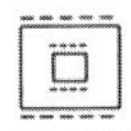 ▣	15, 16 STORY	STEEL
T 6	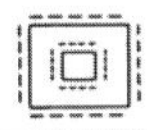 ▣	15, 16, 29, 30 STORY	STEEL
T 7	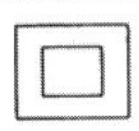 ▣		STEEL REINFORCED CONCRETE
T 8	 ▣		STEEL REINFORCED CONCRETE

図 5-38 チューブ構造平面

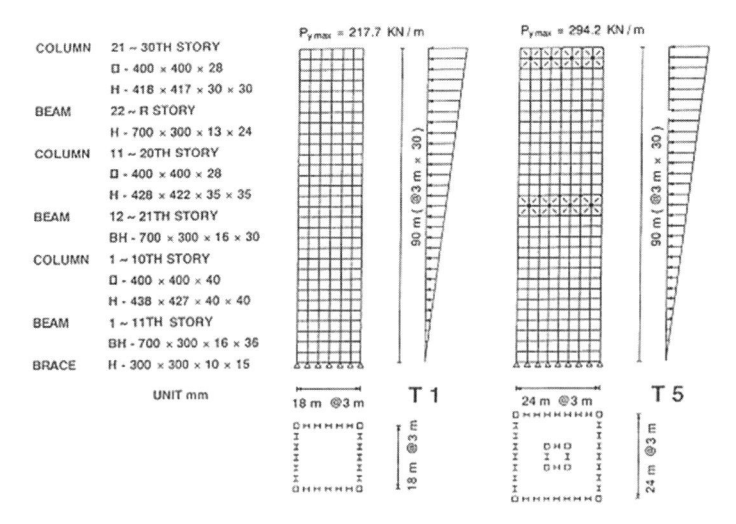

図 5-39　T1 および T5 モデル

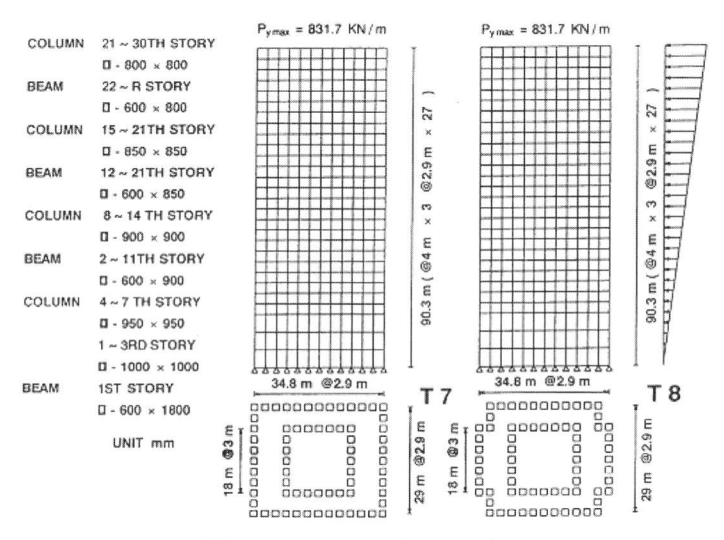

図 5-40　T7 および T8 モデル

　最初に、静的解析について述べる。静的水平変位の最大値を**表 5-10** および**図 5-41**に示す。棒材理論の結果は汎用 FEM ソフト NASTRAN を用いた 3 次元骨組解析結果と良好な一致を示している。なお、NASTRAN では、各部材を beam 要素を用いて、細かく細分化した要素長さを使用し、剛床仮定を使用している。shear-lag は**表 5-11**に示すが、shear-lag 自体が小さい値であることから、ほぼ良好な結果を示しているといえる。棒材理論による応答結果は、構造物を棒材に置換しているので構造物全体の値であるが、建物全体の応答値を D 値法と同様に剛性に比例させて分配すれば、部材の断面を略算的に求めることができる。**図 5-42** に柱の軸方向力を示す。

表 5-10 静的水平変位

モデル (1)	最大水平変位 (m) 棒材理論 (2)	骨組解析 (3)	比 (2)/(3) (4)
T1	0.441	0.430	1.026
T2	0.327	0.343	0.953
T3	0.307	0.318	0.965
T4	0.299	0.319	0.937
T5	0.312	0.330	0.945
T6	0.329	0.311	1.058
T7	0.151	0.158	0.956
T8	0.157	0.166	0.946

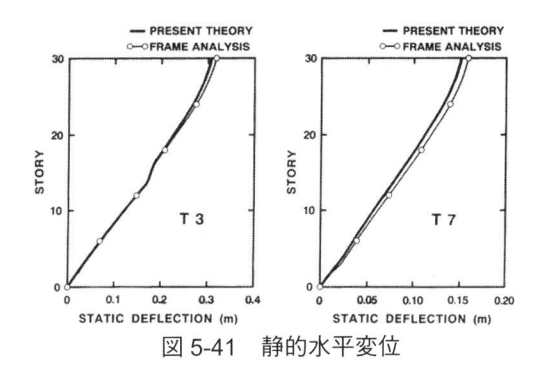

図 5-41 静的水平変位

表 5-11 最大 shear-lag

モデル (1)	最大 shear-lag (m) 棒材理論 (2)	骨組解析 (3)	比 (2)/(3) (4)
T1	0.0145	0.0079	1.835
T2	0.0149	0.0085	1.753
T7	0.0090	0.0052	1.731
T8	0.0103	0.0028	3.679

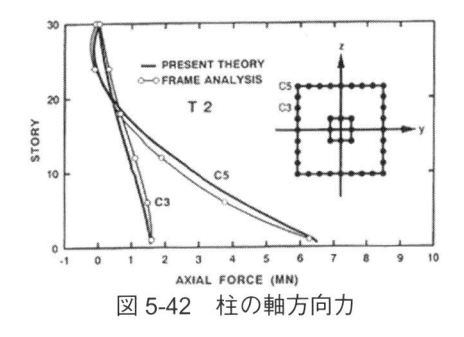

図 5-42 柱の軸方向力

　次に、動的解析について述べる。表 5-12 は固有振動数を示す。動的解析結果を表 5-13 ～表 5-15 および図 5-43 ～図 5-45 に示すが、3 次元骨組解析結果と良好な一致を示している。これらの結果では、差分分割数は階数と同一の 30 を採用しているが、分割数と解の収束状況を図 5-46 に示す。差分法の分割数は階数程度をとれば、ほぼ良好な結果を得ることがわかる。

表 5-12 固有振動数

モデル (1)	解析法 (2)	1次モード (3)	2次モード (4)	3次モード (5)	4次モード (6)	5次モード (7)
T1	棒材理論	1.998	6.077	10.942	15.759	20.397
	骨組解析	2.062	6.211	11.048	15.907	20.648
	比	0.969	0.978	0.990	0.991	0.988
T2	棒材理論	2.080	6.255	11.150	15.977	20.614
	骨組解析	2.058	6.223	11.076	16.020	20.826
	比	1.011	1.005	1.007	0.997	0.990
T3	棒材理論	2.137	6.197	11.694	15.924	21.740
	骨組解析	2.138	6.290	11.687	16.198	22.062
	比	1.000	0.985	1.001	0.983	0.985
T4	棒材理論	2.192	6.186	11.112	16.805	21.334
	骨組解析	2.152	6.296	11.224	16.813	21.756
	比	1.019	0.983	0.990	1.000	0.981
T5	棒材理論	2.126	6.266	11.559	16.073	21.390
	骨組解析	2.100	6.260	11.464	16.136	21.636
	比	1.012	1.001	1.008	0.996	0.989
T6	棒材理論	2.055	6.045	11.631	16.053	22.019
	骨組解析	2.147	6.369	11.848	16.662	22.610
	比	0.957	0.949	0.982	0.963	0.974
T7	棒材理論	3.458	9.920	17.924	25.863	32.626
	骨組解析	3.462	10.037	17.983	56.246	34.675
	比	0.999	0.988	0.997	0.985	0.941
T8	棒材理論	3.401	9.811	17.825	25.786	32.696
	骨組解析	3.382	9.856	17.729	26.028	34.561
	比	1.006	0.995	1.005	0.991	0.946

表 5-13 動的最大変位

モデル (1)	地震動タイプ (2)		棒材理論 (3)	骨組解析 (4)	比 (3)/(4) (5)
T1	EL-CENTRO	NS	0.263	0.293	0.898
	八戸	NS	0.453	0.411	1.102
	TAFT	EW	0.213	0.208	1.024
T2	EL-CENTRO	NS	0.311	0.291	1.069
	八戸	NS	0.420	0.419	1.002
	TAFT	EW	0.212	0.213	0.995
T3	EL-CENTRO	NS	0.327	0.329	0.994
	八戸	NS	0.460	0.465	0.989
	TAFT	EW	0.205	0.206	0.995
T4	EL-CENTRO	NS	0.318	0.324	0.981
	八戸	NS	0.515	0.469	1.098
	TAFT	EW	0.196	0.201	0.975
T5	EL-CENTRO	NS	0.327	0.315	1.038
	八戸	NS	0.454	0.429	1.058
	TAFT	EW	0.207	0.212	0.976
T6	EL-CENTRO	NS	0.297	0.321	0.925
	八戸	NS	0.424	0.437	0.970
	TAFT	EW	0.211	0.207	1.019
T7	EL-CENTRO	NS	0.155	0.150	1.033
	八戸	NS	0.202	0.195	1.036
	TAFT	EW	0.221	0.215	1.028
T8	EL-CENTRO	NS	0.158	0.154	1.026
	八戸	NS	0.232	0.235	0.987
	TAFT	EW	0.219	0.210	1.043

表 5-14 最大層せん断力

モデル (1)	地震動タイプ (2)		最大層せん断力 (kN) 棒材理論 (3)	骨組解析 (4)	比 (3)/(4) (5)
T1	EL-CENTRO	NS	5 482	6 659	0.823
	八戸	NS	12 494	10 003	1.249
	TAFT	EW	4 972	4 835	1.028
T2	EL-CENTRO	NS	11 464	11 082	1.035
	八戸	NS	17 260	17 309	0.997
	TAFT	EW	8 414	8 071	1.043
T3	EL-CENTRO	NS	12 239	11 768	1.040
	八戸	NS	18 937	19 378	0.977
	TAFT	EW	9 248	9 012	1.026
T4	EL-CENTRO	NS	14 749	12 258	1.203
	八戸	NS	27 498	21 084	1.304
	TAFT	EW	9 316	9307	1.001
T5	EL-CENTRO	NS	11 484	11 180	1.027
	八戸	NS	18 172	17 515	1.038
	TAFT	EW	8 865	8 659	1.024
T6	EL-CENTRO	NS	11 562	12 160	0.951
	八戸	NS	17 632	20 270	0.870
	TAFT	EW	9 807	9 150	1.072
T7	EL-CENTRO	NS	38 746	37 167	1.042
	八戸	NS	56 153	53 642	1.047
	TAFT	EW	56 731	54 819	1.035
T8	EL-CENTRO	NS	41 306	40 109	1.030
	八戸	NS	59 595	57 957	1.028
	TAFT	EW	49 004	44 718	1.096

表 5-15 最大転倒モーメント

モデル (1)	地震動タイプ (2)		最大転倒モーメント (MN m) 棒材理論 (3)	骨組解析 (4)	比 (3)/(4) (5)
T1	EL-CENTRO	NS	3.233	3.991	0.810
	八戸	NS	6.099	5.599	1.089
	TAFT	EW	2.731	2.863	0.954
T2	EL-CENTRO	NS	7.118	6.531	1.090
	八戸	NS	9.829	9.413	1.044
	TAFT	EW	4.928	4.849	1.016
T3	EL-CENTRO	NS	8.090	7.972	1.015
	八戸	NS	11.277	11.122	1.014
	TAFT	EW	5.129	5.070	1.012
T4	EL-CENTRO	NS	8.140	7.727	1.053
	八戸	NS	13.827	10.983	1.259
	TAFT	EW	4.984	5.021	0.993
T5	EL-CENTRO	NS	7.879	7.315	1.077
	八戸	NS	10.778	10.250	1.052
	TAFT	EW	5.053	5.007	1.009
T6	EL-CENTRO	NS	6.566	8.070	0.814
	八戸	NS	9.593	11.431	0.839
	TAFT	EW	4.968	5.091	0.976
T7	EL-CENTRO	NS	22.148	21.574	1.027
	八戸	NS	29.914	28.929	1.034
	TAFT	EW	32.186	31.675	1.016
T8	EL-CENTRO	NS	21.662	21.659	1.000
	八戸	NS	32.693	33.462	0.977
	TAFT	EW	28.779	28.246	1.019

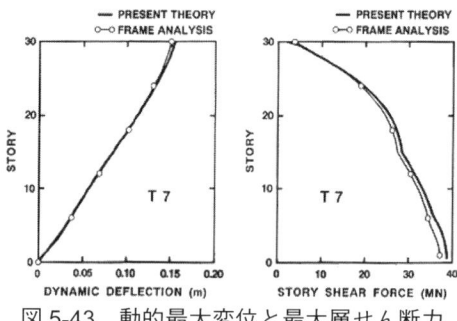

図 5-43　動的最大変位と最大層せん断力

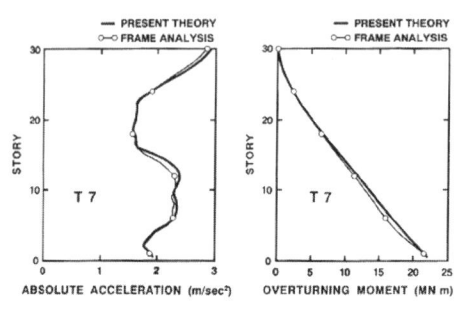

図 5-44　最大加速度および最大転倒モーメントの分布

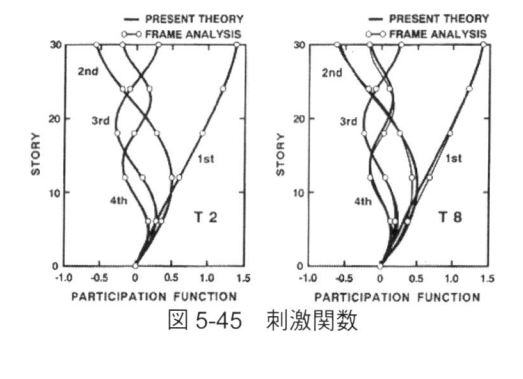

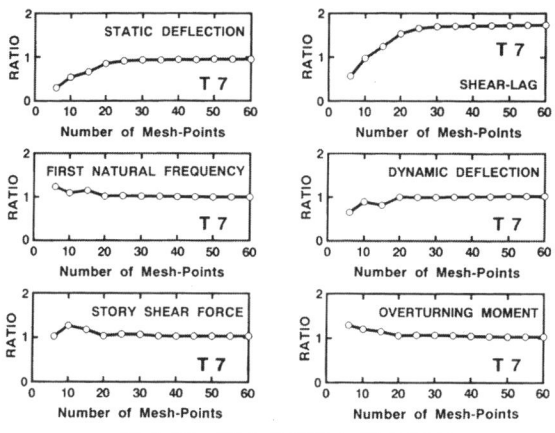

図 5-45　刺激関数

図 5-46　差分分割数と解の収束

5.6 メガストラクチャーへの展開

兵庫県南部地震では多くの建物が損傷・倒壊をしたが[5-3),5-4),5-5)]、中でも構造設計者を驚愕させたのは芦屋浜高層住宅群の被害である。芦屋浜高層住宅群は図 5-47 に示すように、種々の高さの異なる住宅群がメガストラクチャーで構成され、共用階を通して連絡できる新しい住宅システムとして提案された。桁行方向を構成するメガストラクチャーは box 柱と H 形鋼の梁およびブレースで構成されている。極厚断面柱の破断（図 5-48(a)）および柱とブレースの軸破断（柱とブレースが水平方向に破断。図 5-48(b) 参照）が多数発生した。

図 5-47 芦屋浜住宅群

(a) 1 階柱の軸破断　　(b) 柱とブレースの軸破断

図 5-48 極厚断面柱の破断

兵庫県南部地震で被害を受けた芦屋浜鉄骨造高層ビルの 24 階棟に対して、その被害の発生原因を究明するため棒材理論を展開した。本建物は、図 5-49 に示すように極厚断面柱からなるメガストラクチャーである。断面等の詳細は文献[5-6)]に与えられている。入力地震動は神戸海洋気象台 NS 波とし、最大加速度は 818.02gal とし、解析モデルは柱脚固定と仮定する。

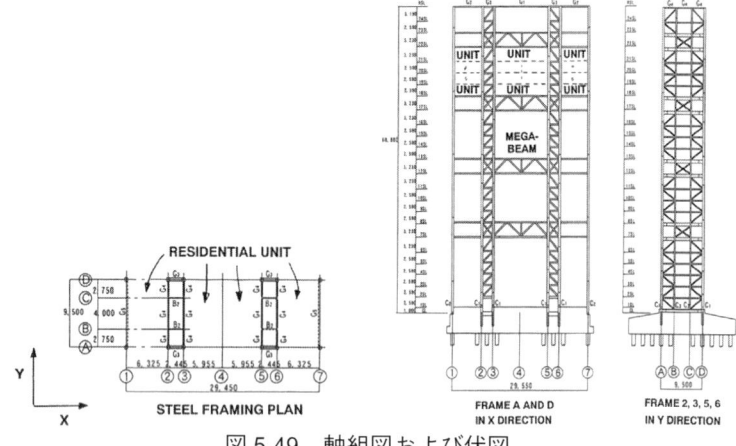

図 5-49　軸組図および伏図

　棒材理論の妥当性を検討するために、FEM 汎用ソフトである NASTRAN（陰解法）と DYTRAN（陽解法）を用いた 3 次元骨組解析法の数値計算結果と比較する。表 5-16 は固有振動数を示し、図 5-50 および図 5-51 は、桁行方向および梁間方向の 1 次の水平モードを示す。動的線形解析の最大水平変位の分布を図 5-52 と図 5-53 に示す。固有値解析および動的応答解析は、FEM を用いた 3 次元骨組解析結果と良好な一致を示している。一方、弾塑性解析結果は、論文[5-3] に与えられる六甲アイランド Y 波（最大加速度 319.56gal）に対して展開した。桁行方向の弾塑性動的応答解析の結果を図 5-54 に示す。比較のため、質点解析による結果を併記した。棒材理論は、本計算モデルのようなメガフレームストラクチャーに対しても有効であることが確認された。なお、棒材理論での弾塑性解析は平均加速度法により計算した。

表 5-16　固有振動数（Hz）

MODE	桁行方向 棒材理論	桁行方向 3 次元骨組解析	比	梁間方向 棒材理論	梁間方向 3 次元骨組解析	比
1	0.53	0.48	1.1	0.47	0.43	1.09
2	1.34	1.23	1.09	1.16	1.06	1.09
3	4.15	3.81	1.09	3.88	3.56	1.09
4	6.68	6.11	1.09	6.42	5.94	1.08
5	12.02	10.99	1.09	10.06	9.31	1.08

注）比 =（棒材理論）/（3 次元骨組解析）

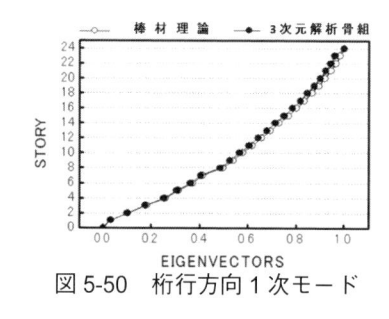

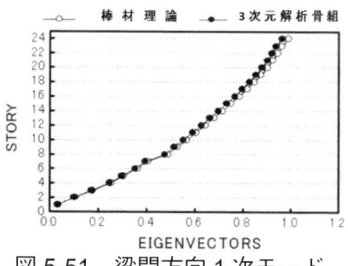

図 5-50　桁行方向 1 次モード　　図 5-51　梁間方向 1 次モード

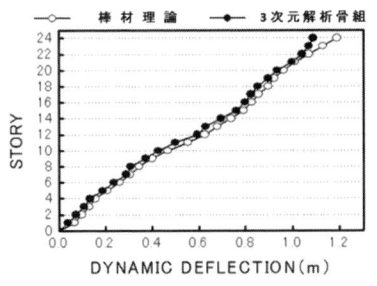

図 5-52　桁行方向動的弾性解析の最大相対変位

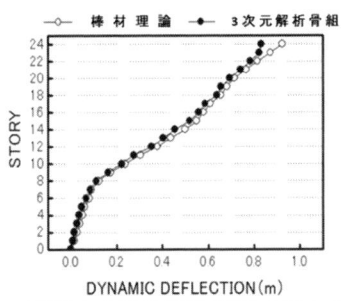

図 5-53　梁間方向動的弾性解析の最大相対変位

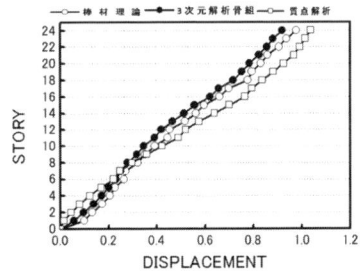

図 5-54　桁行方向弾塑性応答解析による最大水平変位の比較

5.7　上下動に対する数値計算

　上述の展開は水平動に対してであるが、本棒材理論は上下動に対しても有効であることを示す。上下動の運動方程式 (4.49) を用いて、前述の芦屋浜高層住宅の上下動に対する数値計算を示す。棒材理論による上下動に対する固有値解析の結果は、**表 5-17** および**図 5-55** に示すように、3 次元骨組解析結果と良好な一致を示している [5-3)]。

表 5-17　固有周期（秒）

	棒材理論	3 次元骨組解析	比
1 次	0.435	0.426	1.021
2 次	0.371	0.361	1.028
3 次	0.370	0.361	1.027

注）比 =（棒材理論）/（3 次元骨組解析）

1次モード　　　　　　　　2次モード　　　　　　　　3次モード

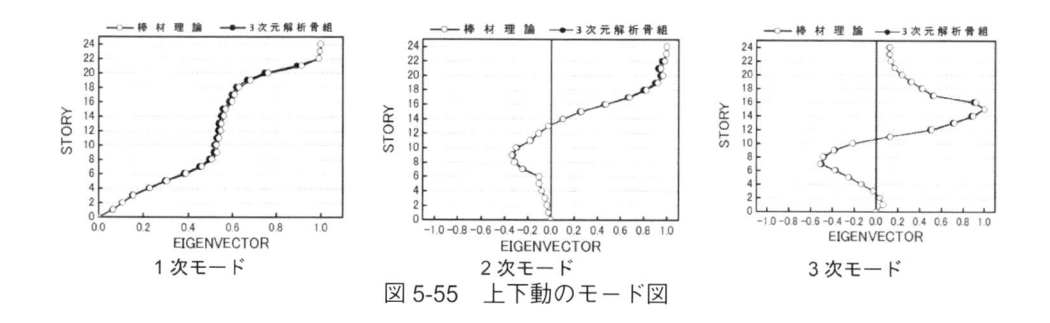

図 5-55　上下動のモード図

　一方、入力地震動として六甲アイランドの上下動成分（最大加速度 507.75gal）が作用したときの弾性応答解析による各階の最大鉛直変位を図 5-56 に示す。メガストラクチャーのような部材数が少ない構造物に対しても、棒材理論はよく性状を表し得ることがわかる。

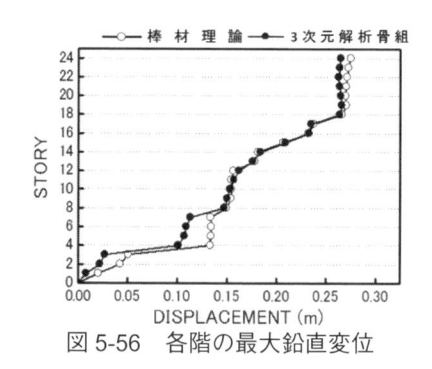

図 5-56　各階の最大鉛直変位

　図 5-57 は、bi-linear な応力 - ひずみ関係を使用した弾塑性動的応答解析結果から求めた上下動に対する柱の軸方向応力の時刻歴の最大値を示している。上下動の挙動に対しても、棒材理論は 3 次元骨組解析結果と良好な一致を示している。

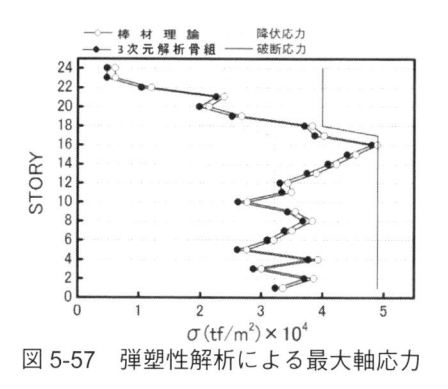

図 5-57　弾塑性解析による最大軸応力

　なお、棒材理論を用いた上下動地震動に対する適用は、跳石問題[5-7]および岩手・宮城内陸地震の 4G 近い上下動に対する解明[5-8]に使用した。

5.8　*P*-Δ解析

構造物が荷重を支える場合、時間の経過に伴って変形が進み、変形した状態で荷重を支えることになる。この変形した状態を考慮して解析を行うことを*P*-Δ解析、これによって得られる効果を*P*-Δ効果という。図5-58はこの効果を模式する。超高層ビルでは、柱部材に作用する軸方向力が大きいことから、*P*-Δ効果は2次的効果であるが重要となる。釣合状態に変形を考慮しない解析より得られた水平変位により、垂直荷重*P*と水平変位Δとの積より付加モーメントが発生し、それにより発生した付加的なせん断力により、垂直荷重*P*の向きが変化する。

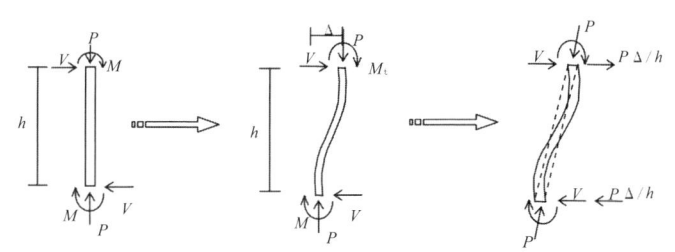

図5-58　*P*-Δと力の関係 [5-9]

図5-59は、片持梁の先端に垂直荷重*P*と水平荷重*V*が作用した場合の*P*-Δ効果を、ステップごとに記したものであり、変位Δの添字1、および2は、1回目および2回目の逐次計算ステップを示す。*P*-Δ効果により変位が増加することを示す。

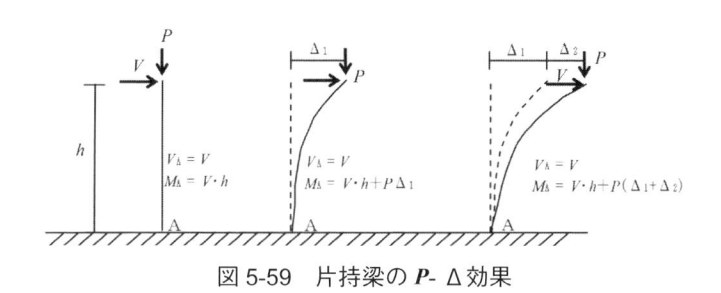

図5-59　片持梁の*P*-Δ効果

P-Δ効果の解析法は一般に層せん断力の収束に基づくIteractive *P*-Δ method（第1法）が用いられるが、本書で定式化した棒材理論には、外力によるモーメントの項m_iが考慮されている（式(4.51)参照）ので、この外力モーメントを用いて*P*-Δ効果を考慮する方法（第2法）を以下で示す。

① Iteractive *P*-Δ Method（第1法）

Iteractive *P*-Δ methodは、*P*-Δ効果により発生する曲げモーメントを階高で割った付加的なせん断力を層せん断力に加えることによって、変位を順次修正して、層せん断力または変位を収束させる方法である。繰り返し回数第*j*番目の各階の修正後の*i*層

のせん断力は次式で与えられる。

$$\sum Q_j = \sum Q_{j-1} + \frac{(W_i)\,\Delta_j}{h} \tag{5.1}$$

ここに、$\sum Q_j$ = 繰り返し回数第 j 番目の層せん断力；$\sum Q_{j-1}$ = 繰り返し回数第 j 番目よりも1サイクル前の層せん断力；W_i = 当該 i 層に作用する建物重量（当該層以上の階の建物重量の和）；Δ_j = 繰り返し計算の第 j 番目の層間変位；h = 当該階高。

② 外力モーメントを用いた $P\text{-}\Delta$ 法（第2法）

運動方程式 (4.51) を平均加速度法で解く際、差分点 i での外力モーメント m_i を、i 点での地震時建物重量 W_i と、i 点と $i-1$ 点との水平変位の差（層間変位）Δv_i との積とし

$$m_i = W_i \Delta v_i \tag{5.2}$$

と表す。ここに、m_i = i 層のモーメント；W_i = i 層に作用する地震時建物重量（i 層以上の各階の重量の和）；Δv_i = i 層の層間変位。

上述の外力モーメントを考慮して運動方程式を解き、変位が収束するまで繰り返す。この収束計算は、増分ごとの時刻について収束を確認して、次のステップの時間増分に進む（図 5-60）。

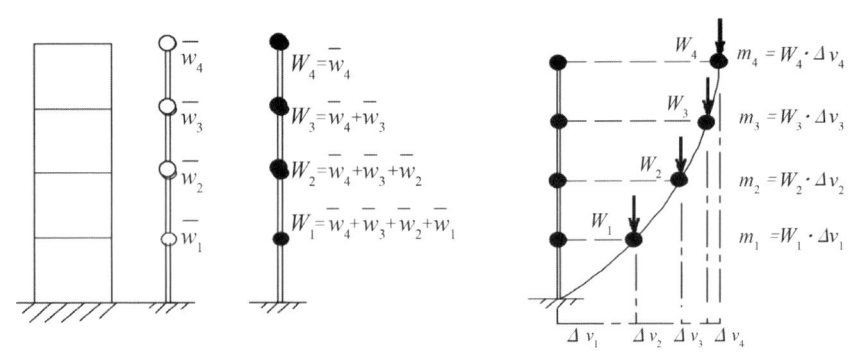

図 5-60　$P\text{-}\Delta$ 効果と m の関係

数値計算例として、5.6節で検討した芦屋高層住宅24階棟に、六甲アイランド Y 波（最大加速度 319.56gal）が作用した場合の $P\text{-}\Delta$ 効果を、桁行および梁間方向について検討する。収束判定は、変動が1サイクル前の修正結果の1%以下とする。図 5-61 および図 5-62 は、最大相対変位の桁行方向および梁間方向の $P\text{-}\Delta$ 効果を示す。●は $P\text{-}\Delta$ 効果を無視した場合、■は第2法による $P\text{-}\Delta$ 効果を考慮した場合、□は第1法による $P\text{-}\Delta$ 効果を考慮した場合を示す。図 5-61 では、第1法の結果は第2法と重なっている。提示した第2法は第1法と良好な一致を示している。当該建物については、桁行方向1階が顕著であり、本建物の桁行方向（メガフレーム構造）と梁間方向（ブレース構造）とは動的性状が異なっていることがわかる。

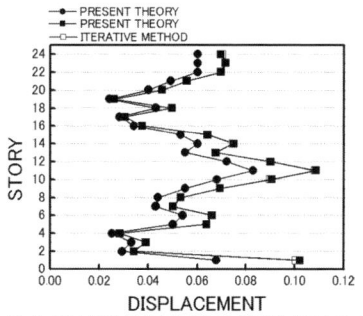

図 5-61　最大相対変位における桁行方向の $P\text{-}\Delta$ 効果

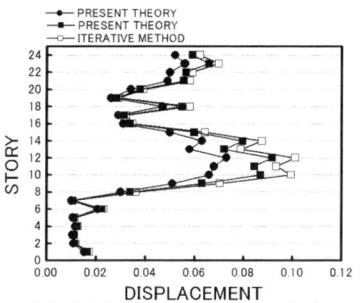

図 5-62　最大相対変位における梁間方向の $P\text{-}\Delta$ 効果

5.9　超々高層ビルへの展開

　超々高層ビルは、日本では航空制限より 300m、USA では空中権より 1,600m の規定がある。現在の超高層ビルの高さは 200m 程度であり、技術的信頼性から 3 〜 5 倍程度の高さを考えると、現在の技術レベルで可能となる 600m がひとつの目標となる。600m 以上となる大規模な超々高層ビルは、時代の変化に対して建物の機能を更新していき、第 2 の台地としての役割を担う。地上から上空 600m に至る垂直動線は、職、遊、住の接近を図った１つ都市となり、情報、交通の拠点としての機能を果たす。また、建物に人を集中させることにより、周りを緑化し、過密都市から自然環境に富んだ都市へと変身できる。しかし、600m 以上の高さで生活をする人間に対する影響を検討する必要がある。また、固有周期が従来の建築物に比べてかなり長いものになるので、人にどのような影響を与えるかが未知である。また、テロによる WTC の崩壊を契機に、建物の損傷・崩壊を防止する対策が大きな問題ともなっている。超々高層ビルの耐用年数（建築寿命）は、地球環境の保護、建築資材の有効利用と防災問題等から、500 年から 1000 年の長寿命となる。そのため、使いながら更新することが必要になり、半永久的なものとなる。超々高層建築においては、500 年を超える耐用年数の長さや、建物の重要性、周辺への影響などを考えて、弾性設計が用いられる。

　超々高層建築は今までに前例がなく、すべてが未知の分野である。例えば、設計用外力は通常、地震力と風荷重が考えられるが、超々高層建築において、上層部分の風

力などはあまり解明されていない。600mクラスの超々高層ビルの研究・開発が実施されているが、力学的形状については未知な部分が多い。

　超々高層ビルの形状は、構造体が単体の構造物からなる1本型と、数個の構造物を結合する集合型とがある。施工期間の短縮化と防災対策からは後者のタイプが有利であるが、構造的にシンプルな形としては1本型が有利である。ここでは、前述の棒材理論を600～1,000mクラスの1本型の超々高層ビルの解析に適用し、その有効性をNASTRANによる3次元骨組解析結果と比較して検討する[5-10)]。

　数値計算モデルは、図5-63に示すように、平面形状が一定の場合（TYPE-A）と、ステップ形状（TYPE-B～D）の2種類を考える。いずれのモデルともに表5-18に示すように多重層からなるチューブ構造であり、部材断面は上階にいくほど小さくなる。建物高さは704.5m、建物の階数は200階、階高は1～3階は5m、それ以外は3.5mである。チューブの柱間隔はすべて4mとする。主要部材リストを表5-19および表5-20に示す。減衰定数は2%と仮定した。

　本解析モデルは、TAYPE-B～Dのように、高さ方向の建物形状がステップ状に変化する場合は、棒材理論の基本的仮定である平面保持が成立しない。そこで、平面保

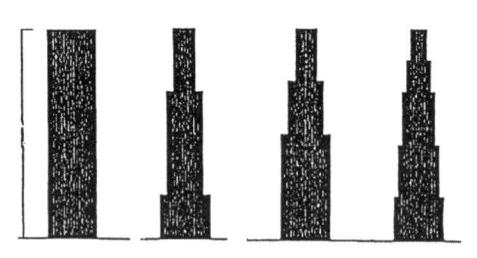

図5-63　超々高層ビルの計算モデル

表5-18　計算モデルの平面形状とチューブの数

TYPE	平面形状	チューブの数
TYPE-A	一定	2重
TYPE-B	3段に変化	4重
TYPE-C	3段に変化	4重
TYPE-D	5段に変化	6重

表5-19　梁部材断面

階	全TUBE	
201R～182	BH－800×800×28×28	SM520
181～162	BH－800×800×32×32	SM520
161～152	BH－800×800×40×40	SM520
151～102	BH－800×800×50×50	SM570
101～52	BH－800×800×60×60	SM570
51～3	BH－800×800×80×80	SM570
2	BH－800×800×100×100	SM570
1（地中梁）	RC□－1,500×10,000	$F_C = 600 \text{ kgf}/\text{cm}^2$

表 5-20　柱部材断面

階	最内側以外の TUBE		最内側 TUBE	
200 ～ 191	□− 750 × 750 × 25	SM520	□− 500 × 500 × 25	SM520
190 ～ 181	□− 750 × 750 × 28	SM520	□− 500 × 500 × 28	SM520
180 ～ 171	□− 750 × 750 × 32	SM520	□− 500 × 500 × 32	SM520
170 ～ 161	□− 750 × 750 × 36	SM520	□− 500 × 500 × 36	SM520
160 ～ 151	□− 750 × 750 × 40	SM520	□− 500 × 500 × 40	SM520
150 ～ 141	□− 750 × 750 × 50	SM570	□− 500 × 500 × 50	SM570
140 ～ 131	□− 750 × 750 × 55	SM570	□− 500 × 500 × 55	SM570
130 ～ 121	□− 750 × 750 × 60	SM570	□− 500 × 500 × 60	SM570
120 ～ 111	□− 750 × 750 × 65	SM570	□− 500 × 500 × 65	SM570
110 ～ 101	□− 750 × 750 × 70	SM570	□− 500 × 500 × 70	SM570
100 ～ 91	□− 750 × 750 × 75	SM570	□− 500 × 500 × 75	SM570
90 ～ 81	□− 750 × 750 × 80	SM570	□− 500 × 500 × 75	SM570
80 ～ 71	□− 750 × 750 × 85	SM570	□− 500 × 500 × 75	SM570
70 ～ 61	□− 750 × 750 × 90	SM570	□− 500 × 500 × 75	SM570
60 ～ 51	□− 750 × 750 × 95	SM570	□− 500 × 500 × 75	SM570
50 ～ 41	□− 900 × 900 × 100	SM570	□− 500 × 500 × 75	SM570
40 ～ 31	□− 900 × 900 × 105	SM570	□− 500 × 500 × 80	SM570
30 ～ 21	□− 900 × 900 × 110	SM570	□− 500 × 500 × 85	SM570
20 ～ 11	□− 900 × 900 × 115	SM570	□− 500 × 500 × 90	SM570
10 ～ 2	□− 900 × 900 × 120	SM570	□− 500 × 500 × 95	SM570
1	□− 900 × 900 × 125	SM570	□− 500 × 500 × 100	SM570

持が成立する部分まで、形状が急変する部分での剛性を無視する簡易的な方法を用いる。図 5-64 に示すように、隣接する i 番目と $i+1$ 番目のチューブ平面のくびれにより、そのくびれに接している i 番目の部分で剛性を無視する長さ b_i は近似的に、

$$b_i = \ell_{i+1} k_i \tag{5.3}$$

とする（図 5-65）。ここに、$\ell_{i+1} = i+1$ 番目のチューブの幅であり、$k_i =$ 断面形状のくびれ係数であり、次式で与える。

$$k_i = \frac{A_i}{A_{i+1}} - 1 \tag{5.4}$$

ここに、A_i および $A_{i+1} = i$ 番目および $i+1$ 番目のチューブの床面積。等断面では $k_i = 0$ となり、剛性を無視する長さ b_i はゼロとなる。

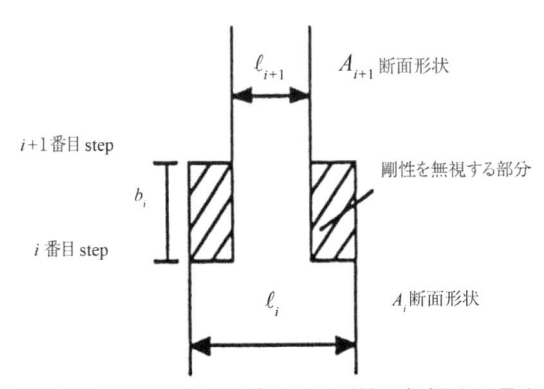

図 5-64　断面のステップによる剛性を無視する長さ

図 5-65　ステップによる剛性を無視する部分

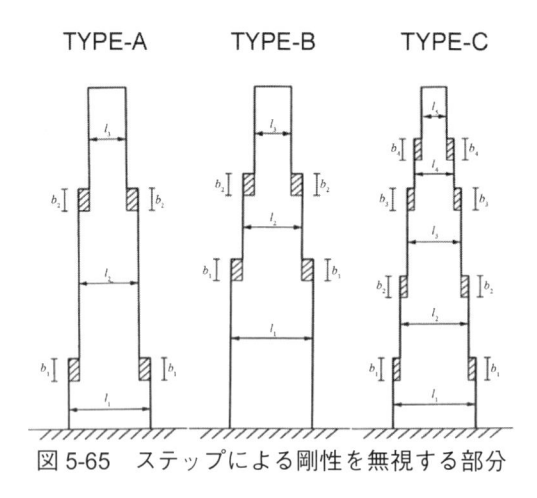

静的解析の外力として風荷重が作用した際の頂部の水平変位を**表 5-21** に示す。表中の FEM で示した NASTRAN を用いた 3 次元骨組解析結果と比較すると、断面形状が最上部で局所的に小さい場合を除いて、最上階以外はほぼ良好な一致を示す。

表 5-21　最大静的水平変位

タイプ	①棒材理論（m）	②FEM（m）	③比＝①/②
TYPE-A	1.90	1.80	1.05
TYPE-B	2.84	3.37	0.85
TYPE-C	2.24	2.60	0.86
TYPE-D	1.74	2.19	0.79

固有周期は**表 5-22** に示す。また、固有関数と刺激関数を**図 5-66** に示す。**図 5-66** は TYPE-A の固有関数と刺激関数を 1 ～ 5 次まで示しており、棒材理論は 3 次元骨組解析と良好な一致をしている。

表 5-22　固有周期

タイプ	①棒材理論（s）	②FEM（s）	③比＝①/②
TYPE-A 1 次	21.20	21.09	1.01
2 次	6.72	6.66	1.01
TYPE-B 1 次	17.59	18.76	0.94
2 次	8.63	8.29	1.04
TYPE-C 1 次	16.09	16.84	0.96
2 次	8.56	8.48	1.01
TYPE-D 1 次	12.88	14.35	0.90
2 次	6.92	6.54	1.06

図 5-66　TYPE-A 固有関数と刺激関数

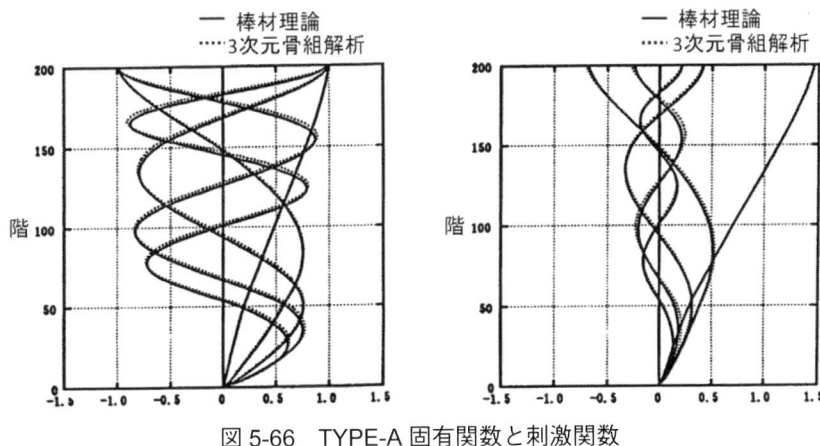

　動的解析は地震よりも風荷重が支配的であると考えられるが、地震に対して検討した。入力地震動は、EL-CENTRO 1940 NS 250gal、TAFT 1952 EW 250gal、神戸海洋気象台 818gal の 3 波を考慮し、いずれも水平動成分である。

　最大動的水平変位の結果を表 5-23 に示す。図 5-67 は、神戸海洋気象台の入力地震動波に対する最大応答水平変位の分布を示す。3 次元骨組解析結果との差は、TAFT-EW 波以外は、ほぼ良好な一致を示しているといえる。継続時間 120 秒で計算したが、図 5-68 に示すように、超々高層ビルでは振動が収束するまで多くの時間がかかるので、減衰機構の設置が必要となる。構造物の固有周期が長いので、地震動波の長周期成分の影響を受けやすいことから、これに対する対策として減衰機構の設置が不可欠と考えられる。棒材理論による動的応答結果は、3 次元骨組解析結果とほぼ良好な一致を示している。超々高層ビルのようなスケールの大きな構造物に対しては、計算が簡便な棒材理論の威力が顕著に発揮される。

表 5-23　最大応答水平変位（単位 m）

モデル	解析法	EL-CENTRO-NS 250gal	TAFT-EW 250gal	KOBE95-NS 818gal
TYPE-A	棒材理論 3 次元骨組解析 比	0.3267 0.3253 （1.004）	0.5903 0.5796 （1.018）	0.2781 0.2422 （1.148）
TYPE-B	棒材理論 3 次元骨組解析 比	0.5786 0.5751 （1.059）	0.7847 0.9042 （0.868）	0.4508 0.4122 （1.094）
TYPE-C	棒材理論 3 次元骨組解析 比	0.7644 0.8581 （0.890）	1.038 1.316 （0.788）	0.4201 0.4525 （0.928）
TYPE-D	棒材理論 3 次元骨組解析 比	0.9903 1.0776 （0.918）	1.507 1.570 （0.959）	0.7056 0.7691 （0.917）

注）比 =（棒材理論）/（3 次元骨組解析）

図5-67 最大動的水平変位

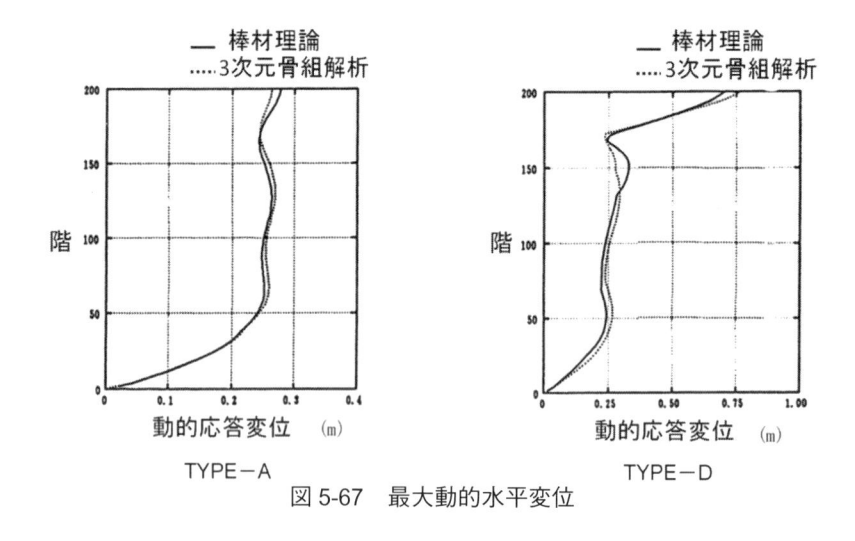

図5-68 最上層での水平変位の時刻歴

5.10 まとめ

　超高層ビルの簡易解析法として開発された棒材理論は、超高層ビル、メガストラクチャー、超々高層ビルの水平動および上下動の応答解析に対して有効であることが、3次元骨組解析結果との比較から検証された。また、超高層ビルの $P\text{-}\Delta$ 効果についても適用できることを明らかにした。記述を省略したが、棒材理論は免震構造に対しても有効であり、免震レトロフィットにも利用できる。また、地盤と構造物の相互作用問題にも展開することが可能である。
　巨大地震では大都市に林立する超高層ビルが大きな揺れを発生し、隣棟建築物同士が衝突する可能性がある。一般に超高層ビルは隣棟間隔が広いが、横揺れも大きいので衝突の危険性が増大する。一方、過密した都市に建設された高層ビルでは隣棟間隔が少なく、また、公道に面するフレームは一般に壁がないフレームで構成されているので、水平剛性が低い。この傾向は両サイドの隣棟の高層ビルについても同様のことが言えるので、増々隣棟建築物との衝突の可能性が高まる。1964年アラスカ地震以来、多くの地震で隣棟建築物の衝突が問題視されている。1985年に発生したメキシコ地

震では隣棟建築物の衝突により甚大な被害が発生した。隣棟建築物の衝突を緩和する研究[5-11)~5-14)]も最近発表されているので、個々の建物の耐震性能の向上と同時に、隣棟建築物との衝突を合わせて検討すべきである。特に、最近の建築物の設計は耐震壁を少なくして靱性に重きを置くので建築物全体の変形が大きくなる傾向があり、隣棟建築物との衝突は重要な問題となる。

参考文献

5-1) H. Takabatake, R. Takesako, and M. Kobayashi: "A simplified analysis of doubly symmetric tube structures", The Structural Design of Tall Buildings, Vol. 4(2), pp. 137-135, 1995.

5-2) H. Takabatake: "A simplified analysis of doubly symmetric tube structures by the finite difference method", The Structural Design of Tall Buildings, Vol. 5(2), pp. 111-128, 1996.

5-3) H. Takabatake and T. Nonaka: "Numerical study of Ashiyahama residential building damage in the Kobe Earthquake", Earthquake Engineering and Structural Dynamics, Vol. 30(6), pp. 879-697, 2001.

5-4) H. Takabatake, T. Nonaka, and T. Tanaki: "Numerical study of fracture propagating through column and brace of Ashiyahama residential building in Kobe Earthquake", Earthquake Engineering and Structural Dynamics, Vol. 14(2), pp. 91-105, 2005.

5-5) H. Takabatake and T. Nonaka: "Earthquake damage identification of steel mega structures", Tall Buildings: Design Advances for Construction, Saxe-Coburg Publications, Chapter 5, pp. 115-141, 2014.

5-6) 日本建築学会：阪神・淡路大震災調査報告建築編3 鉄骨造建築物 4.4 高層住宅、pp. 142-161,1997.

5-7) H. Takabatake, T. Nonaka, and Y. Umeda: "Implication of thrown-out boulders for earthquake shaking", Journal of Earthquake Engineerings, Vol. 12(8), pp. 1325-1343, 2008.

5-8) H. Takabatake and M. Mastuoka: "Origin of the anomalously large upward acceleration associated with the 2008 Iwate-Miyagi Nairiku earthquake", Earthquakes and Structures, Vol. 3(5), pp. 675-694, 2012.

5-9) F. Naeim: The Seismic Design Handbook, Van Nostrand Reinhold, New York, 1989.

5-10) H. Takabatake and T. Satoh: "A simplified analysis and vibration control to super-high-rise buildings", The Structural Design of Tall and Special Buildings, Vol. 15(4), pp. 363-390, 2006.

5-11) K. Kasai and B.F. Maison: Building pounding damage during the 1989 Loma Prieta earthquake, Engineering Structures, Vol. 19(3), pp. 195-207, 1997.

5-12) G.L. Cole, R.P. Dhakal, and F.M. Turner: Building pounding damage observed in the 2011 Christchurch earthquake, Earthquake Engineering and Structural Dynamics, Vol. 41(5), pp. 893-913, 2012.

5-13) R. Jankowski: Analytical expression between the impact damping ratio and the coefficient of restitution in the nonlinear viscoelastic model of structural pounding, Earthquake Engineering and Structural Dynamics, Vol. 35(4), pp. 517-524, 2006.

5-14) H. Takabatake, M. Yasui, Y. Nakagawa, and A. Kishida: "Relaxation method for pounding action between adjacent buildings at expansion joint", Earthquake Engineering & Structural Dynamics, Vol.43(9), pp. 1381-1400, 2014.

第6章　棒材理論による解析プログラム

6.1　解析プログラムの概要

　棒材理論による超高層ビルの動的応答は添付の実用的な解析プログラムを用いて計算できる。本プログラムはデータの設定から応答結果の出力までを一貫して計算する。動的計算はモーダルアナリシスを用いているので、その適用は弾性応答に限定される。
＜データ入力支援＞
　・等価せん断剛性、等価曲げ剛性（別途手計算または入力支援ソフトで求める）
　・構造諸元（階高、質量、減衰定数等）
　・内付オイルダンパー（耐震補強を含む）
　・外付オイルダンパー（耐震補強を含む）
＜入力地震動支援＞
　・一般的な入力地震動（基本的な入力地震動は組込み済。地表面での地震加速度である。）
　・sin 波
　・長周期地震動の作成（平成22年国土交通省　対策試案に対応し、地震動の作成を含む）
　・工学的基盤から表層地盤の増幅を考慮した入力地震動の作成

　なお、代表的な入力地震波は添付の CD にあらかじめ組み込まれているが、新たに追加する場合は、K-NET、KiK-net より得られたデータ、または、各自で作成したデータを、第2章で説明した地震波のフォーマットに合わせたファイルを付加すれば計算できる。

6.2　フローチャート

　耐震診断および耐震補強を含めて計算に必要なデータの設定から応答結果の出力までの本プログラムのフローチャートを図 6-1 に示す。

1. GUIによるデータ入力部

- 起動
- モデルデータの設定(ダンパー設置の有無)
- 入力地震動の設定
  (メニュー ファイル で保存/呼出)
- 入力完了? → No: 戻る / Yes: 応答計算実行ボタン有効

2. FORTRAN言語によるモーダル解析

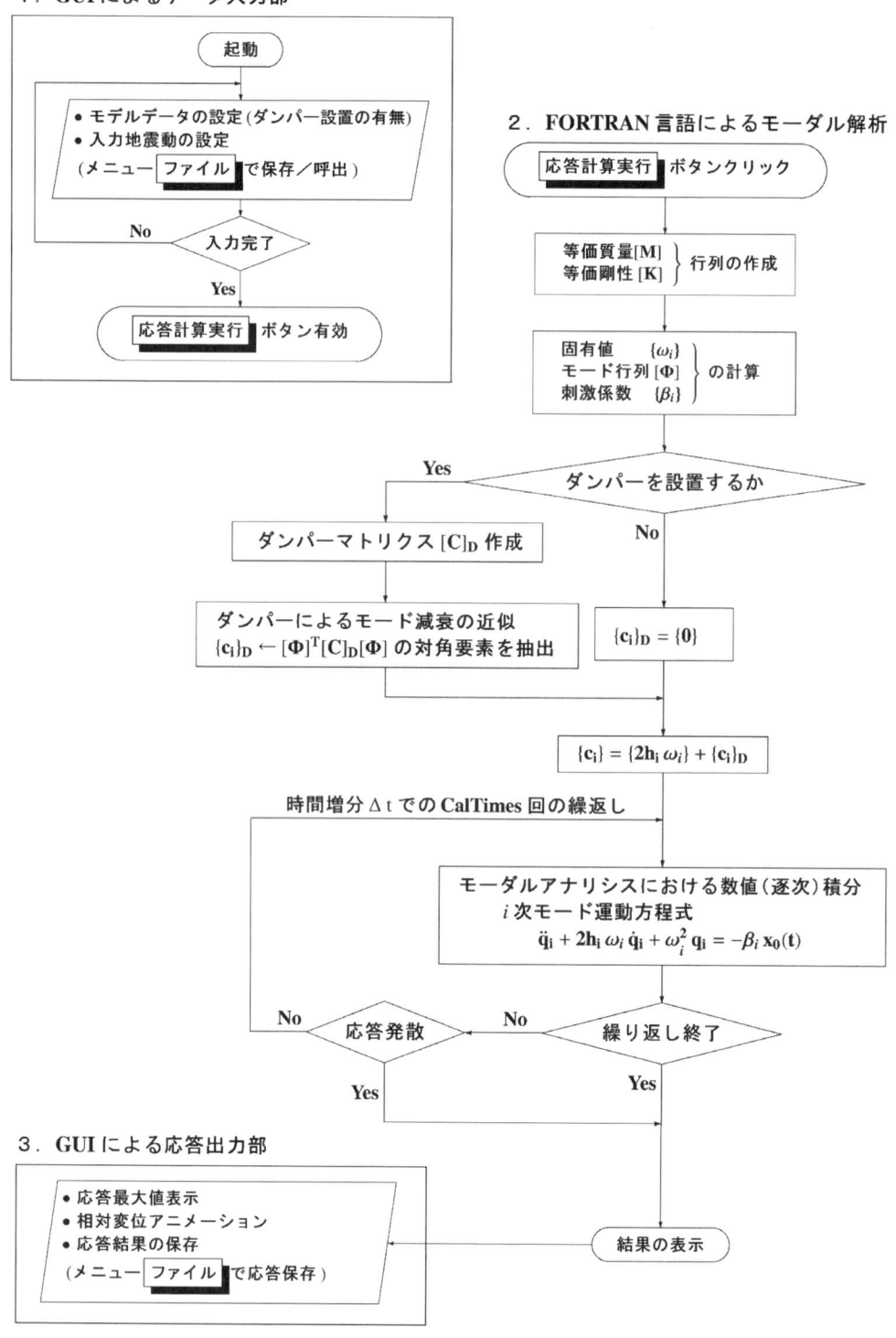

応答計算実行 ボタンクリック

等価質量 [M]、等価剛性 [K] 行列の作成

固有値 $\{\omega_i\}$、モード行列 $[\Phi]$、刺激係数 $\{\beta_i\}$ の計算

ダンパーを設置するか
- Yes: ダンパーマトリクス $[C]_D$ 作成 → ダンパーによるモード減衰の近似 $\{c_i\}_D \leftarrow [\Phi]^T [C]_D [\Phi]$ の対角要素を抽出
- No: $\{c_i\}_D = \{0\}$

$\{c_i\} = \{2 h_i \omega_i\} + \{c_i\}_D$

時間増分 Δt での CalTimes 回の繰返し

モーダルアナリシスにおける数値(逐次)積分
i 次モード運動方程式
$$\ddot{q}_i + 2 h_i \omega_i \dot{q}_i + \omega_i^2 q_i = -\beta_i x_0(t)$$

繰り返し終了? → No: 応答発散? (No: 戻る / Yes: 次へ) / Yes: 結果の表示

3. GUIによる応答出力部

- 応答最大値表示
- 相対変位アニメーション
- 応答結果の保存
  (メニュー ファイル で応答保存)

図 6-1 簡易動的設計法の流れ図

6.3 FORTRAN言語コードの構成

図6-1のフローチャートの「2. FORTRAN言語によるモーダル解析」であるFORTRANによる応答計算のコードを以下に示す。なお、各サブルーチンのコードは付録のCDに記してある。

(A) MODULE 群：グローバル変数の設定ファイル

(B) PROGRAM MAIN
 ↓
 CALL INPUT(IS, ISP, ISP, DELTA)：GUIで入力されたデータの読込
 ↓
 CALL STIF(IS, ISP, ISP, DELTA)　　：層に関するデータを差分点の等価データに変換
 ↓
 CALL DFE1(EGKA0, ISP, EGKA1, DELTA)　：等価断面性能の軸方向への微分
  CALL DFE1(ESTAR, ISP, ESTAR1, DELTA)
  CALL DFE1(ERIST, ISP, ERIST1, DELTA)
  CALL DFE1(EaI,   ISP, EBIZ01, DELTA)
 ↓
(C) CALL TUBEDY：モデルの固有値、固有ベクトルの計算、および応答計算と保存
 ↓
 CONTAINS　　：以下はMAIN内に従属
  SUBROUTINE INPUT
  SUBROUTINE STIFF
  SUBROUTINE DFE1
END PROGRAM

SUBROUTINE TUBEDY()(C)
↓
(D)CALL FREEV(IL, ISP, 0)
固有値，固有ベクトルを計算
↓
CALL PART：刺激係数の計算
↓
(E1)CALL MT_PRD(PHI, DMPMAT, WORKM)
(E2)CALL MPRD(WORKM, PHI, DMPMAT)
$[\Phi]^T[C][\Phi]$ の計算
↓
CALL RESPM：モーダル解析計算
↓
　CONTAINS：以下は TUBEDY 内
　　SUBROUTINE PART
　　SUBROUTINE RESPM
END SUBROUTINE

SUBROUTINE FREEV(NA,IPMAX,iTIMES)(D)
↓
CALL K_MAT
等価剛性マトリクスの作成
↓
CALL M_MAT
等価質量マトリクスの作成
↓
(F)CALL EIGEN1(rKMAT, B, NA, NA, IPMAX ,iTIMES)
固有値と固有ベクトルの計算
↓
　CONTAINS：以下は FREEV 内
　　SUBROUTINE K_MAT
　　SUBROUTINE M_MAT()
END SUBROUTINE

SOUBROUTINE EIGEN1(rKMAT, B, M, N, IPMAX, iTIMES)(F)
↓
(G)CALL MATRIX(rKMAT, B, AM, N, AQR, LLL, EGVALR)
$[M]^{-1}[K]$ の計算 (一般的固有値問題を標準の固有値問題へ)
→ $[M]^{-1}[K]\{\phi\} = \omega^2\{\phi\}$
↓
(H)CALL DEIGQR：QR 法による固有値と固有ベクトルの算定
↓
CALL SORT ：固有値，固有ベクトルの並べ替え
↓
　　CONTAINS ：以下のサブルーチンは EIGEN1 に従属
　　　SUBROUTINE SORT
END SUBROUTINE

第 7 章　棒材理論による解析例題

7.1　数値計算モデル

　本章では、棒材理論による超高層ビルの動的計算を理解するために、添付の CD を用いて計算する方法を説明する。計算例は第 5 章で用いたモデルであり、図 7-1 に示す 35 階建ての超高層ビルとする。図 7-1(a) は構造平面、(b) および (c) は軸組図である。建物の各階平面は 72m × 36m、各階層高は 4.3m、全建物高さは 150.5m である。地下階は考慮せずに地上階について検討する。構造は鉄骨フレーム構造であり、柱および梁の部材断面の諸元は表 7-1 に示す。各階の動的解析時の荷重は床面積当たり 8kN/m^2 とする。

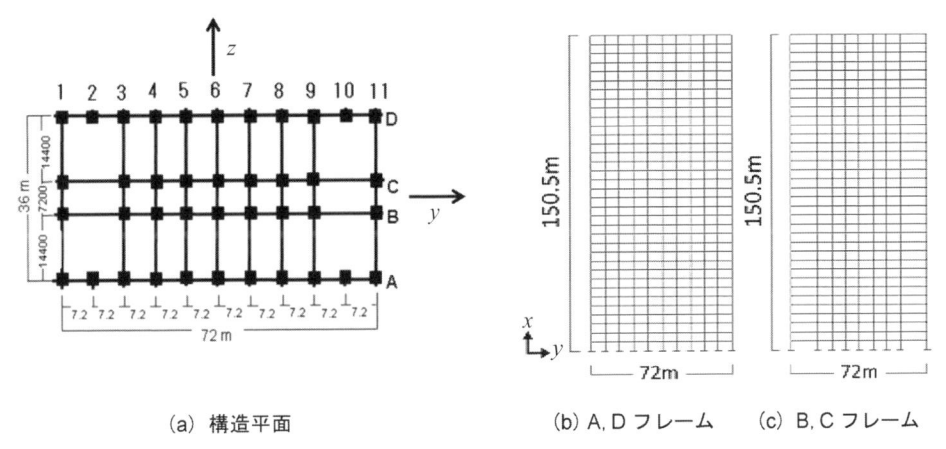

(a) 構造平面　　(b) A, D フレーム　　(c) B, C フレーム

図 7-1　構造平面計算モデル

表 7-1　柱および梁の部材断面

柱		梁		
階	断面	階	y方向断面	z方向断面
1～20	■-800×800×40 (CFT)	1～10	H-800×350×16×32	H-800×400×16×32
21～25	□-800×800×40	11～25	H-800×300×16×32	H-800×350×16×32
26～30	□-800×800×32	26～35	H-800×250×16×32	H-800×300×16×32
31～35	□-700×700×32			

全体座標は、x軸を高さ方向にとり、y軸およびz軸を桁行方向および梁間方向にとる。y軸およびz軸は2軸対称軸にとる。

各層の地震用荷重は $w = 8\ \text{kN/m}^2 \times 72\ \text{m} \times 36\ \text{m} = 20736\ \text{kN}$ と仮定する。各層当たりの質量は次の値となる。

$$M = \frac{w}{g} = \frac{20736\text{kN}}{9.8\text{m/s}^2} = 2.12 \times 10^6\ \text{kg}/階$$

7.2 等価剛性

棒材理論では超高層ビルを等価な剛性を持つ棒材（1次元連続体）に置換する。等価剛性として必要な曲げ剛性 EI およびせん断剛性 κGA は次式で与える。地震動がいずれの方向から作用するかにより、等価剛性が変わるので、桁行方向（y方向）と梁間方向（z方向）の2方向についてそれぞれ計算する。

7.2.1 桁行方向（y方向）に地震動が作用する場合
(1) 等価曲げ剛性 EI

棒材理論による等価曲げ剛性 EI は次式で与えられる。

$$EI = \sum (A_c y_c^2 + I_0) E\ (\text{Nm}^2) \tag{7.1}$$

ここに、I_0 = 各柱の断面2次モーメント；y_c = 対称軸に設けた座標軸 y の原点より測った各柱までの距離；A_c = 各柱の断面積。

説明を容易にするために、柱の断面性能を**表7-2**に再記する。

表7-2　柱の断面性能

階	断面	断面積 (m²)	断面2次モーメント (m⁴)
1～20	■-800×800×40	0.1562	0.01323144
21～25	□-800×800×40	0.1216	0.01173845
26～30	□-800×800×32	0.0983	0.00968045
31～35	□-700×700×32	0.0855	0.00637358

鋼材のヤング係数：$E = 2.06 \times 10^{11}$（N/m²）とする。1階～20階のCFT柱の断面剛性はコンクリートと鉄とのヤング係数比を用いて等価に鉄骨柱に置換する。

等価曲げ剛性 EI は1～11通りすべてを計算し、その和を層当たりの等価せん断剛性とする。

1 階～20 階の場合　■-800×800×40（CFT）

6 通り	$y = 0$ のとき	$I = (0.1562 \times 0^2 + 1.32 \times 10^{-2}) \times 4 \text{ 本} = 0.053 \text{ m}^4$
5, 7 通り	$y = \pm 7.2$ のとき	$I = (0.1562 \times 7.2^2 + 1.32 \times 10^{-2}) \times 4 \text{ 本} \times 2 \text{ 通} = 64.9 \text{ m}^4$
4, 8 通り	$y = \pm 14.4$ のとき	$I = (0.1562 \times 14.4^2 + 1.32 \times 10^{-2}) \times 4 \text{ 本} \times 2 \text{ 通} = 259 \text{ m}^4$
3, 9 通り	$y = \pm 21.6$ のとき	$I = (0.1562 \times 21.6^2 + 1.32 \times 10^{-2}) \times 4 \text{ 本} \times 2 \text{ 通} = 583 \text{ m}^4$
2, 10 通り	$y = \pm 28.8$ のとき	$I = (0.1562 \times 28.8^2 + 1.32 \times 10^{-2}) \times 2 \text{ 本} \times 2 \text{ 通} = 518 \text{ m}^4$
1, 11 通り	$y = \pm 36$ のとき	$I = (0.1562 \times 36^2 + 1.32 \times 10^{-2}) \times 4 \text{ 本} \times 2 \text{ 通} = 1620 \text{ m}^4$

よって、各フレームの和をとると、

$$I = 0.053 + 64.9 + 259 + 583 + 518 + 1620 = 3{,}044 \text{ m}^4$$

各階の曲げ剛性 EI は次の値となる。

$$EI = 2.06 \times 10^{11} \text{ N/m}^2 \times 3{,}044 \text{ m}^4 = 6.27 \times 10^{14} \text{ N m}^2$$

同様に、柱の断面が異なる階について曲げ剛性 EI を求める。結果は後出の**表 7-6** となる。

(2) 等価せん断剛性 κGA

等価せん断剛性 κGA をフレームごとに計算し、それを階ごとに総和して求める。棒材理論による等価せん断剛性 κGA は次式で与えられる。

$$\kappa GA = \cfrac{1}{\underbrace{\cfrac{h\left(\cfrac{1}{\sum K_c} + \cfrac{1}{\sum K_b}\right)}{12E}}_{①} + \underbrace{\cfrac{1}{\sum \kappa GA_{cw}}}_{②} + \underbrace{\cfrac{h}{\sum \ell \kappa GA_{bw}}}_{③}} \tag{7.2}$$

ここに、分母の第 1 項 ① = 曲げによるせん断変形；分母の第 2 項 ② = 柱のせん断変形；分母の第 3 項 ③ = 梁のせん断変形。柱および梁のせん断変形を考慮しないときは分母の第 2 項および第 3 項を各々省略する。等価せん断剛性 κGA は 1 つのまとまった表記であり、κ, G, A を別々に求めた積でないことに留意されたい。

なお、鋼材のせん断係数 G は次式より求める。

$G = \cfrac{E}{2(1+\nu)}$ 　（$= 7.92 \times 10^{10}$ N/m^2）

$E =$ ヤング係数　　（$= 2.06 \times 10^{11}$ N/m^2）

$\nu =$ ポアソン比　　（S 造の場合 0.3；RC の場合 0.17）

$h =$ 階高（m）

$K_c =$ 柱の剛度（m^3）

$K_b =$ 梁の剛度（m^3）

$\kappa = 1$

$A_{cw} =$ 柱部材のウェブ断面積（ウェブ断面積×柱の本数）（m^2）

$A_{bw} =$ 梁部材のウェブ断面積（ウェブ断面積×梁の本数）（m^2）

$\ell =$ スパン（m）

A, D 通り、B, C 通りに分けて計算を行う。

床による梁の剛性増大率の寄与率 ϕ は梁の両側にスラブがある場合は $\phi = 2.0$ とし、片側のみの場合は $\phi = 1.5$ とする。よって、A, D 通りは 1.5、C, D 通りは 2.0 となる。等価せん断剛性を計算する際に必要な柱および梁の断面性能を表7-3および表7-4に示す。

表7-3 柱の断面性能

階	柱断面	断面積 (m²)	ウェブ断面積(m²)	断面2次モーメント (m⁴)
1〜20	■-800×800×40 (CFT)	0.1562	0.0922	0.01323144
21〜25	□-800×800×40	0.1216	0.0640	0.01173845
26〜30	□-800×800×32	0.0983	0.0512	0.00968045
31〜35	□-700×700×32	0.0855	0.0448	0.00637358

表7-4 梁の断面性能

階	梁断面	断面積 (m²)	ウェブ断面積 (m²)	I	ϕ	ϕI
1〜10	H-800×350×16×32	0.0342	0.011776	0.00383651	1.5	0.00575477
					2	0.00767302
11〜25	H-800×300×16×32	0.0310	0.011776	0.00336438	1.5	0.00504657
					2	0.00672875
26〜35	H-800×250×16×32	0.0277	0.011776	0.00290000	1.5	0.00435000
					2	0.00580000

断面2次モーメント(m⁴)

A, D 通りフレームの等価せん断剛性

・1階〜10階について求める。

① 柱の剛度　　$\sum K_c = \dfrac{I}{h} \times $ 本数 $= \dfrac{1.32 \times 10^{-2}}{4.3} \times 11$ 本 $= 3.38 \times 10^{-2}$ m³

② 梁の剛度　　$\sum K_b = \dfrac{\phi I}{\ell} \times $ 本数 $= \dfrac{5.75 \times 10^{-3}}{7.2} \times 10$ 本 $= 7.99 \times 10^{-3}$ m³

③ 式(7.2)の分母 第1項

$$\dfrac{h\left(\dfrac{1}{\sum K_c} + \dfrac{1}{\sum K_b}\right)}{12E} = \dfrac{4.3 \times \left(\dfrac{1}{3.38 \times 10^{-2}} + \dfrac{1}{7.99 \times 10^{-3}}\right)}{12 \times 2.06 \times 10^{11}} = 2.69 \times 10^{-10} \,(1/\mathrm{N})$$

④ 式(7.2)の分母 第2項

$$\sum \kappa G A_{cw} = 1 \times 7.92 \times 10^{10} \times 0.0922 \,\mathrm{m}^2 \times 11 \text{本} = 8.033 \times 10^{10}\,\mathrm{N}$$

$$\dfrac{1}{\sum \kappa G A_{cw}} = \dfrac{1}{8.033 \times 10^{10}\,\mathrm{N}} = 1.24 \times 10^{-11}\,(1/\mathrm{N})$$

⑤　式 (7.2) の分母 第 3 項

$$\sum \ell \kappa GA_{bw} = 7.2 \times 1 \times 7.92 \times 10^{10} \times 0.011776 \times 10 本 = 6.72 \times 10^{10} \, \text{N}$$

$$\frac{h}{\sum \ell \kappa GA_{bw}} = \frac{4.3}{6.72 \times 10^{10} \, \text{N}} = 6.40 \times 10^{-11} (1/\text{N})$$

⑥　等価せん断剛性（A 通りと D 通りのフレームの和）

$$\kappa GA = \frac{1}{2.69 \times 10^{-10} + 1.24 \times 10^{-11} + 6.40 \times 10^{-11}} \times 2 \, 面 = 5.79 \times 10^{9} \, \text{N}$$

B, C 通りフレームの等価せん断剛性

・1 階～ 10 階について求める。

①　柱の剛度　　　$\sum K_c = \frac{I}{h} \times 本数 = \frac{1.32 \times 10^{-2}}{4.3} \times 9 \, 本 = 2.77 \times 10^{-2} \, \text{m}^3$

②　梁の剛度　　　$\sum K_b = \frac{\phi I}{\ell} \times 本数 = \frac{7.67 \times 10^{-3}}{7.2} \times 6 本 + \frac{7.67 \times 10^{-3}}{14.4} \times 2 本 = 7.46 \times 10^{-3} \, \text{m}^3$

③　式 (7.2) の分母 第 1 項

$$\frac{h\left(\frac{1}{\sum K_c} + \frac{1}{\sum K_b}\right)}{12E} = \frac{4.3 \times \left(\frac{1}{2.77 \times 10^{-2}} + \frac{1}{7.46 \times 10^{-3}}\right)}{12 \times 2.06 \times 10^{11}} = 2.96 \times 10^{-10} (1/\text{N})$$

④　式 (7.2) の分母 第 2 項

$$\sum \kappa GA_{cw} = 0.0922 \, \text{m}^2 \times 9 本 \times 1 \times 7.92 \times 10^{10} = 6.572 \times 10^{10} \, \text{N}$$

$$\frac{1}{\sum \kappa GA_{cw}} = \frac{1}{6.572 \times 10^{10} \, \text{N}} = 1.52 \times 10^{-11} (1/\text{N})$$

⑤　式 (7.2) の分母 第 3 項

$$\frac{1}{\sum \ell \kappa GA_{bw}} = 6.40 \times 10^{-11} (1/\text{N}) \quad （前述と同じ）$$

⑥　等価せん断剛性（B 通りと C 通りフレームの和）

$$\kappa GA = \frac{1}{2.96 \times 10^{-10} + 1.52 \times 10^{-11} + 6.40 \times 10^{-11}} \times 2 面 = 5.33 \times 10^{9} \, \text{N}$$

階当たりの等価せん断剛性 κGA

各階の等価せん断剛性はその階に位置する全フレームの等価せん断剛性の和をとる。

$$\kappa GA = 5.79 \times 10^{9} + 5.33 \times 10^{9} = 1.11 \times 10^{10} \, \text{N}$$

同様な計算を他の階について行うと、後出の**表 7-6** のように得られる。

(3) その他の等価断面定数

shear-lag の分布形状に依存する断面定数 I^*, S^*, F^* を求める。y 方向から地震動が作用する場合、構造平面全体としては、地震力の作用する方向に直交する面をフランジ構面、平行する面をウェブ構面と定義する（図 7-2 参照）。断面定数は次式で与えられる。

$$I^* = \frac{8}{15}A_f + \frac{1}{2}A_w \tag{7.3}$$

$$S^* = \frac{2}{3}b_2 A_f + \frac{b_2}{\pi}A_w \tag{7.4}$$

$$F^* = \frac{4}{3b_1^2}A_f + \frac{\pi^2}{2b_2^2}A_w \tag{7.5}$$

ここに、A_w = 外殻および内殻チューブのウェブ構面（図 7-2 の実線枠で囲まれた部分）にある各柱のウェブまたは全断面積の和；A_f = 外殻および内殻チューブのフランジ構面（図 7-2 の破線枠で囲まれた部分）にある各柱の全断面積の和。

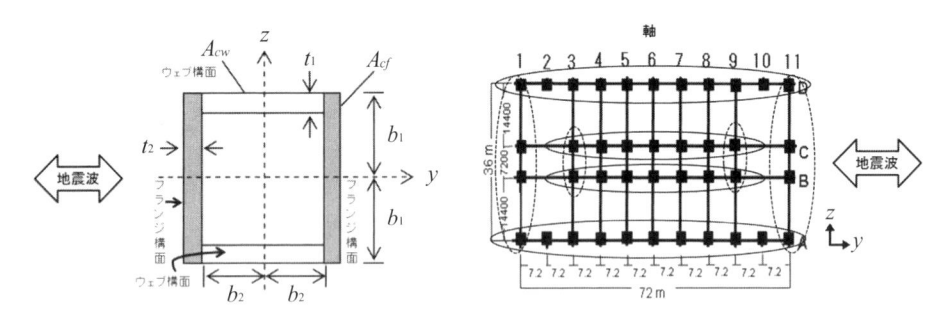

図 7-2 shear-lag に関係する断面定数

(補足事項)

shear-lag の分布に関する断面定数の算出に際し、本例題ではウェブ構面の断面積 A_w はウェブ構面に位置する柱のウェブ断面積の和を用いているが、ウェブ構面に作用する shear-lag の影響は小さいので、フランジ構面と同様に柱の全断面積を用いても計算結果に差異はない。shear-lag はチューブ面内を流れるせん断流により軸方向力が影響を受けることから考えると、ウェブ構面の断面積 A_w は柱の全断面積を用いる方が適切と考えられる。

チューブ構造の建設当初は4隅の柱は箱形断面としその他の柱はH型鋼を使用していた。その後、大きなサイズの箱形断面柱に対する供給能力が向上し、柱はすべて箱形断面へと変化した。チューブ構造のせん断剛性はウェブ構面の剛性に依存するので、これを高めるには、柱をウェブ構面の面内曲げに対して強軸曲げで抵抗するように配置する。地震は桁行方向および梁間方向のいずれからも作用するので、フランジ構面およびウェブ構面は交互に入れ替わる。そのため、チューブ構造の柱はチューブ面内の曲げに対して強軸曲げで作用するように配置する。

表 7-5　b_1 および b_2

チューブ	b_1 (m)	b_2 (m)	フランジ構面柱b_1 およびb_2　数（本）	ウェブ構面柱数（本）
外殻チューブ	18	36	8	22
内殻チューブ	3.6	21.6	4	14

階	柱断面	断面積(m²)A_c	ウェブ断面積(m²)A_{cw}
1〜20	■-800×800×40 (CFT)	0.1562	0.0922
21〜25	□-800×800×40	0.1216	0.0640
26〜30	□-800×800×32	0.0983	0.0512
31〜35	□-700×700×32	0.0855	0.0448

・**1 階〜20 階について求める。**

① 各階のフランジ構面およびウェブ構面の断面積 A_f および A_w

外殻チューブ

$$A_f = \sum A_c \times 本数 = 0.1562 \times 8本 = 1.249 \mathrm{m}^2$$

$$A_w = \sum A_{cw} \times 本数 = 0.0922 \times 22本 = 2.028 \mathrm{m}^2$$

ここに、A_c = 各柱の断面積；A_{cw} = 各柱のウェブ断面積。

式 (7.3) 〜式 (7.5) より外殻チューブの断面定数を求める。

$$I^* = \frac{8}{15} \times 1.249 + \frac{1}{2} \times 2.028 = 1.681 \mathrm{m}^2$$

$$S^* = \frac{2}{3} \times 36 \times 1.249 + \frac{36}{3.14} \times 2.028 = 53.238 \mathrm{m}^3$$

$$F^* = \frac{4}{3 \times 18^2} \times 1.249 + \frac{3.14^2}{2 \times 36^2} \times 2.028 = 0.0129$$

内殻チューブ

$$A_f = \sum A_c \times 本数 = 0.1562 \times 4本 = 0.625 \mathrm{m}^2$$

$$A_w = \sum A_{cw} \times 本数 = 0.0922 \times 14本 = 1.291 \mathrm{m}^2$$

同様に、内殻チューブの断面定数を式 (7.3) 〜式 (7.5) より求める。

$$I^* = \frac{8}{15} \times 0.625 + \frac{1}{2} \times 1.291 = 0.979 \mathrm{m}^2$$

$$S^* = \frac{2}{3} \times 21.6 \times 0.625 + \frac{21.6}{3.14} \times 1.291 = 17.814 \mathrm{m}^3$$

$$F^* = \frac{4}{3 \times 3.6^2} \times 0.625 + \frac{3.14^2}{2 \times 21.6^2} \times 1.291 = 0.0779$$

階当たりの断面定数

外殻および内殻チューブの断面定数の和をとる。

$$I^* = 1.681 + 0.979 = 2.659 \text{m}^2$$
$$S^* = 53.238 + 17.874 = 71.112 \text{m}^3$$
$$F^* = 0.0129 + 0.779 = 0.0908$$

他の階についても同様に求める。

(4) 桁行方向（y方向）に地震動が作用する場合の断面定数

以上の結果をまとめると、y方向に地震動が作用する場合に必要な断面定数は表7-6となる。

表7-6 断面定数一覧（y方向に地震動が作用する場合）

階	EI (N·m^2)	κGA (N)	I^* (m^2)	S^* (m^3)	F^*
31〜35	3.43×10^{14}	7.87×10^9	1.354	36.955	0.0484
26〜30	3.95×10^{14}	8.62×10^9	1.551	42.381	0.0555
21〜25	4.88×10^{14}	9.89×10^9	1.930	52.658	0.0689
11〜20	6.27×10^{14}	1.02×10^{10}	2.659	71.112	0.0908
1〜10	6.27×10^{14}	1.11×10^{10}	2.659	71.112	0.0908

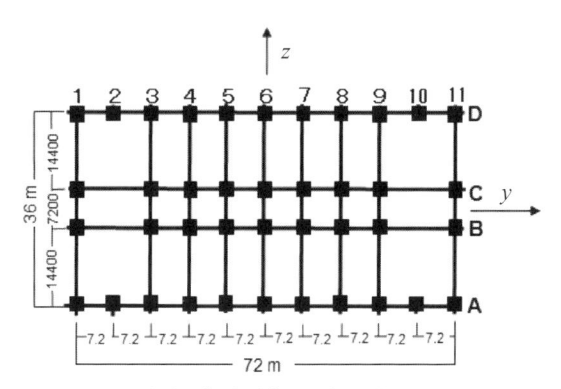

7.2.2 梁間方向（z方向）に地震動が作用する場合

梁間方向であるz方向に地震動が作用する場合の等価剛性をy方向と同様に求める（図7-3）。本例題モデルではz方向の2通りと10通りには梁がないので、フレームとしての曲げ剛性およびせん断剛性は期待できないので無視する。

図7-3 梁間方向（z方向）に地震動が作用する場合

(1) 等価曲げ剛性 EI

等価曲げ剛性EIは式(7.6)で与えられる。

$$EI = \sum (A_c z_c^2 + I_0) E \tag{7.6}$$

ここに、I_0 = 各柱断面2次モーメント；z_c = 対象軸に設けた座標軸zの原点より測っ

た各柱までの距離；A_c = 各柱断面積。

表 7-7　柱の断面性能

階	柱断面 (mm)	断面積 (m^2)	断面 2 次モーメント (m^4)
1 ～ 20	■-800×800×40 (CFT)	0.1562	0.01323144
21 ～ 25	□-800×800×40	0.1216	0.01173845
26 ～ 30	□-800×800×32	0.0983	0.00968045
31 ～ 35	□-700×700×32	0.0855	0.00637358

・**1 階 ～ 20 階について算定する。**■-800×800×40（CFT）

B, C 通り　$z = 3.6$ m のとき　$I = (0.1562 \times 3.6^2 + 0.0132) \times 9 本 \times 2 通 = 36.7\,m^4$

A, D 通り　$z = 18$ m のとき　$I = (0.1562 \times 18^2 + 0.0132) \times 9 本 \times 2 通 = 911\,m^4$

階当たりの等価曲げ剛性はすべての柱の合計をとる。

$$I = 36.7 + 911 = 948\,m^4$$

$$EI = 2.06 \times 10^{11}\,N/m^2 \times 948\,m^4 = 1.95 \times 10^{14}\,Nm^2$$

同様に、他の階についても求める。

(2)　等価せん断剛性 κGA

等価せん断剛性 κGA は式 (7.7) で与えられる。

$$\kappa GA = \cfrac{1}{\underbrace{\cfrac{h\left(\cfrac{1}{\sum K_c} + \cfrac{1}{\sum K_b}\right)}{12E}}_{①} + \underbrace{\cfrac{1}{\sum \kappa GA_{cw}}}_{②} + \underbrace{\cfrac{h}{\sum \ell \kappa GA_{bw}}}_{③}} \qquad (7.7)$$

分母の第 1 項 ① = 曲げによるせん断変形；分母の第 2 項 ② = 柱のせん断変形；分母の第 3 項 ③ = 梁のせん断変形。なお、梁のせん断変形を考慮しない場合のせん断剛性 κGA は③を無視する。各階当たりの等価せん断剛性は各フレームの等価せん断剛性の和をとる。

梁の断面 2 次モーメントはスラブによる剛性寄与を考慮して、1, 11 通りには $\phi = 1.5$、3 ～ 9 通りには $\phi = 2$ として、断面 2 次モーメントにかける。

表 7-8　柱の断面性能

階	柱断面	断面積 (m²)	ウェブ断面積 (m²)	断面2次モーメント (m⁴)
1～20	■-800×800×40	0.1562	0.0922	0.01323144
21～25	□-800×800×40	0.1216	0.0640	0.01173845
26～30	□-800×800×32	0.0983	0.0512	0.00968045
31～35	□-700×700×32	0.0855	0.0448	0.00637358

表 7-9　梁の断面性能

階	梁断面	断面積 (m²)	ウェブ断面積 (m²)	I	ϕ	ϕI
1~10	H-800×400×16×32	0.0374	0.011776	0.00430864	1.5	0.00646296
					2	0.00861728
11~25	H-800×350×16×32	0.0342	0.011776	0.00383651	1.5	0.00575477
					2	0.00767302
26~35	H-800×300×16×32	0.0310	0.011776	0.00336438	1.5	0.00504657
					2	0.00672875

断面2次モーメント(m⁴)

1階～10階について求める。骨組ごとに κGA を求める。

1, 11 通りフレームの等価せん断剛性

① 柱の剛度　　$\sum K_c = \dfrac{I}{h} \times 本数 = \dfrac{1.32 \times 10^{-2}}{4.3} \times 4\,本 = 1.23 \times 10^{-2}\,\mathrm{m}^3$

② 梁の剛度　　$\sum K_b = \dfrac{\phi I}{\ell} \times 本数 = \dfrac{6.46 \times 10^{-3}}{7.2} \times 1\,本 + \dfrac{6.46 \times 10^{-3}}{14.4} \times 2\,本 = 1.80 \times 10^{-3}\,\mathrm{m}^3$

③ 式(7.2) の分母 第1項

$$\dfrac{h\left(\dfrac{1}{\sum K_c} + \dfrac{1}{\sum K_b}\right)}{12E} = \dfrac{4.3 \times \left(\dfrac{1}{1.23 \times 10^{-2}} + \dfrac{1}{1.80 \times 10^{-3}}\right)}{12 \times 2.06 \times 10^{11}} = 1.11 \times 10^{-9}\,(1/\mathrm{N})$$

④ 式(7.2) の分母 第2項

$$\sum \kappa GA_{cw} = 0.0922\,\mathrm{m}^2 \times 1 \times 7.92 \times 10^{10} \times 4\,本 = 2.92 \times 10^{10}\,\mathrm{N}$$

$$\dfrac{1}{\sum \kappa GA_{cw}} = 3.42 \times 10^{-11}\,(1/\mathrm{N})$$

⑤ 式(7.2) の分母 第3項

$$\sum \ell \kappa GA_{bw} = 7.2 \times 1 \times 7.92 \times 10^{10} \times 0.011776 \times 1\,本 + 14.4 \times 1 \times 7.92 \times 10^{10} \times 0.011776 \times 2\,本$$
$$= 3.36 \times 10^{10}\,\mathrm{N}$$

$$\dfrac{h}{\sum \ell \kappa GA_{bw}} = \dfrac{4.3}{3.36 \times 10^{10}} = 1.28 \times 10^{-10}\,(1/\mathrm{N})$$

⑥ フレームの等価せん断剛性 (1通りおよび11通りフレームの和)

$$\kappa GA = \dfrac{1}{1.11 \times 10^{-9} + 3.42 \times 10^{-11} + 1.28 \times 10^{-10}} \times 2\,面 = 1.57 \times 10^{9}\,\mathrm{N}$$

3, 4, 5, 6, 7, 8, 9 通りフレームの等価せん断剛性 κGA

① 柱の剛度　　$\sum K_c = \dfrac{I}{h} \times 本数 = \dfrac{1.32 \times 10^{-2}}{4.3} \times 4本 = 1.23 \times 10^{-2}\,\mathrm{m}^3$

② 梁の剛度　　$\sum K_b = \dfrac{\phi I}{\ell} \times 本数 = \dfrac{8.62 \times 10^{-3}}{7.2} \times 1本 + \dfrac{8.62 \times 10^{-3}}{14.4} \times 2本 = 2.39 \times 10^{-3}\,\mathrm{m}^3$

③ 式 (7.2) の分母 第 1 項

$$\dfrac{h\left(\dfrac{1}{\sum K_c} + \dfrac{1}{\sum K_b}\right)}{12E} = \dfrac{4.3 \times \left(\dfrac{1}{1.23 \times 10^{-2}} + \dfrac{1}{2.39 \times 10^{-3}}\right)}{12 \times 2.06 \times 10^{11}} = 8.68 \times 10^{-10}\,(1/\mathrm{N})$$

④ 式 (7.2) の分母 第 2 項

$$\sum \kappa GA_{cw} = 0.0922\,\mathrm{m}^2 \times 1 \times 7.92 \times 10^{10} \times 4本 = 2.92 \times 10^{10}\,\mathrm{N}$$

$$\dfrac{1}{\sum \kappa GA_{cw}} = 3.42 \times 10^{-11}\,(1/\mathrm{N})$$

⑤ 式 (7.2) の分母 第 3 項

$$\dfrac{h}{\sum \ell \kappa GA_{bw}} = 1.28 \times 10^{-10}\,(1/\mathrm{N})$$

⑥ フレームの等価せん断剛性 (3 〜 9 通りフレームの和)

$$\kappa GA = \dfrac{1}{8.68 \times 10^{-10} + 3.42 \times 10^{-11} + 1.28 \times 10^{-10}} \times 7面 = 6.79 \times 10^{9}\,\mathrm{N}$$

階当たりの等価せん断剛性

全フレームの等価せん断剛性の和をとる。

$$\kappa GA = 1.57 \times 10^{9} + 6.79 \times 10^{9} = 8.37 \times 10^{9}\,\mathrm{N}$$

その他の階についても同様に求まる。

(3) その他の等価断面定数

z 方向から地震動が作用する場合、フランジ構面およびウェブ構面は y 方向とは 90° 回転した位置になる。外殻および内殻チューブに相当するフランジ構面およびウェブ構面を考慮する。断面定数は次式で与えられる。

z 方向から地震動が作用する場合、フランジ構面とウェブ構面は y 方向から地震動が作用する場合と異なるので注意を要する。また、b_1 および b_2 はそれぞれフランジ構面およびウェブ構面の幅の半分である。図 7-4 において、破線枠および実線枠で囲んだ構面は、それぞれフランジ構面およびウェブ構面となる。断面係数は式 (7.3) 〜式 (7.5) より求まる。

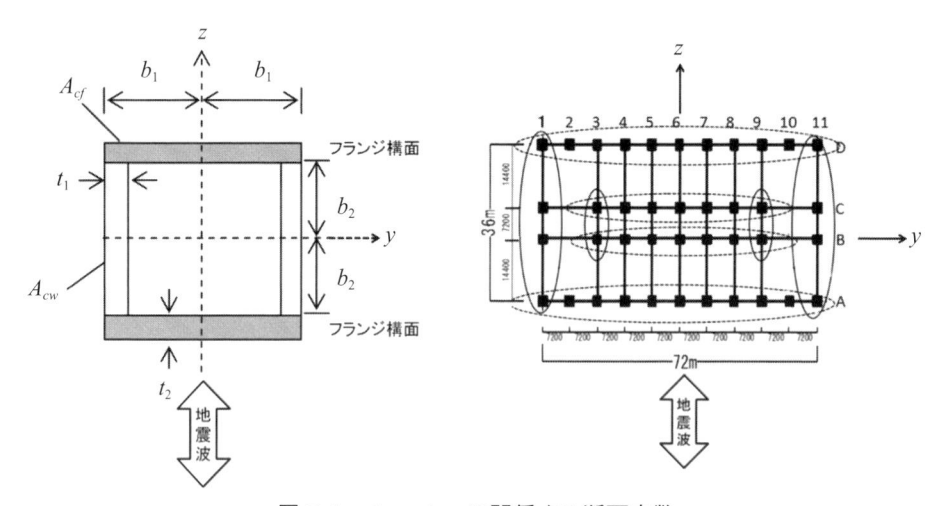

図7-4 shear-lag に関係する断面定数

$$I^* = \frac{8}{15}A_f + \frac{1}{2}A_w$$

$$S^* = \frac{2}{3}b_2 A_f + \frac{b_2}{\pi}A_w$$

$$F^* = \frac{4}{3b_1^2}A_f + \frac{\pi^2}{2b_2^2}A_w$$

ここに、A_w = 架構としてのウェブ構面に位置する柱のウェブまたは全断面積の和；A_f = 架構としてのフランジ構面に位置する柱の全断面積の和。

表7-10 b_1 および b_2

チューブ	b_1 (m)	b_2 (m)	フランジ構面柱数	ウェブ構面柱数
外殻チューブ	36	18	22	8
内殻チューブ	21.6	3.6	14	4

・1階～20階について求める。

① 各階のウェブ構面およびフランジ構面の断面積 A_w および A_f

外殻チューブ

$$A_f = \sum A_c \times 本数 = 0.1562 \times 22 本 = 3.436 \text{m}^2$$

$$A_w = \sum A_{cw} \times 本数 = 0.0922 \times 8 本 = 0.738 \text{m}^2$$

ここに、A_c 各柱の断面積；A_{cw} 各柱のウェブ断面積。

$$I^* = \frac{8}{15} \times 3.436 + \frac{1}{2} \times 0.738 = 2.021 \text{m}^2$$

$$S^* = \frac{2}{3} \times 18 \times 3.436 + \frac{18}{3.14} \times 0.738 = 45.454 \text{m}^3$$

$$F^* = \frac{4}{3 \times 36^2} \times 3.436 + \frac{3.14^2}{2 \times 18^2} \times 0.738 = 0.0148$$

内殻チューブ

$$A_f = \sum A_c \times 本数 = 0.1562 \times 14 本 = 2.186 \text{m}^2$$

$$A_w = \sum A_{cw} \times 本数 = 0.0922 \times 4 本 = 0.369 \text{m}^2$$

$$I^* = \frac{8}{15} \times 2.186 + \frac{1}{2} \times 0.369 = 1.351 \text{m}^2$$

$$S^* = \frac{2}{3} \times 3.6 \times 2.186 + \frac{3.6}{3.14} \times 0.369 = 5.670 \text{m}^3$$

$$F^* = \frac{4}{3 \times 21.6^2} \times 2.186 + \frac{3.14^2}{2 \times 3.6^2} \times 0.369 = 0.147$$

階当たりの断面定数

$$I^* = 2.021 + 1.351 = 3.551 \text{m}^2$$

$$S^* = 45.454 + 5.670 = 51.124 \text{m}^3$$

$$F^* = 0.0148 + 0.147 = 0.161$$

(4) 梁間方向（z方向）に地震動が作用する場合の断面定数（表7-11参照）

以上の結果をまとめると、z方向に地震動が作用する場合の断面定数は表7-11となる。

表7-11　断面定数一覧（z方向に地震動が作用する場合）

階	EI (N·m^2)	κGA (N)	I^* (m^2)	S^* (m^3)	F^*
31〜35	1.97×10^{14}	6.07×10^9	1.910	27.705	0.0790
26〜30	1.23×10^{14}	6.56×10^9	2.195	31.837	0.0903
21〜25	1.52×10^{14}	7.48×10^9	2.719	39.417	0.113
11〜20	1.95×10^{14}	7.69×10^9	3.551	51.124	0.161
1〜10	1.95×10^{14}	8.37×10^9	3.551	51.124	0.161

7.2.3　入力支援ソフトについて

前節では、手計算で等価曲げ剛性 EI と等価せん断剛性 κGA、さらに、shear-lag に関連する断面定数を表7-6 および表7-11 のように求める方法を紹介したが、添付 CD に Excel 形式でこれらの計算が入力できるようにソフト化してある。使用法も CD に説明してあるので、手計算で理解した後は入力支援ソフトを利用されたい。

7.3　解析ソフトのデータ入力と出力

付属のアプリケーションソフトウェアは GUI（Graphical User Interface）によるデータの入出力部分と FORTRAN 言語による演算部とで構成される。以下にその概略を示す。詳細は本書付属の「CD-ROM」にある「操作法」を参照されたい。

なお、起動環境は、Windows OS で Microsoft.NET Framework 4.0 以上を必要とするので NET Framework がインストールされていない場合は WindowsUpdate によるか、次の URL からダウンロードする。
（https://www.microsoft.com/ja-jp/download/details.aspx?id=17851）

7.3.1　GUI による入出力

本ソフト簡易応答計算（SSD）を起動すると、全体画面の中に次の 3 つの画面（フォーム）が現れる（図 7-5(a)）。

① ビルモデルのデータ入力フォーム
② 設計用地震動の設定フォーム
③ 設定したデータや計算結果の一覧と、振動応答のアニメーションフォーム

このほかに②の地震加速度のフォームから呼び出す模擬地震動作成のフォームがあり、それについては 7.3.3 項で述べる。

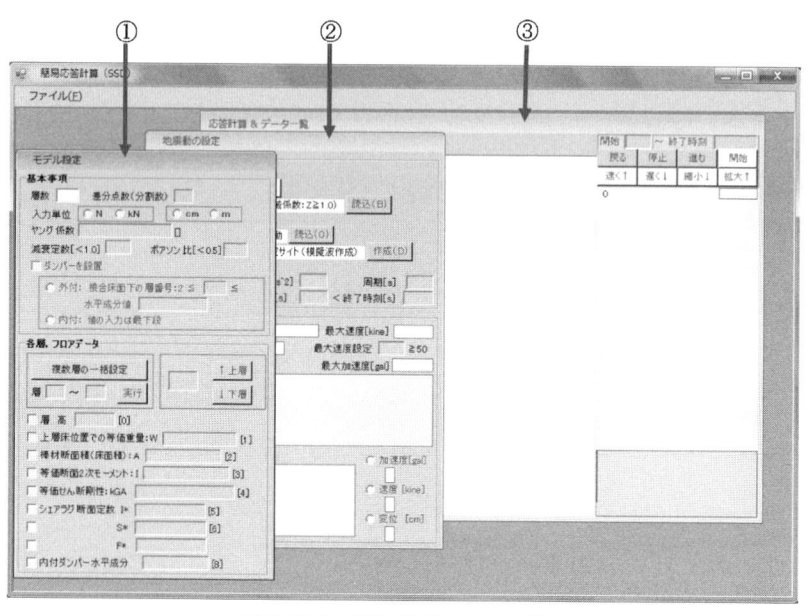

図 7-5(a)　起動時の 3 つの画面

左上のメニュー［**ファイル (F)**］（図 7-5(a)）をクリックすると、図 7-5(b) が表示されるので、設定したデータの保存と呼び出しができる。保存は設定途中でも行える。保存の図 7-5(c) で選択不可となっている［**応答値 (R)**］は、ビルモデル (B) と地震動 (W) のデータ設定後に応答計算が行われると選択可能となる。

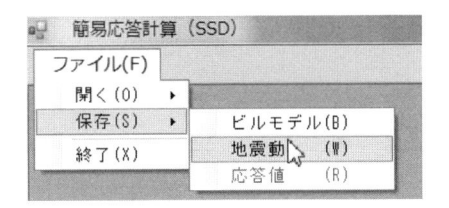

図 7-5(b)　メニューの開く　　　　　　図 7-5(c)　メニューの保存

7.3.2　モデルデータの入力
(1)　「基本事項」の入力
　フォーム①前半部の「基本事項」では、ビルの層数、入力値での使用単位、構造材の性能値およびダンパー設置の有無等を設定する。データは、未入力または未選択の項目は**薄緑色**であり、入力中の項目は**白色**で、入力の最後に Enter キーの打ち込みか、TAB キーによる次項目への移動により入力値が確定して**薄黄色**となる。

　ヤング係数やダンパーの減衰係数のように単位を持つ値の項目は、「**入力単位**」が選択された後にデータの入力や選択が可能となる（図 7-6(a)）。

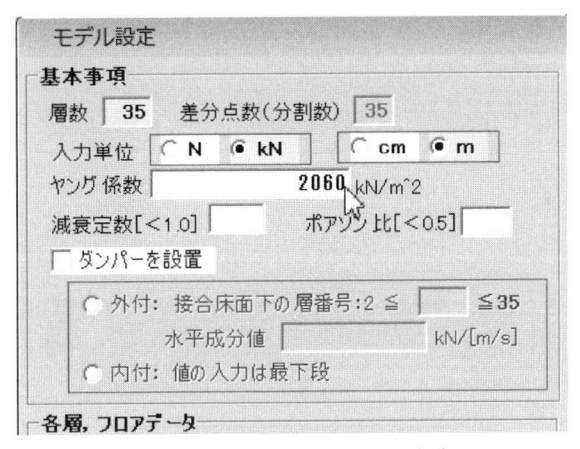

図 7-6(a)　ヤング係数の入力中

　ダンパーの値は、階当たりのダンパーの減衰係数の水平成分を設定する。減衰係数の単位は前述した入力単位と一致させる。オイルダンパーの単位長さ当りの減衰係数（水平成分）は自動的に変換される。

　ダンパー値の入力は、
1) ［**ダンパーを設置**］をチェックして［○**内付**］［○**外付**］を選択する。
2) 内付ダンパーの場合（図 7-6(b)）：フォーム最下段の「**内付ダンパー水平成分**」（④）が開くので、各層ごとに値を入力する（次の (2) 項を参照）。
3) 外付ダンパーの場合（図 7-6(c)）：その行にある「**接合床面下の層番号**」（⑤）と、次の行でダンパー値を入力する。例えば、図では地盤と 18 階の床面位置を繋ぐので層番号を 17 としている。

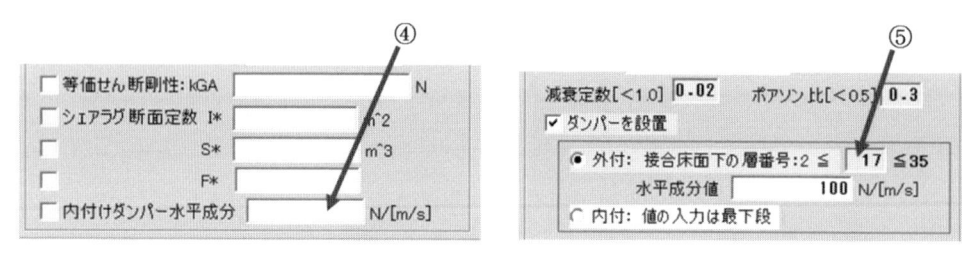

図 7-6(b)　内付ダンパー　　　　　　　　図 7-6(c)　外付ダンパー

(2) 「各層、フロアデータ」の入力

 1) 複数層の一括設定をする場合

   ある層に入力したデータを複数の層に同時に設定したいときは以下による。

   a. [**複数層の一括設定**] ボタンをクリックするとボタンのタイトルが「**一括設定終了**」に変わるので、設定したい項目のみをチェックする（図 7-7 では「層高」）。

   b. 初めと終わりの層番号を入力（⑥）すると、右横にある [**実行**] ボタンがクリック可能となり、設定できる。

   c. 終了時（中止も）に「**一括設定終了**」をクリックする。

 2) 層の直接指定をする場合

   特定の層に移動したいときは、上下ボタンの左の層番号を直接入力する（⑦）。

 3) 層の上下ボタンにより入力する場合

   [↓下層][↑上層] の上下ボタンで一層ずつ移動してデータを設定する。なお、移動先のデータが未入力（空白状態）の場合は移動前のデータが入る。

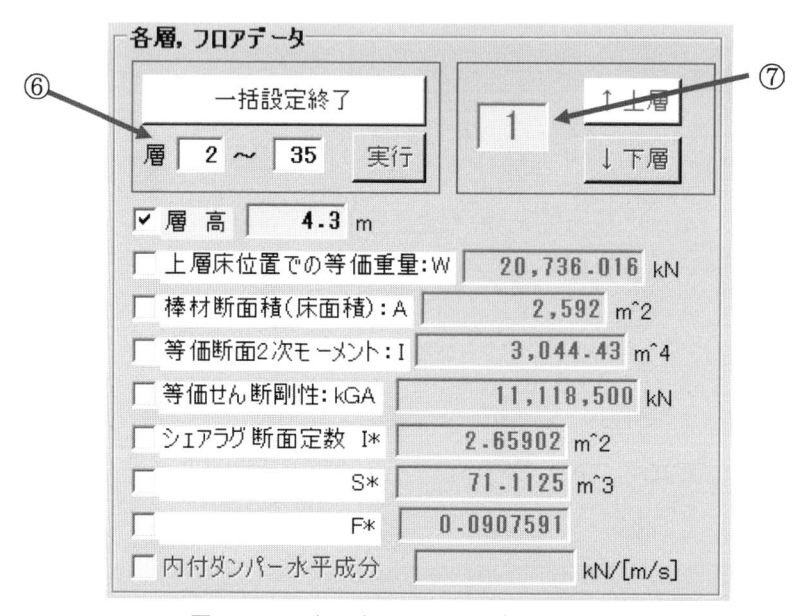

図 7-7　モデルデータの入力（一括設定）

(3) データの一覧

設定したデータはその都度「**モデルデータ一覧**」のフォームに表示される（図7-8）。

図7-8　設定データの一覧

7.3.3　入力地震動の設定

地震動としては、5種類を設定している。**一般地震動**としては、A群に標準3波、B群に観測波および告示波を設けている。一方、国土交通省長周期地震動（試案）に対応する**長周期地震動**としては、C群に第3章の図3-1対象地域の区域1～9の地震動波をダウンロードして用意してある。また、D群には、対象地域が区域0の場合における長周期地震動の作成が出来る。参考としてE群には**正弦波**を設定している（図7-9）。

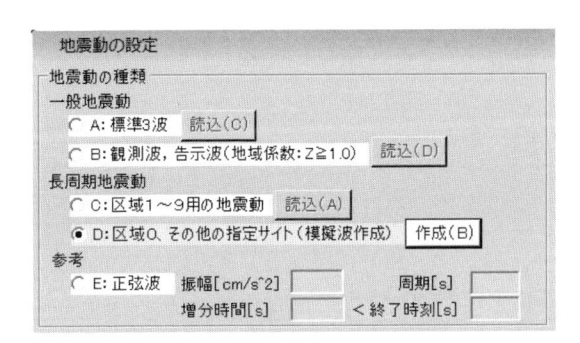

図7-9　地震動の設定画面

(1) 一般地震動（A、B、C群）の作成

A、B、C群は既に用意されている地震波またはユーザーが追加した地震波を用いる。［**読込(C)**］ボタンをクリックして、保存された加速度データを選択して読み込むことができる。地震波は、**図7-10**に示すウィンドウの上部に加速度の時刻歴がグラフ表示され、下部のウィンドウに応答スペクトルがグラフ表示される。

なお、ユーザーが追加する地震加速度のファイルを読み込むには、7.3.5項に示した書式で地震波を書き込んだファイルを用意する。

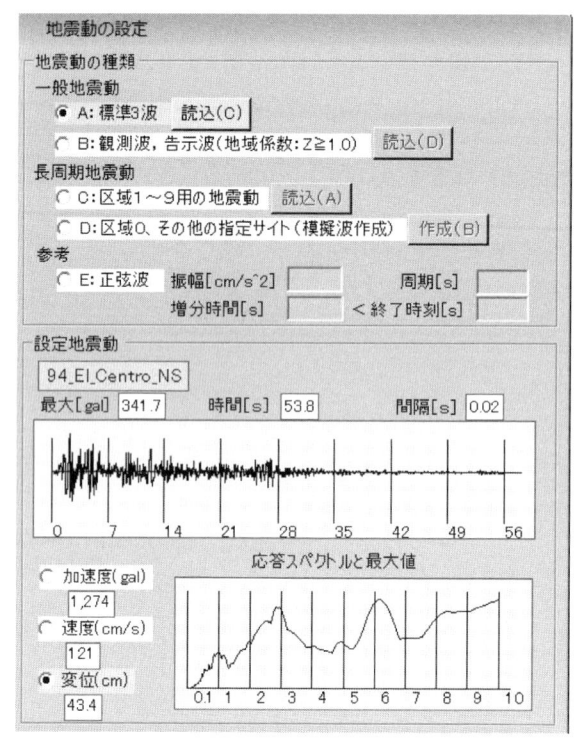

図 7-10　地震動による応答スペクトルの表示

(2) 正弦波の作成（E 群）

正弦波を設定すれば、応答結果から共振の状態を確認することができる。

(3) 長周期地震動の作成（D 群）

長周期地震動で地震動を作成しなければならない場合、[**作成**] ボタンをクリックすると、地震動作成の画面が表示される（図 7-11）。

1) 既にデータが設定済み、または作成途中で保存している場合は [**設定値の読込**] をクリックする。
2) 新規に設定する場合は、

a. 「**観測点(サイト)情報**」欄のサイトの記号を設定する（⑧）。サイト記号は K-NET、KiK-net の地震計の設置番号であり、建設地近くの地震計のサイト番号を入力する。サイト番号は、第 3 章で述べた平成 22 年国土交通省住宅局建築指導課発表の「超高層建築物における長周期地震動への対策試案について」の別紙 3「地震動観測地点のサイト増幅係数等」の表 1 ～ 46 に全国の地震動観測点 1699 地点が記されている。

b. 対象とする長周期地震動(**表 3-2** を参照)の 3 つの地震動の中から選択する(⑨)。

c. 震源断層面からサイトまでの最短距離は、対策試案で述べられている長方形断層面の分割法による方法で得る値と断層面 4 隅までの距離のうちの最小値とした。

以上を決定すると、サイト情報が自動的に読み込まれて表示されるとともに、

目標とする加速度応答スペクトルが図 7-11 の右中央のウィンドウ（⑩）に**赤色線**で描かれる。

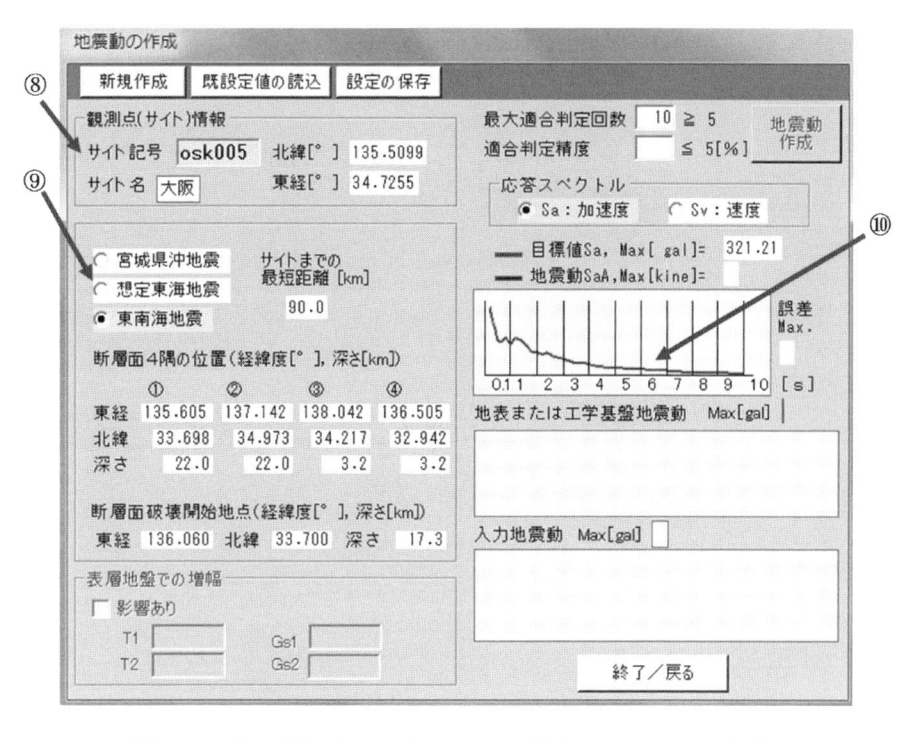

図 7-11　地震動作成のサブフォーム（目標スペクトルの作成）

d.　右上の「**最大適合判定回数**」と「**適合判定精度**」を設定し、[**地震動作成**] ボタンをクリックすることで、FORTRAN による計算過程の画面が現れる（図 7-12(a)）。終了すると、目標スペクトルに対する作成地震動のスペクトルが**青色**で重ねて描かれ一致具合が表示される（図 7-12(b), ⑪）。地震波形はその下の二つのウィンドウに表示され、上部が工学的基盤での加速度履歴で、下部が作成した加速度履歴である。それらの違いは以降の項目を参照されたい。

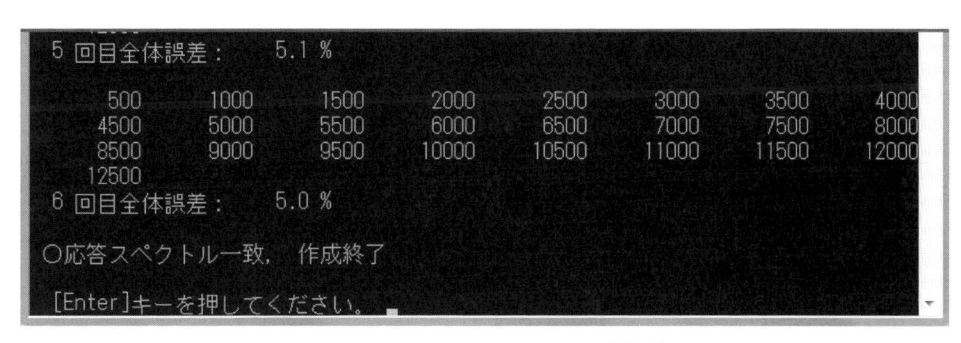

図 7-12(a)　FORTRAN による演算結果

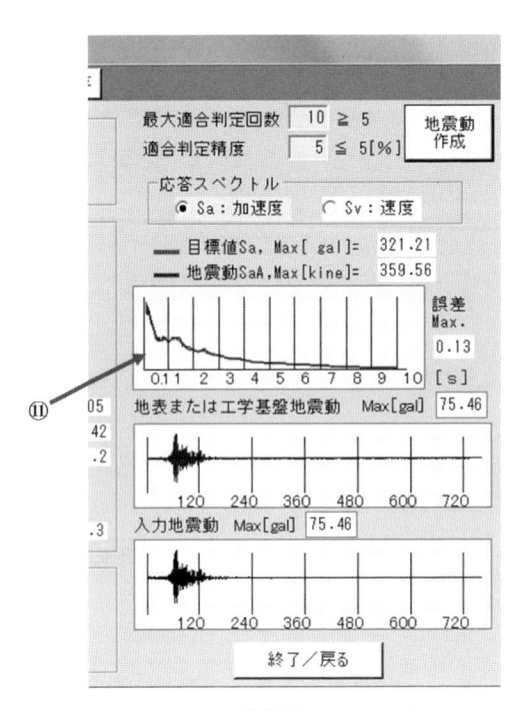

図 7-12(b)　模擬地震動の作成

　なお、「**応答スペクトル**」の欄にある「**S_v：速度**」を選択すると擬似速度応答スペクトルとの一致具合を見ることができる。

e.　表層地盤による地震動の増幅を考慮しなければならない場合は、設定画面左下の［**影響あり**］がチェック可能となっているので（図 7-13）、「9.3 精算法による計算法」ならびに「9.4 例題」を参考にして、固有周期 T_1、T_2 と増幅率 G_{s1}、G_{s2} を設定する。表示される目標応答スペクトルは増幅率倍された値となり、「**入力地震動**」は増幅率倍された加速度履歴となる。

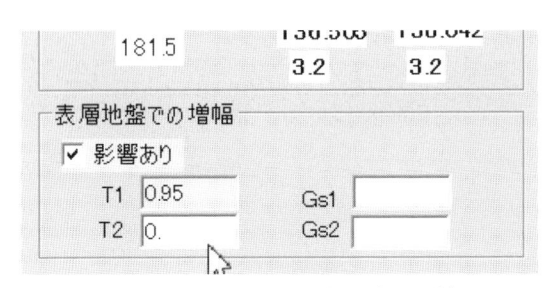

図 7-13　表層地盤の影響（入力中）

f.　最後に、［**終了／戻る**］ボタンにより作成した地震動は地震動設定の図 7-10 のフォームに取り込まれる。モデルのデータが揃っていれば、図 7-15(a) に見る［**応答計算実行**］により応答計算を行える。

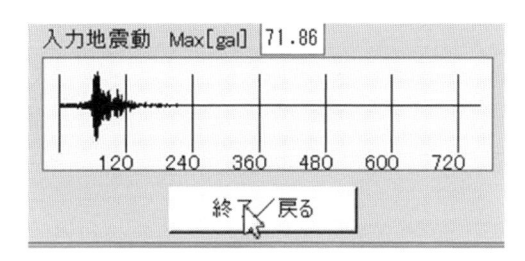

図 7-14　終了／戻るボタン

7.3.4　応答計算の実行と結果の保存
(1)　計算実行

モデルと地震動の両方の設定が正しいと、データ一覧表の［**応答計算実行**］が有効となる。［**応答計算実行**］（図 7-15(a)）をクリックすると、FORTRAN 言語による直接積分によって応答を求める。計算結果はディスプレイに表示されるので、演算が正しく行われているかどうかを確認できる（図 7-15(b)）。

図 7-15(a)　［応答計算］ボタン

図 7-15(b)　結果の表示

(2)　応答計算結果の保存と変位応答履歴

計算結果は図 7-16 のように表示される。右部分は変位応答のアニメーション表示であり、超高層ビルの応答性状を全体的に可視化できる。アニメーションの画面にある上から下に連続する水平線は階を表し、その幅は正負最大応答値を示している。［**開始**］ボタン⑫のある操作部で、最大応答値の表示幅は［**拡大**］、［**縮小**］で、時間経過の表示早さは［**速く**］［**遅く**］で、表示時間の進行と後退を［**進む**］［**戻る**］で調節できる。

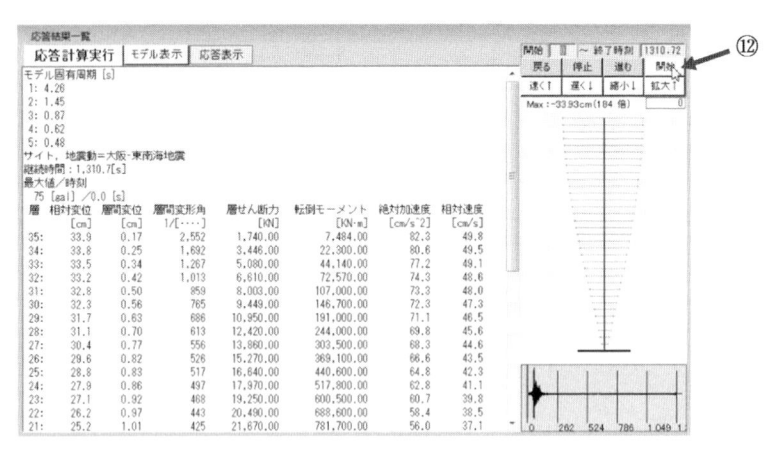

図 7-16　応答結果の表示とアニメーション

(3) 応答結果の保存

応答計算結果は全体画面の［**ファイル**］－［**保存**］で保存できる（図 7-5(b) 参照）。保存形式は表計算ソフト等で共通に読み込める形式として、コンマ（,）で区切った csv（comma-separated value）形式で保存する。テキストファイルなので通常のテキストエディタで読み込める。

7.3.5　データファイルの保存先

本ソフトはフォルダ「**SSD**」の下にあり、各種データの保存フォルダは、図 7-17 に示すように、同位置にあるフォルダ「**SSDD**」と「**SSDW**」を頂点に階層となっている。図中のアルファベットは図 7-9 で示した地震動の種類記号であり、その記号の地震動あるいは関連のデータが保存される。

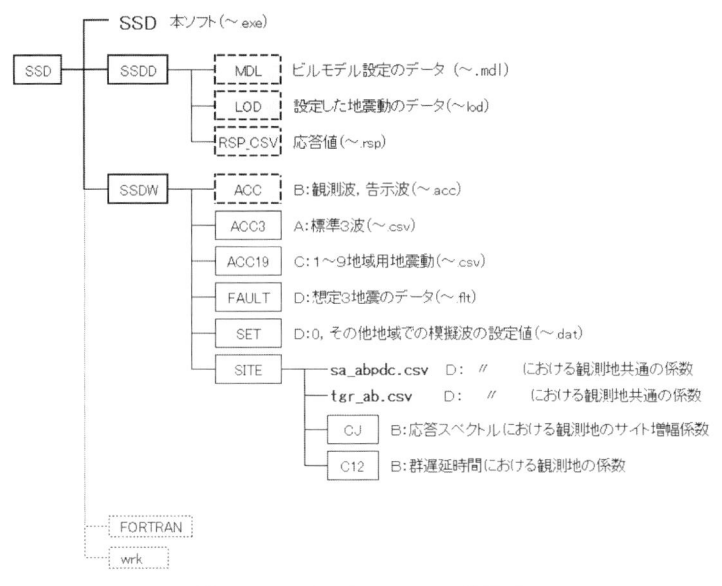

図 7-17　データのフォルダ構成

これらのフォルダの位置と名称は固定されており、移動や名称変更はできない。しかし、破線枠の 4 個のフォルダ（MDL, LOD, RSP_CSV, ACC）内にあるファイルはユーザーが作成または準備するデータなので、別の名称・位置のフォルダに保存することが可能である。

　ユーザーが準備するファイルの書式は第 2 章の「表 2-5　地震波形入力データの例」で示した形式による。

　　（1 行目）地震動に関するコメント 1（公式に発表された地震動名称など）
　　（2 行目）地震動に関するコメント 2（詳しい地震動名称など）
　　（3 行目）地震動に関するコメント 3（観測地名称など）
　　（4 行目）地震動に関するコメント 4（日付など）
　　（5 行目）最大加速度　最大加速度の発生時刻　記録時間刻み　記録時間
　　（6 行目）書式に関するコメント
　　（7 行目）以降は加速度データの一覧

以下に例を示す。

例 1：研究室における並び（Fortran 準拠）

```
KOBE 1995 EW (28-88sec)              地震波名称            （1 行目）
HYOUGO KEN NANBU JISIN _____      地震名     ⎫ 左から   （2 行目）
JAN.17,1995_____               観測年月日  ⎬ 最大加速度 （3 行目）
KOUBE KAIYOU KISHOUDAI _____      観測場所    ⎬ 発生時間  （4 行目）
 617.29       5.46     0.02    151.30 _____ ⎬ 刻み時間  （5 行目）
(5F10.2)_____ 加速度時刻歴データの書式       ⎭ 継続時間  （6 行目）
   .00      -.03      -.03    -.03    -.03               （7 行目）
  -.03      -.03      -.03     .00     .00               （8 行目）
```


例 2：自由記述で入力する場合…第 1, 5 行のみが必須の設定となる。区切りを空白かコンマ (,) のどちらでもよい。

```
 KOBE 1995 EW (28-88sec)                          （1 行目）
     コメント 2    （自由記述）                     （2 行目）
     コメント 3    （自由記述）                     （3 行目）
     コメント 4    （自由記述）                     （4 行目）
  617.9    5.46    0.02    151.3                 （5 行目）
     コメント 6    （自由記述）                     （6 行目）
  0.00                                           （7 行目）
 -0.03                                           （8 行目）
 -0.03                                           （9 行目）
 -0.04                                           （10 行目）
```

第8章　地盤の影響を考慮した解析

8.1　地盤と基礎の考え方

(1) 地盤調査と地盤定数

　地盤モデルの力学的特性を表すパラメータは、通常、地盤調査（サウンディングと呼ばれる）によって決める。それには、地中より土をサンプリングし室内試験によって決める方法と、サウンディングの結果から地盤パラメータを推定する方法の2つがある。サンプリングと室内試験による方法は土の特性を精査できるが、サンプリングによる土の乱れが室内試験結果に影響を及ぼすため、正確な値を得るにはサンプリングに注意を要する。特に砂質土のサンプリングは難しく、地盤を乱さないために凍結させてサンプリングする方法があるが、費用がかさむため実務ではほとんど用いられない。粘性土のサンプリングは比較的容易であり、一軸圧縮試験から一軸圧縮強度、圧密試験から土の圧縮性、透水性を調べることができる。

　地盤パラメータを推定するためのサウンディングの方法としては、標準貫入試験、静的コーン貫入試験、孔内水平載荷試験、PS検層などがある。標準貫入試験は、ボーリング時にロッド先端に専用のサンプラーを取り付け、ロッドの頭にハンマーを落下させて30cm貫入させたときの落下回数（N値と呼ぶ）を測定する試験である。N値と砂の相対密度、内部摩擦角の関係が求められている。また、粘土についても一軸圧縮強さq_uとN値との関係が提案されているが、N値は大まかな指標を示すものであり、これによる評価値は精度が高くない。さらにN値からS波速度V_Sを推定することも以前から行われているが、その精度については注意が必要である[8-1), 8-2)]。可能ならば、幅を持たせた評価が好ましい。静的コーン貫入試験は、コーンを一定の速さで地中に圧入し、その貫入抵抗から土の強度を調べる試験である。貫入抵抗をコーン底面積で除したコーン支持力と一軸圧縮強さやN値との関係が求められている。孔内水平載荷試験は、ボーリング孔の孔壁を加圧し、地盤の応力－変位関係を計測することによって、横方向地盤反力係数、変形係数、降伏荷重、地盤強度などを求める。PS検層は、弾性波速度の深さ方向の分布を調べる試験である。ボーリング孔内に地盤の振動を感知する受信器を設置しておき、地上に置かれた板をハンマーでたたいて発生したP波とS波を受信器で検知し、その到達時間からP波、S波の速度V_P、V_Sを求める。また、V_P、V_Sから地盤の弾性定数、ポアソン比を求めることができる。

(2) 地盤のモデル化

地盤に作用する荷重の大きさによって地盤のモデル化が異なる。設計用長期・短期荷重のように比較的荷重が小さい場合の地盤の変位を評価する場合は地盤を弾性体としてモデル化し、地盤の極限支持力を評価する場合は地盤を弾塑性体としてモデル化するか、あるいは極限解析の崩壊系を想定してモデル化することが多い。

間隙水圧の影響を考慮しなければならない圧密による地盤の変形や、地震時における液状化の評価を行う場合には、有効応力解析を行う必要がある。

(3) 直接基礎

杭などを用いずに建物を直接地盤に支持させる基礎形式を直接基礎と呼ぶ（図8-1）。小規模な建物では、地盤の硬軟に関係なく、この形式が採用される場合が多い。また、中規模以上の建物では、地盤が軟弱でない場合にはこの形式が採用される場合が多い。1970年代以降に東京新宿では超高層建物がいくつか建設されたが、硬質地盤であるため、その多くは地下を有する直接基礎である。

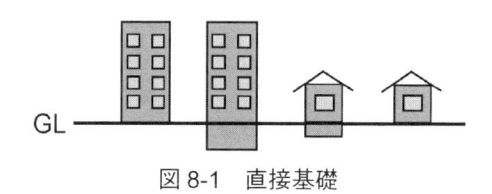

図 8-1　直接基礎

(4) 杭基礎

中規模以上の建物において、地盤が軟弱である場合には杭基礎を用いる場合が多い（図8-2）。支持層があまり深くない場合には、支持杭が採用され、支持層が深い場合には摩擦杭などが採用されることが多い。最近では、支持層が深い場合や、周辺地盤の沈下が問題となる場合には、直接基礎と杭基礎の併用であるパイルドラフト基礎が用いられる場合が多くなっている。

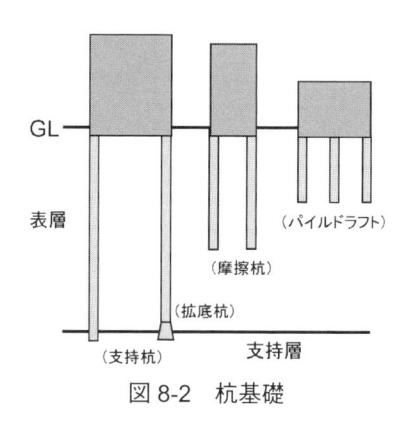

図 8-2　杭基礎

8.2 地震時における基礎の応答

地震時における基礎の応答を考える上で特徴的な事項は、次のようにまとめられる。

① 地震動の発生により構造物は振動する。その結果、構造物の基礎と地盤との間で力やエネルギーのやり取りが発生する。これにより基礎周辺の地盤は地震動による動きとは異なる動きをすることになる。これらの一連のものを構造物と地盤の動的相互作用と呼ぶ。

② 地震動によりもたらされる地盤の変形により、杭やその他の基礎構造は強制変形を受ける。このような強制変形による効果を適切に評価する必要がある。特に、このような効果を kinematic interaction と呼ぶことがある[8-3),8-4)]。

③ 地震動のレベルが大きく、構造物が大きく振動すると、基礎周辺の地盤も大きな変形を伴う。このような場合には、地盤の塑性化を無視できなくなる。また、地盤特性（剛性、減衰）のひずみレベルに対する依存性は特徴的なものであり[8-5)]、地盤の振動現象を扱う上では重要な役割を果たす。

8.3 水平荷重に対する基礎のモデル化

(1) 弾性支承梁による方法（静的、動的）

① 静的モデル

地盤中に存在する杭の挙動を表現するために、梁としてモデル化された杭に地盤の抵抗を表す Winkler ばねが取り付けられたモデルがよく採用される（図 8-3）。このモデルは、1937 年に Chang により提案されたモデルであり、Chang のモデルと呼ばれる。杭は半無限の梁としてモデル化され、無限遠では、変位、力ともゼロの境界条件が与えられる。一方、杭頭では、水平力が指定されるほかに、回転角がゼロと指定される場合（固定を表し、モーメントは反力として求められる）と、モーメントがゼロと指定される場合（ピンを表し、回転角は結果として求められる）がある。

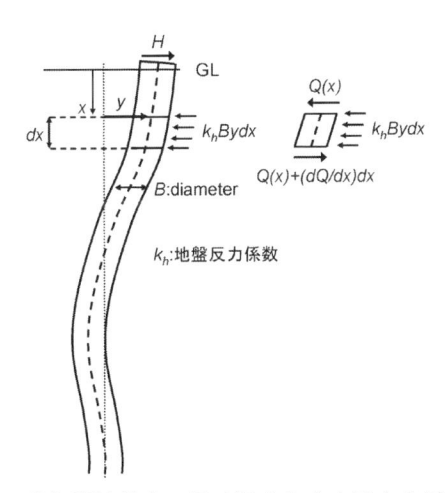

図 8-3 半無限地盤中に埋め込まれた水平力を受ける杭

② 動的モデル

動的な影響を考慮するには、自由地盤の震動と杭の周辺地盤の震動などを考慮する必要がある。前者は波動論による評価法を用いるのが一般的であり、後者においては、動的な Winkler ばね（虚部に減衰特性を含む）[8-6), 8-7), 8-11), 8-12)] を用いる方法もある。図8-4 は動的 Winkler ばねモデルを表す。その動的な釣合式は、以下のように表現される。

$$E_p I_p \frac{d^4 U(z)}{dz^4} + (k_x + i\omega c_x - m\omega^2) U(z) = 0 \tag{8.1}$$

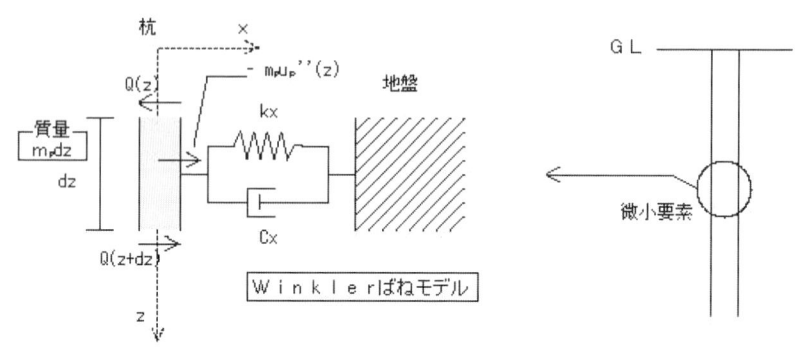

図8-4 動的 Winkler ばねモデルと自由体の釣合い

動的 Winkler ばねで考慮する減衰としては、通常、図8-5 に示すような履歴減衰と杭の周辺地盤への逸散減衰効果を組み合わせたものが用いられる。ω_{G1} は、表層地盤の1次固有円振動数を表しており、それよりも小さな振動数による加振では地盤は抵抗側として作用しないが、それよりも大きな振動数による加振では地盤は抵抗側として作用することを表している。

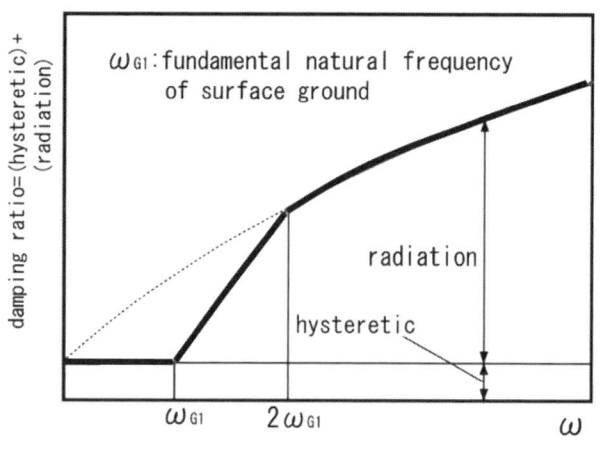

図8-5 履歴減衰と逸散減衰 [8-12)]

図8-6(a)、(b)は、このような動的Winklerばねを用いたモデル（図8-12で後述）について、図8-12の左上のモデル（多点入力連続体モデル：Continuum model）と図8-12の右上のモデル（単一点入力有限要素モデル：FEM model）による杭の曲げモーメントとせん断力の工学的基盤面入力加速度に対する伝達関数の比較を示す[8-8),8-11),8-12)]。両モデルの伝達関数はよく対応しており、両モデルの妥当性を示している。

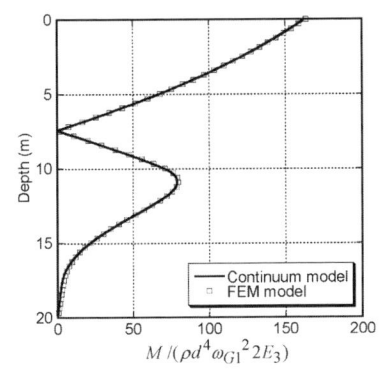

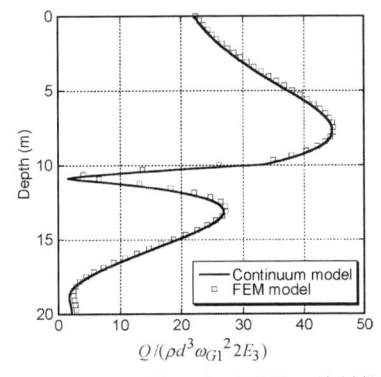

図8-6(a)　曲げモーメントの伝達関数の絶対値[8-11)]　図8-6(b)　せん断力の伝達関数の絶対値[8-11)]

(2)　離散的地盤ばねによる方法

　杭周ばねは、もともと連続的に存在するが、離散化して設定する場合も多い。この場合の解析方法としては、①上部骨組に作用する力の合力が杭頭に水平力として作用させられる場合（基礎梁の効果も考慮）、②上部骨組と基礎梁、杭、地盤ばねを一体モデルとして解析する場合（図8-7）の2通りが考えられる。

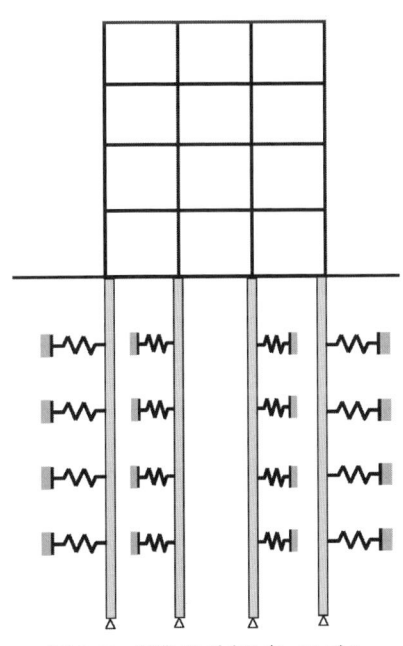

図8-7　離散的地盤ばねモデル

(3) 応答変位法

軟質地盤では、上部建物からの慣性力による杭への影響のほかに、地盤の強制変形により生じる杭への影響が無視できない場合がある。両者は、本来地震発生時に同時に生じるものであり、一体解析モデルでは、自動的に考慮されることになるが、より簡易的に後者による影響を解析する方法として、自由地盤の変位モードを指定し、微分方程式を解いて杭の変形や生じるせん断力や曲げモーメントを評価する方法が存在する。このような方法を応答変位法と呼ぶ。杭先端では変位や回転角（あるいはモーメント）が与えられている。一方、杭頭では、せん断力がゼロに指定され、回転角（あるいはモーメント）がゼロに指定される場合が多い。

(4) 建物‐杭‐地盤の一体モデルによる方法

上部構造に作用する慣性力による杭への影響（図 8-8 左）と、地盤強制変形による杭への影響（図 8-8 右）を同時に扱う解析法である。最も簡便な方法としては、8.3 節 (1) 項の弾性支承梁による方法の結果と、8.3 節 (3) 項の応答変位法の結果を重ね合わせる方法が考えられる。最近では、8.3 節 (2) 項のモデルにおいて、上部構造には設計用荷重を与え、離散地盤ばねの杭と反対方向の端点には自由地盤解析で得られた当該点の最大変位を与える方法などが採用される場合も多い。

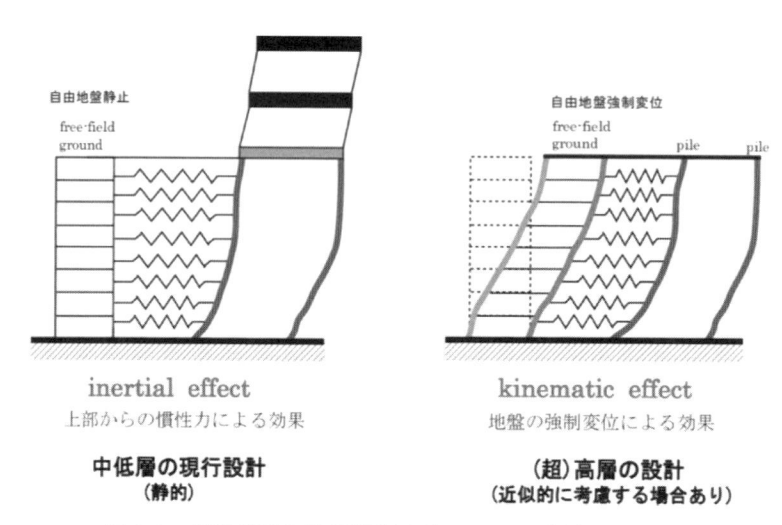

図 8-8　慣性効果と地盤強制変位による運動学的効果

8.4　構造物‐地盤の動的相互作用

(1) 基礎固定モデル

構造物は地盤の上あるいは埋め込まれた状態で地盤により支持されており、地盤は変形するため、構造物と地盤の相互作用効果が存在する。しかしながら、比較的硬質な地盤においてはその効果は顕著でない場合が多く、自由地表面で観測された地震波を建物の直下に直接入力しても実際の挙動を表し得る場合が多い。このように、地震

波を建物の直下に直接入力するモデルを基礎固定モデルと呼ぶ（図 8-9）。地震波が実際に観測される場所は、自由地表面、あるいは建物内であるため、その地震波を基礎固定モデルを用いた設計で採用する場合には、どのような地盤においてどのような状態で観測された波であるかを十分認識しておく必要がある。

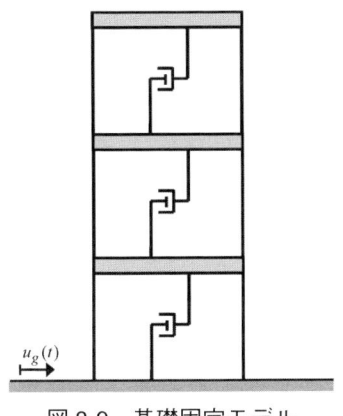

図 8-9　基礎固定モデル

(2) S-R モデル

　地盤上あるいは地中に置かれた基礎の水平と回転に関する剛性を水平ばねと回転ばねでモデル化し、水平と回転に関する減衰効果を水平と回転の自由度を有するダッシュポットでモデル化した構造物と地盤の動的相互作用モデルをスウェイ・ロッキングモデル（S-R モデル）と呼ぶ（図 8-10）。直接基礎の場合には、基礎マットなどの水平や回転に関する剛性や減衰が評価されるのに対して、杭基礎の場合には、単杭の杭頭に水平力が作用したときの水平剛性の全杭に対する総和と、単杭の杭頭に鉛直力が作用したときの鉛直剛性に回転中心までの距離の 2 乗を乗じたものの全杭に対する総和が、それぞれ水平ばね剛性および回転ばね剛性として評価される。構造物と地盤の動的相互作用を表現する最も単純なモデルのひとつであるが、使いやすさと信頼性

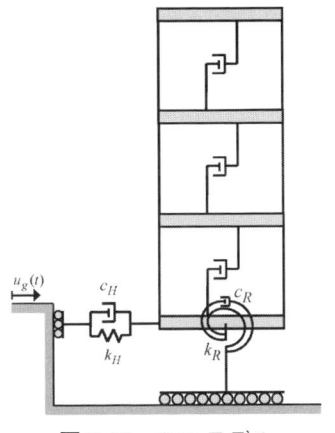

図 8-10　S-R モデル

が高いという長所から、しばしば構造設計において用いられている。基礎の埋め込みが存在する場合には、水平剛性および回転剛性には連成項が存在する。あるいは、地下などが存在する場合には、「埋め込み S-R モデル」と呼ばれるモデルが用いられることもある（図 8-11)。

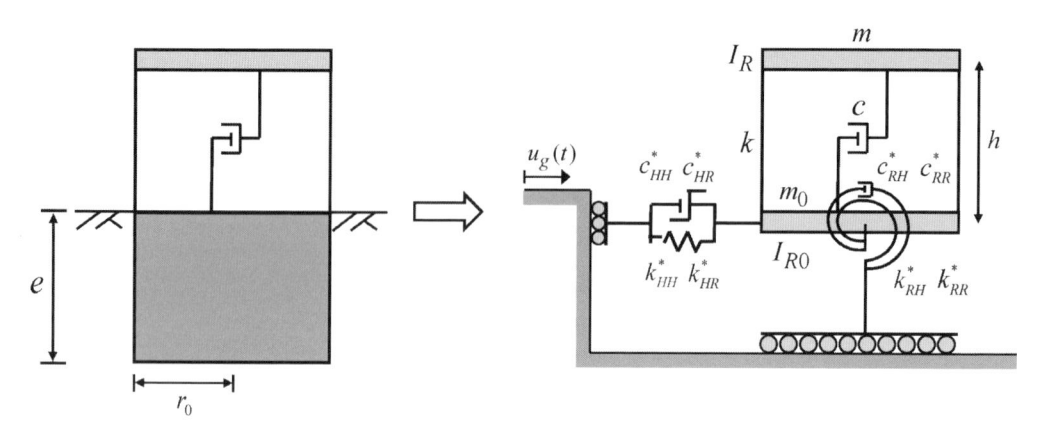

図 8-11　基礎の埋め込みが存在する場合の S-R モデル

(3)　建物・杭・地盤一体モデル

建物、杭、地盤を一体として扱う場合には、どの点で入力地震動を規定するかについて十分な注意が必要である。まず1つ目のモデルとしては、図 8-12 の左上のように、自由地盤の下方から地震動が入力されたときの自由地盤の動きを解析しておき、その動き（変位や速度）をそれぞれの地中深さで地盤の剛性や減衰をモデル化したばねやダッシュポットに入力するモデルが存在する。次のモデルとしては，図 8-12 の右上のように，自由地盤、杭周辺地盤、杭、建物のすべてを有限要素モデルなどによりモデル化し、そのモデルの下方から地震動を入力するモデルが存在する。この場合には、モデルの底面に下方への波の逸散を表現することのできる底面粘性境界（ダッシュポット）を設けておく必要がある。また、水平方向への波の逸散については、前者のモデルと同様に、杭周辺地盤の減衰を表すダッシュポットにその効果を与えることができる。さらに、最近では、図 8-12 の下のように、建物，杭，地盤を一体として扱うモデルも用いられるようになっている。この場合には、図 8-12 の右上のような底面粘性境界や、群杭効果を表現するための杭周地盤複素ばねの導入などが検討される必要がある。

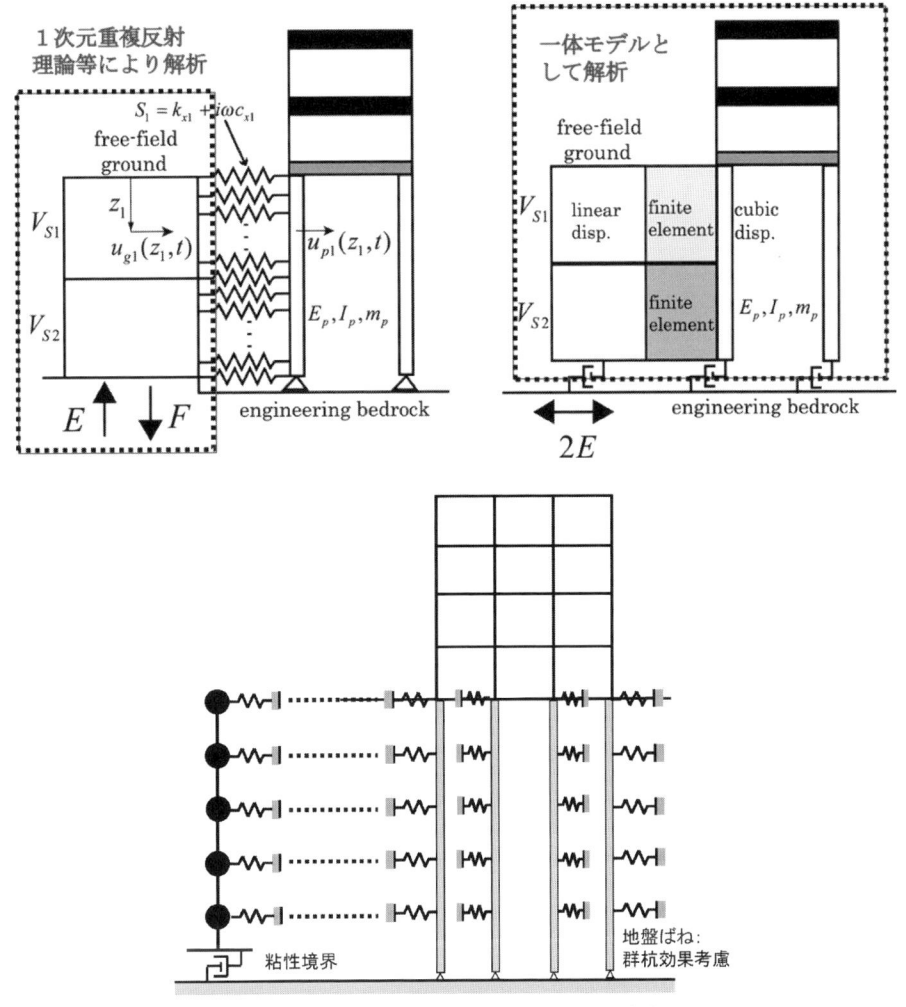

図 8-12　動的 Winkler モデル，簡略化有限要素モデル[8-11] および建物 - 杭 - 地盤一体モデル

　図 8-14 と図 8-15 は、損傷限界レベル地震動（工学的基盤面）を入力したときに kinematic interaction によって生じる杭（径：1.0, 1.5m）のせん断力と曲げモーメントの分布を表す。ただし、地盤モデルとしては、図 8-13 の軟質、硬質の 2 種類のものを想定している。

図 8-13 軟質地盤（Ground A）と硬質地盤（Ground B）の例

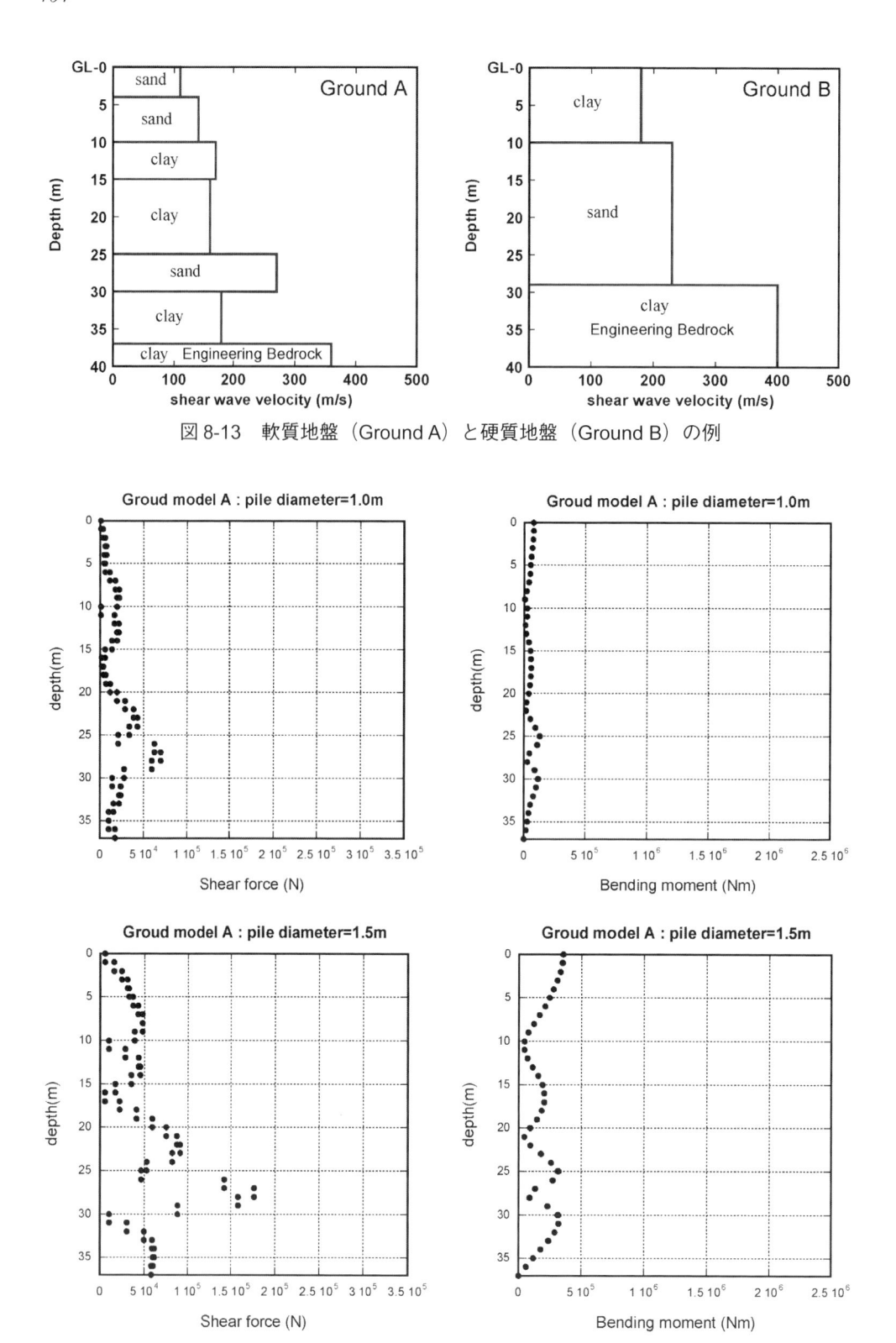

図 8-14 損傷限界レベル地震動（工学的基盤面）を入力したときに kinematic interaction によって生じる杭（径：1.0, 1.5m）のせん断力と曲げモーメント（地盤モデル A）[8-15]

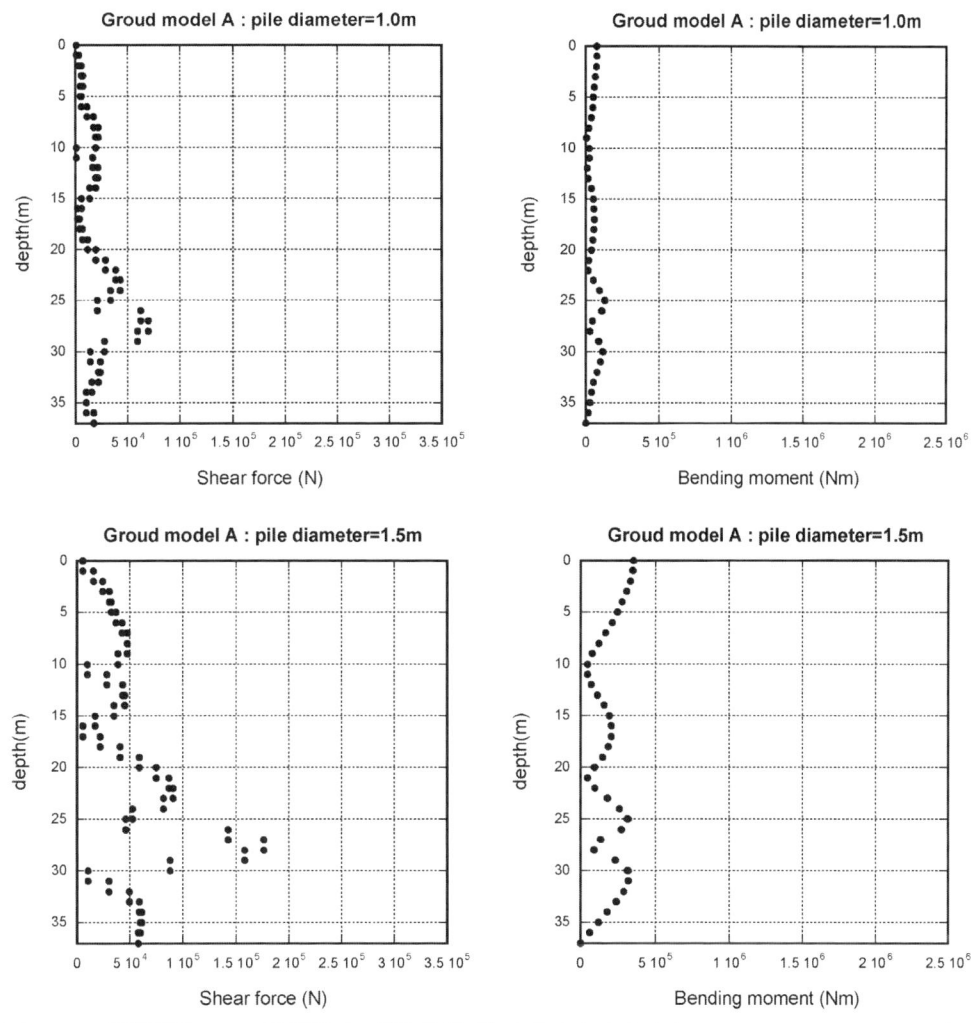

図 8-15 損傷限界レベル地震動（工学的基盤面）を入力したときに kinematic interaction によって生じる杭（径：1.0, 1.5m）のせん断力と曲げモーメント（地盤モデル B）[8-15]

図 8-16 と図 8-17 は、A 地盤（軟弱地盤）と B 地盤（硬質地盤）における、kinematic 効果と inertial 効果の両方を含む全体モデルによる杭のせん断力と曲げモーメントの最大応答分布を表す。B 地盤（硬質地盤）では、kinematic 効果と inertial 効果の応答が累加されているのに対して、A 地盤（軟弱地盤）では、両効果が一部相殺していることがわかる。通常、杭頭モーメントなどでは SRSS 法（Square Root of the Sum of the Squares）がよく利用されるが、地中における断面力では、地盤特性により、必ずしも SRSS による評価が適当でない場合があることがわかる。

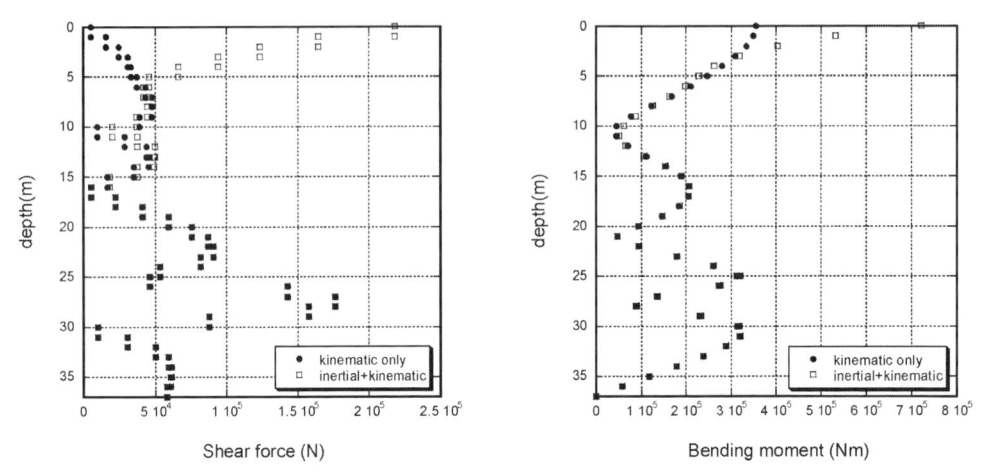

図 8-16　kinematic 効果と inertial 効果の両方を含む全体モデルによる杭のせん断力と曲げモーメントの最大応答分布（A 地盤（軟弱地盤）：1.5m 径の杭）[8-15]

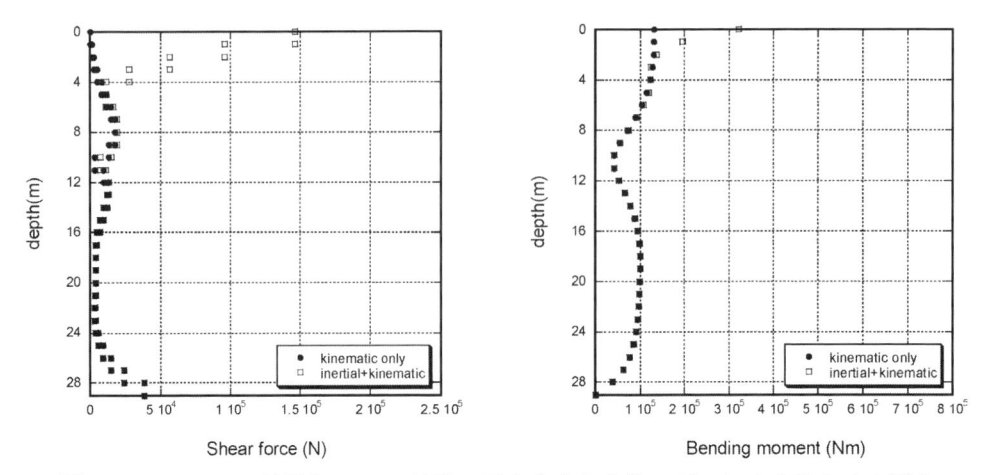

図 8-17　kinematic 効果と inertial 効果の両方を含む全体モデルによる杭のせん断力と曲げモーメントの最大応答分布（B 地盤（硬質地盤）：1.5m 径の杭）[8-15]

図 8-19 は、図 8-18 に示すような杭基礎を有する 12 階建ての鋼構造建物において観測された杭のひずみを、上記の自由地盤、杭周辺地盤、杭、建物のすべてを有限要素モデルによりモデル化した場合の解析結果と比較したものである。杭の設計で通常問題となることが多い杭頭付近においては、両者はよい対応を示している。また、こ

の建物では、地盤の強制変位によって発生する杭のひずみは、上部建物からの慣性力により生じるひずみとほぼ同じオーダーとなっていることがわかる。

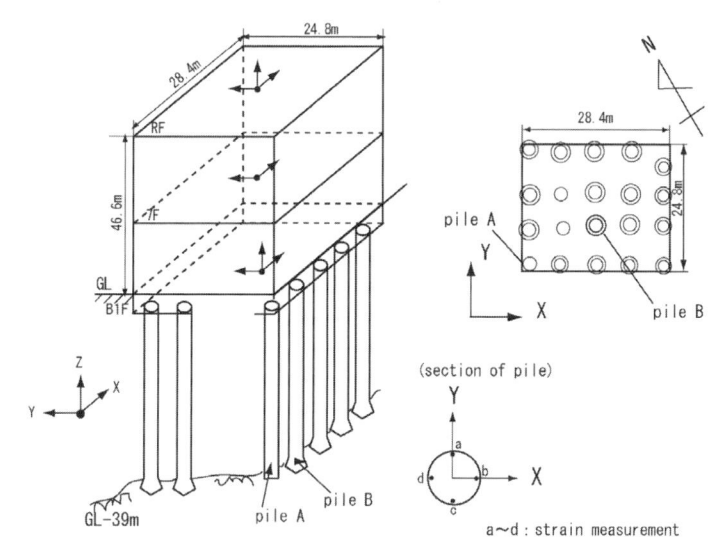

図 8-18　杭基礎を有する 12 階建の鋼構造建物 [8-11]

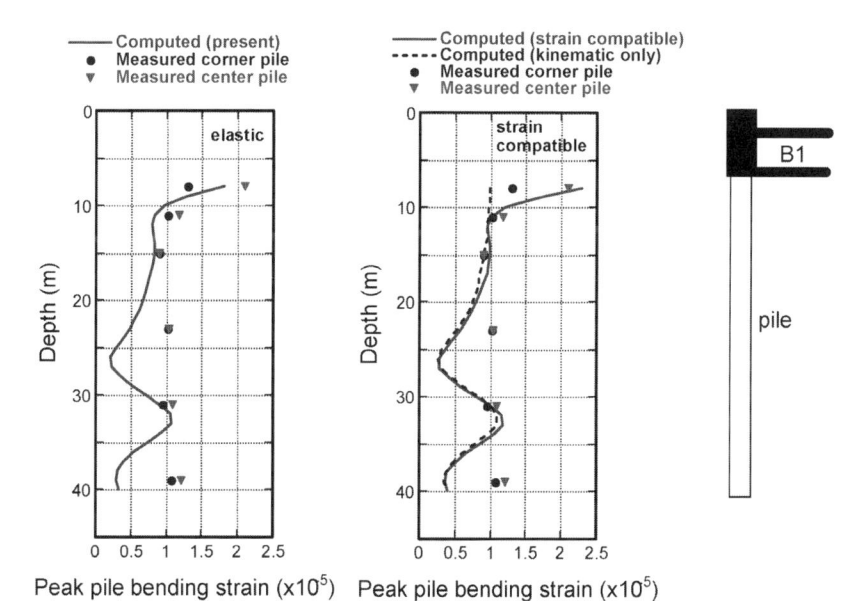

図 8-19　観測された杭のひずみと応答スペクトル評価値 [8-11]

　上部建物からの慣性力によって生じる杭頭の曲げモーメントと、地盤の強制変位によって発生する杭頭の曲げモーメントをどのように組み合わせるかについては種々の議論があるが、時松らは、建物の 1 次固有周期が表層地盤の 1 次固有周期よりも短い場合には、両者の単純和を採用し、逆の場合には、両者を 2 乗和平方根で評価するのが適しているとの提案をしている [8-4]。竹脇らは、図 8-12 のような杭と地盤の動的相

互作用効果を Winkler ばねにより効率的に組み込んだ有限要素システムを提案し、その一体モデルに応答スペクトル法を適用することにより効率的にしかも比較的高精度で両者の寄与を評価できる方法を提案している[8-8), 8-11)]。

8.5　表層地盤による地震動の増幅

(1)　解放工学的基盤と1次元重複反射理論

　横波速度が概ね 400（m/s）以上の地盤が表層地盤の下方に存在する場合には、その地盤を工学的基盤と設定する場合が多い。波動論によると、工学的基盤から表層地盤への波の伝播がある場合、表層地盤の特性により工学的基盤上面での動きには違いが存在する。耐震設計において、設計用地震動を規定する場合には、表層地盤の特性の如何にかかわらず設定できることが望ましい。このような考えのもとに「解放工学的基盤」という概念が利用されている。解放工学的基盤は、その直上の表層地盤をいったん剝ぎ取り、工学的基盤が露出すると考える（図 8-20）。したがって、工学的基盤の下方から伝播してきた波は、この解放工学的基盤上面において入射波の振幅の2倍の振幅となる。入射波は表層地盤の特性に関係なく設定されるため、この解放工学的基盤上面での地震波の設定は、設計用地震動の設定において都合が良いことになる。

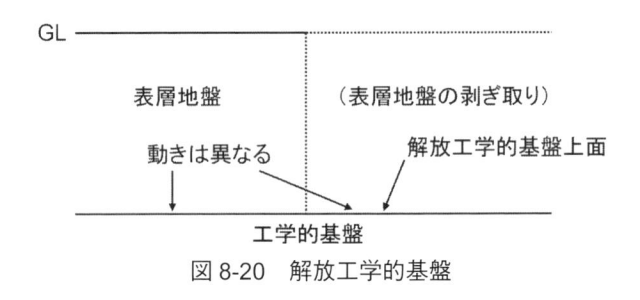

図 8-20　解放工学的基盤

　図 8-21 は、解放工学的基盤上面で規定される設計用地震動の加速度応答スペクトルを表している。2000 年に改正された建築基準法で、小さいレベルが損傷限界レベルに対応し、大きいレベルが安全限界レベルに対応している。

　図 8-22 は、1 次元重複反射理論を説明するための図を表している。最下層から入射された波は、その直上の層へと透過し、あるいはもとの層へと反射し、このような動きを繰り返しすべての層で行うことになる。断層の破壊により発生した波は、地盤を伝わり建物周辺へとやってくるが、断層の位置と建物の位置関係によっては必ずしも鉛直下方から波が伝わるとは限らない。しかしながら、地盤は通常、地表面ほど横波速度が小さい成層構造をなしているため、スネルの法則に従う屈折を繰り返し、図 8-23 のように、地表面近くではほぼ鉛直下方から伝播する波と考えてもよいことになる。1 次元重複反射理論を振動数領域で議論し、複素解析を用いて地盤特性の振幅依存特性をも考慮したものが、いわゆるプログラム SHAKE（1972）である[8-5)]。カリフォルニア大学バークレー校の地盤関係の研究室で Lysmer 博士が中心となって開発

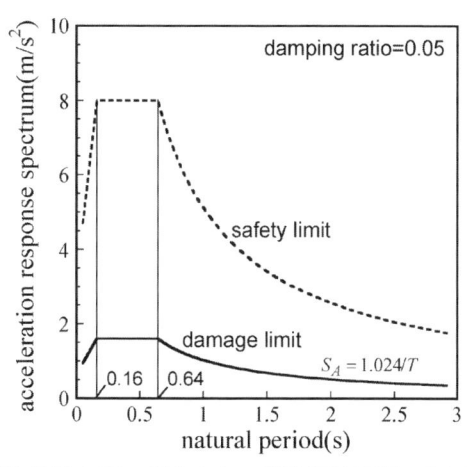

図8-21 解放工学的基盤上面で規定される設計用地震動の加速度応答スペクトル
（告示スペクトル）

されたものである。2000年に改正された建築基準法では、上記の工学的基盤上面で規定された加速度応答スペクトルには、G_s係数という表層地盤の増幅係数が乗じられて地表面での加速度応答スペクトルを定義する方法が採用されているが、超高層建物や免震建物の設計（大臣認定）では、工学的基盤上面で模擬された設計用地震動がこのプログラム SHAKE などを用いて地表面での設計用地震動へと変換する方法が採用されている。

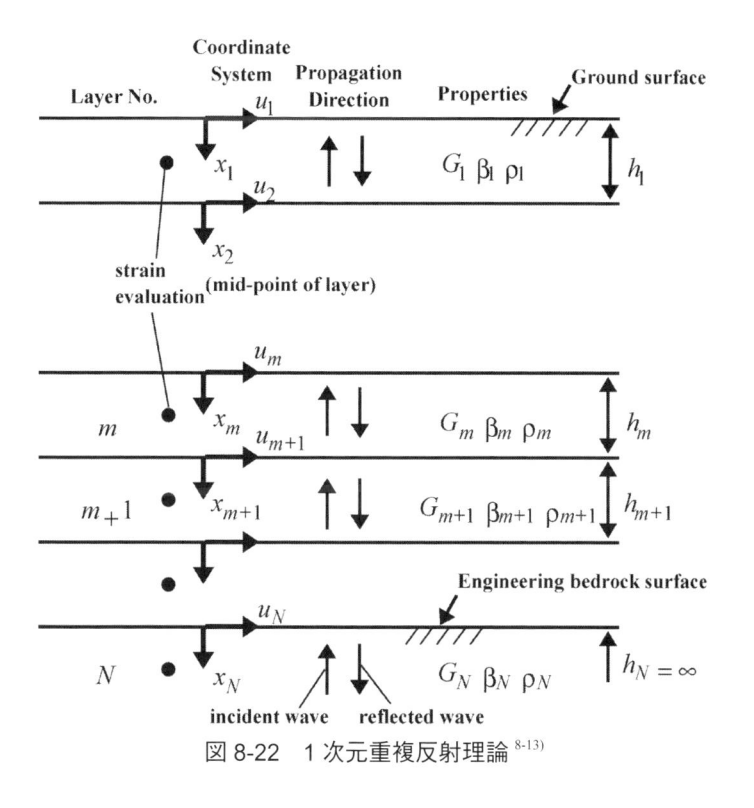

図8-22 1次元重複反射理論[8-13]

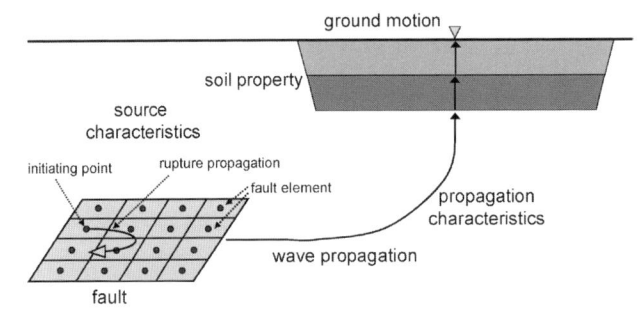

図 8-23　断層から発生した波動の伝播と地表面付近の地層内での屈折 [8-14]

(2) 地盤特性のひずみレベル依存特性

図 8-24 は、砂質土と粘性土のせん断弾性係数と減衰定数のひずみレベル依存性を表す図である。$10^{-5} \sim 10^{-6}$ の微小なひずみレベルでは、剛性の低下はほとんどなく、減衰も小さい。しかしながら、$10^{-4}, 10^{-3}$ とひずみレベルが上昇すると剛性が低下し、逆に減衰は大きくなる。なお、図 8-24 は平成 12 年告示 1457 号によるものであるが、2015 年「建築物の構造関係技術基準解説書」（国交省）では Hardin-Drnevich（HD）モデルによるものを用いている。これについては、第 9 章を参照されたい。

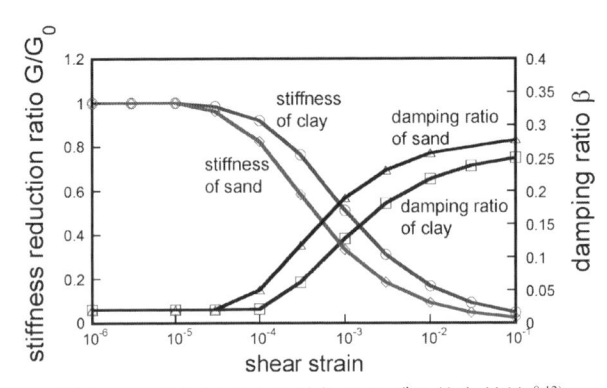

図 8-24　旧告示による地盤のひずみ依存特性 [8-12]

(3) 応答スペクトル法による簡易評価法

上記の通り、1 次元重複反射理論を用いれば、表層地盤のひずみレベル依存特性を考慮した上で、表層地盤内での加速度やひずみの応答を評価することが可能となる。しかし、通常の方法では、模擬地震動を作成する必要があり、統計的に安定した結論を導くには相当多数の模擬地震動を作成することが要求される。これを避けるための方法として、工学的基盤上面で設定された応答スペクトルから、表層地盤内のひずみ応答や剛性低下の度合い、減衰レベルなどを評価する方法が提案されている[8-9), 8-10), 8-12]。図 8-25 に示す流れ図は、その方法の概要を表している。図 8-26 および図 8-27 は、図 8-13 の 2 種類の地盤モデルについて、応答スペクトル法に基づく簡易評価法により評価したせん断剛性の低下と減衰定数を示している。SHAKE プログラムを用いた結果とも良好に対応していることがわかる。

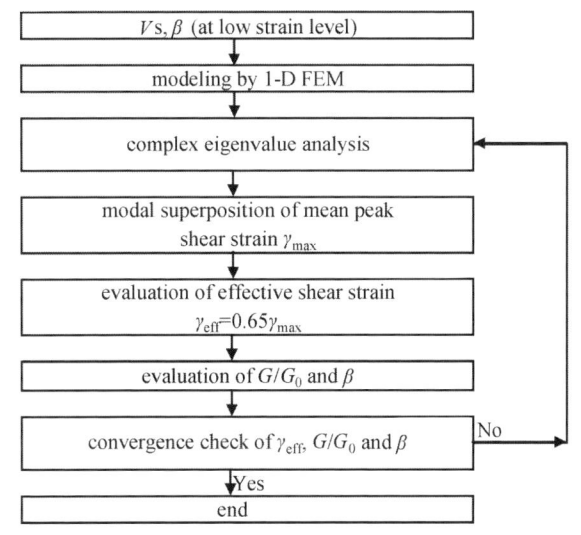

```
┌─────────────────────────────────────┐
│   Vs, β (at low strain level)       │
└─────────────────┬───────────────────┘
┌─────────────────▼───────────────────┐
│        modeling by 1-D FEM          │
└─────────────────┬───────────────────┘
┌─────────────────▼───────────────────┐
│    complex eigenvalue analysis      │◄──┐
└─────────────────┬───────────────────┘   │
┌─────────────────▼───────────────────┐   │
│   modal superposition of mean peak  │   │
│        shear strain γ_max           │   │
└─────────────────┬───────────────────┘   │
┌─────────────────▼───────────────────┐   │
│  evaluation of effective shear strain│  │
│        γ_eff = 0.65 γ_max           │   │
└─────────────────┬───────────────────┘   │
┌─────────────────▼───────────────────┐   │
│     evaluation of G/G_0 and β       │   │
└─────────────────┬───────────────────┘   │
┌─────────────────▼───────────────────┐ No│
│ convergence check of γ_eff, G/G_0 and β ├──┘
└─────────────────┬───────────────────┘
                  │ Yes
┌─────────────────▼───────────────────┐
│                end                  │
└─────────────────────────────────────┘
```

図 8-25　応答スペクトル法による地盤特性の簡易評価法 [8-13]

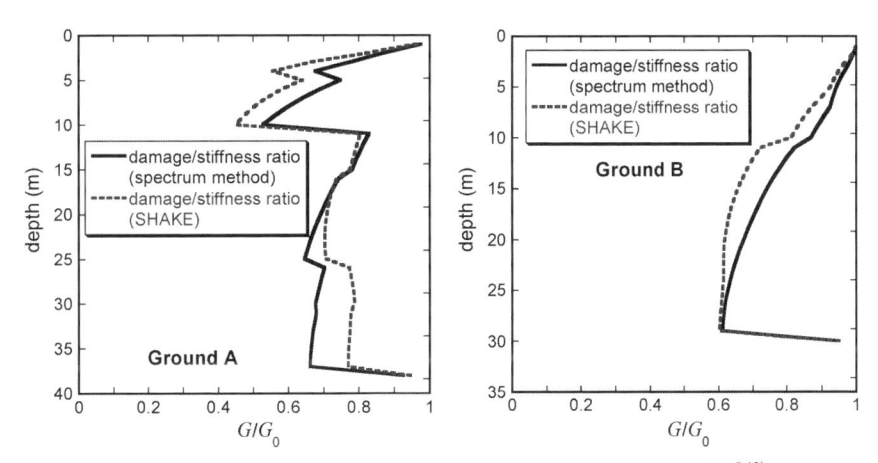

図 8-26　損傷限界レベル地震動に対する剛性低下の収束値 [8-12]

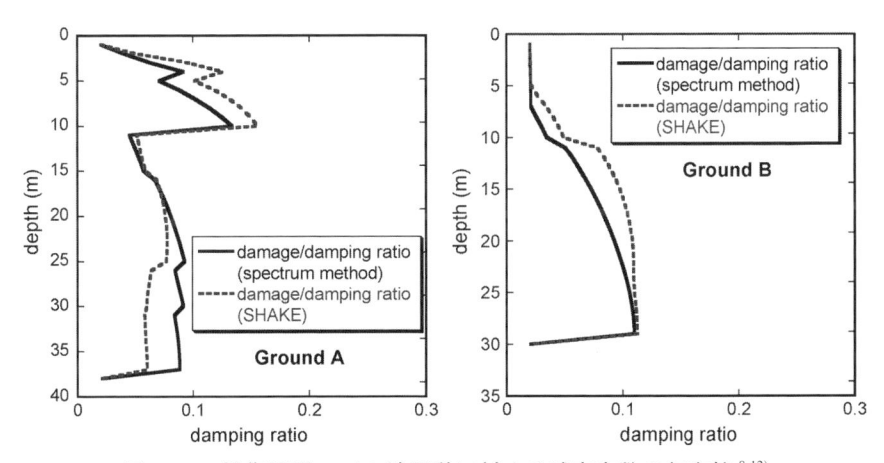

図 8-27　損傷限界レベル地震動に対する減衰定数の収束値 [8-12]

8.6 深い地盤構造の情報を必要とする長周期地震動作用時の超高層建物

図 8-28 は、大阪市内に存在する 250m 級の超高層建物において観測された 2011.3.11 の東北地方太平洋沖地震時の揺れを示す。大阪市は震源から 800km 以上離れていたにもかかわらず、本建物では頂部で片振幅 1.3m もの揺れが発生した。図 8-29 は、この地点での速度応答スペクトルを表し、6 秒から 7 秒にかけて卓越した地震動が存在したことがわかる。その原因と考えられているのが、この地点における深い地盤構造である。図 8-30 は、この地点での深い地下構造を表す。図 8-31 は、この地盤構造を用いて深い地盤構造が長周期建物に及ぼす影響を解析するためのモデル化の様子を表している。これにより解析した地震総入力エネルギーを建物 1 次固有周期に対して描いた図を図 8-32 に示す。深い地盤構造の影響により、6～8 秒付近でも大きな地震エネルギーの入力が存在することが理解される。さらに、この建物はアスペクト比が極めて大きく、短スパン方向において杭の伸縮によるロッキングの影響が大きく生じたことが考えられる。このように、超高層建物の構造設計においては、深い地盤構造について十分調査を行うとともに、地盤との動的相互作用についても詳細な検討が必要となる。

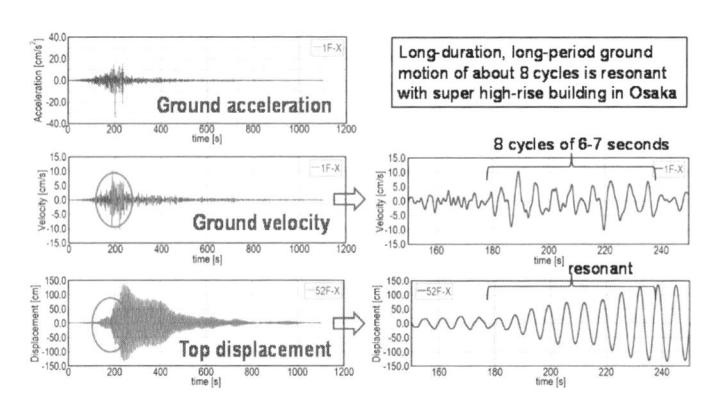

図 8-28 大阪市内に存在する 250m 級の超高層建物において観測された
2011.3.11 の東北地方太平洋沖地震時の揺れ [8-16), 8-17)]

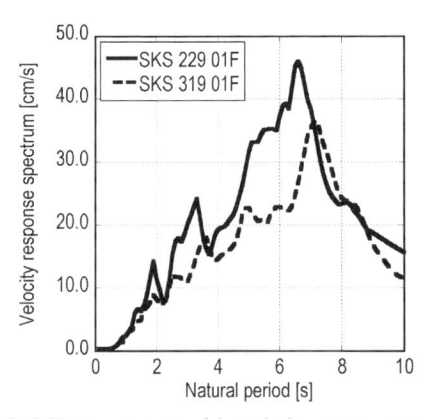

図 8-29 速度応答スペクトル（水平方向、229：NS、319：EW）

第 8 章　地盤の影響を考慮した解析　　*173*

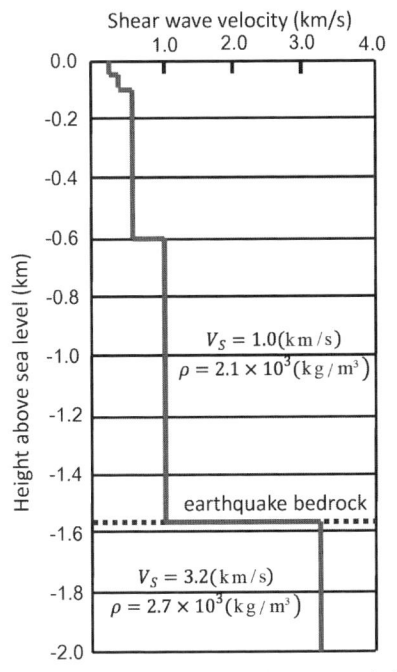

図 8-30　深い地下における地盤のせん断波速度

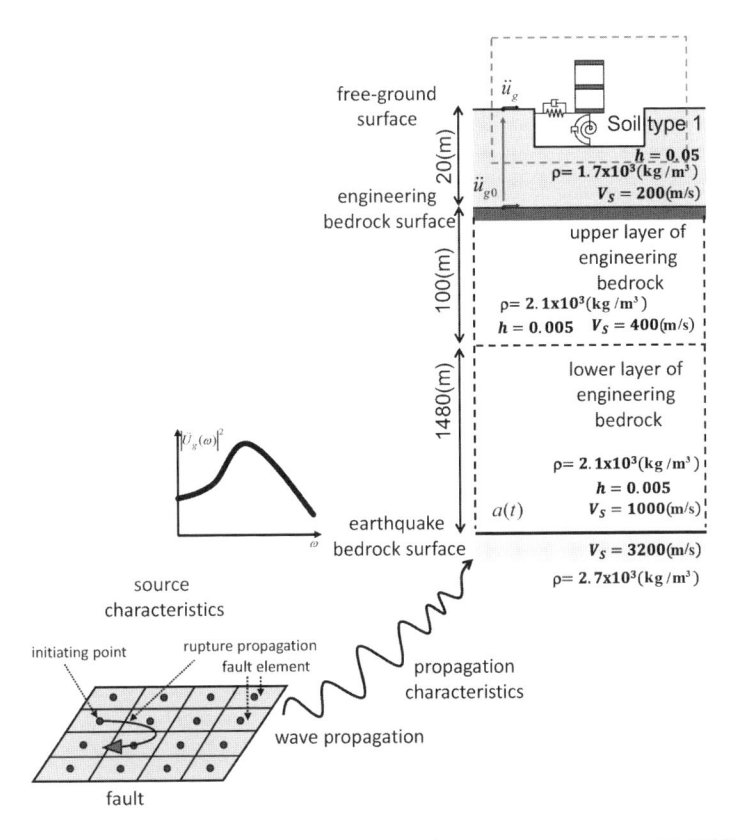

図 8-31　地震動の生成メカニズムを考慮した入力エネルギー解析[8-18]

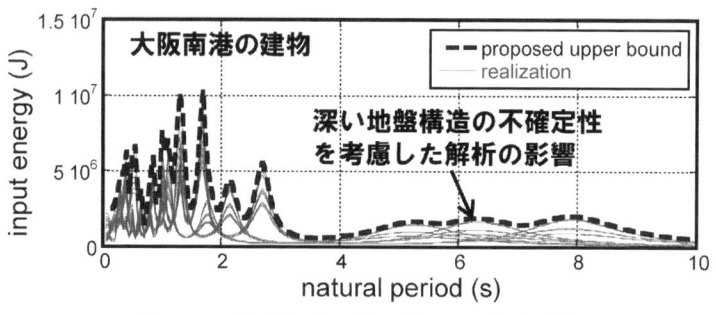

図 8-32 地震入力エネルギーの上限値 [8-18]

他方、図 8-33 は、2011.3.11 の東北地方太平洋沖地震時に東京新宿で得られた地震動を入力したときの模擬 60 層建物の最大変形を表す。東京新宿は震源から 200 〜 300km の距離にあったにもかかわらず地盤が堅固であったため、長周期成分がそれほど増幅せず、大阪の建物よりも若干小さな変形となっていることがわかる。また、この建物に制振ダンパー（高減衰ゴムダンパー）を設置した場合の解析も行った結果、長周期地震動には制振ダンパーが有効に作用することが確認され、変形が大幅に低減できることがわかる。

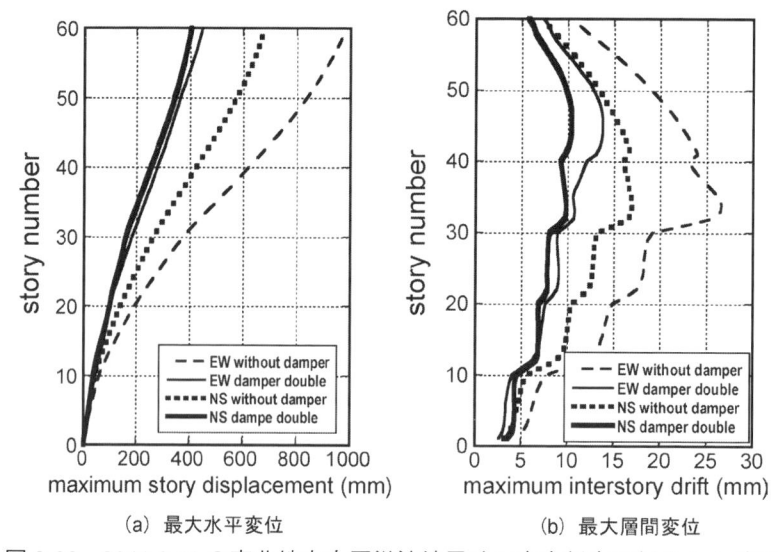

(a) 最大水平変位　　(b) 最大層間変位

図 8-33　2011.3.11 の東北地方太平洋沖地震時に東京新宿で得られた地震動を入力したときの模擬 60 層建物の最大変形 [8-16, 8-17]

8.7　棒材理論による解析との接続

前節までで、建物と地盤との相互作用を考慮した解析法について述べた。ここでは、本著における棒材理論による解析との接続方法について述べる。

図 8-34 に、棒材理論による解析との接続方法に関する 2 つの方法を示す。

(a) SRばねと接続する方法

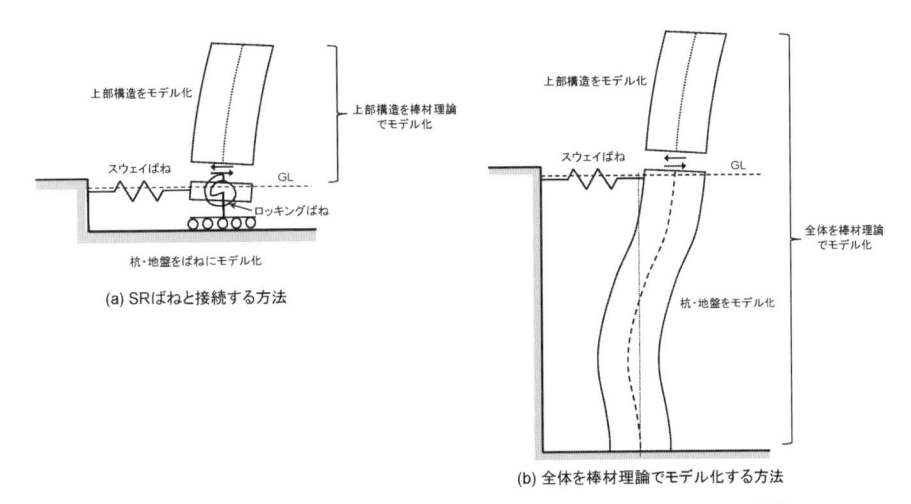

(b) 全体を棒材理論でモデル化する方法

図 8-34 棒材理論による解析との接続方法に関する2つの方法

　第1法は最も簡易的な方法で、棒材の最下点に水平集中ばね（スウェイばね）と回転ばね（ロッキングばね）を挿入するモデルである。この場合には、杭・地盤を適切にスウェイばねとロッキングばねにモデル化する必要があり、棒材理論の境界条件のみを変更することで比較的容易に対応可能である。高層建物であれば、動的相互作用の効果（自由地盤での地表地震動と建物基礎での地震動の差）は大きくないため、スウェイばねの他端に自由地盤での地表地震動（図 8-35(a)）を入力すればよい。基礎の埋め込みがある場合には、基礎底面における地震動（図 8-35(b)）を入力すればよい。自由地盤での地表地震動や基礎底面における地震動は、8.5節において解説した1次元重複反射理論を用いて評価することが高層建物の構造審査などでもよく用いられる。

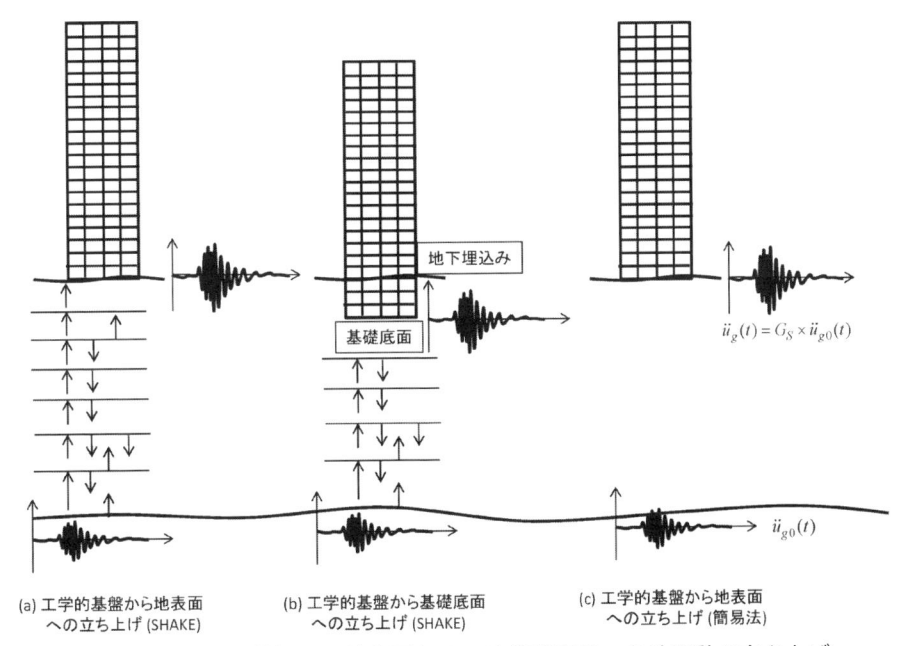

(a) 工学的基盤から地表面への立ち上げ (SHAKE)

(b) 工学的基盤から基礎底面への立ち上げ (SHAKE)

(c) 工学的基盤から地表面への立ち上げ (簡易法)　$\ddot{u}_g(t) = G_S \times \ddot{u}_{g0}(t)$

$\ddot{u}_{g0}(t)$

図 8-35 工学的基盤から地表面あるいは基礎底面への地震動の立ち上げ

第2法は上部構造と杭・地盤をそれぞれ構造特性の異なる棒材にモデル化し、全体として棒材理論を用いて解析する方法である。この場合には、自由地盤と杭・周辺地盤を繋ぐスウェイばねを付加する必要があり、その剛性の与え方には工夫が必要である。このモデルでは、前者のモデルとは異なり、上部構造から杭・地盤系に対する力の流れをある程度詳細に扱うことが可能となり、基礎梁などの基礎の設計にも柔軟に対応可能という長所がある。ただし、スウェイばねの他端には、工学的基盤における地震動からの表層地盤による増幅効果を考慮した地震動を入力する必要がある。これについては、前段落で解説した方法を用いることができる。

　なお、工学的基盤面から地表面への地震動の増幅を簡易的に表現する方法として、2000年改正の建築基準法で導入された限界耐力計算法におけるG_sを解放工学的基盤面における地震動に乗じる方法がある（図 8-35(c)）。G_sは本来周期依存性を有するが、長周期地震動を受ける高層建物の場合などにおいては、周期非依存としてのG_sを解放工学的基盤面における地震動波形に乗じればよい。

謝辞　文献 8-19) より多くの引用をさせていただいた。ここに記して謝意を表す。

参考文献

8-1) 日本建築学会：建築基礎構造設計指針、1988.
8-2) 日本建築学会：建築基礎構造設計指針、2001.
8-3) 日本建築学会：入門・建物と地盤との動的相互作用、1996.
8-4) 日本建築学会：建物と地盤の動的相互作用を考慮した応答解析と耐震設計、2006.
8-5) P.B. Schnabel, J. Lysmer, and H.B. Seed：SHAKE, A computer program for earthquake response analysis of horizontally layered sites, A computer program distributed by NISEE/ Computer Applications, Berkeley, 1972.
8-6) G. Gazetas and R. Dobry："Horizontal response of piles in layered soils", Journal of Geotechnical Engineering, ASCE, Vol. 110(1), pp. 20-40, 1984.
8-7) M. Kavvadas and G. Gazetas: "Kinematic seismic response and bending of free-head piles in layered soil", Geotechnique, Vol. 43(2), pp. 207-222, 1993.
8-8) 中村恒善、竹脇　出、島野幸弘："混合型逆定式化による建築骨組‐杭‐地盤連成系の地震時設計ひずみに対する剛性設計"、日本建築学会構造系論文報告集、第 440 号、pp. 43-56, 1992.
8-9) 三浦賢治、古山田耕司、飯場正紀："応答スペクトル法による表層地盤の非線形増幅特性の解析"、日本建築学会構造系論文集、第 539 号、pp. 57-62, 2001.
8-10) 山内寿明、岩崎智哉、源栄正人："モーダル解析による表層地盤非線形増幅特性の簡易推定手法"、日本建築学会大会学術講演梗概集、構造系、pp. 781-782, 2001.
8-11) 竹脇　出、土井明裕、辻　聖晃、上谷宏二："動的 Winkler ばねモデルを用いた杭支持建築構造物の地震時剛性設計"、日本建築学会構造系論文集、第 571 号、pp. 45-52, 2003.
8-12) 竹脇　出、大渕邦之、山崎雅弘："構造物‐杭‐地盤連成系への地震エネルギー入力"、日本建築学会構造系論文集、第 583 号、pp. 39-46, 2004.
8-13) I. Takewaki, N. Fujii, and K. Uetani: "Nonlinear surface ground analysis via statistical approach", Soil Dynamics and Earthquake Engineering, Vol. 22(6), pp. 499-509, 2002.
8-14) I. Takewaki：Critical excitation methods in earthquake engineering, Elsevier Science, 2006.
8-15) 岸田明子："地盤の不確定性と群杭効果を考慮した建築構造物の地震時応答特性と上部下

部統合化設計"、京都大学工学博士学位論文、2008.

8-16) I. Takewaki, S. Murakami, K. Fujita, S. Yoshitomi, and M. Tsuji："The 2011 off the Pacific coast of Tohoku earthquake and response of high-rise buildings under long-period ground motions", Soil Dynamics and Earthquake Engineering, Vol. 31(11), pp. 1511-1528, 2011.

8-17) I. Takewaki, A. Moustafa, and K. Fujita：Improving the earthquake resilience of buildings: The worst case approach, Springer (London), July, 2012.

8-18) M. Taniguchi and I. Takewaki："Bound of earthquake input energy to building structure considering shallow and deep ground uncertainties", Soil Dynamics and Earthquake Engineering, Vol. 77, pp. 267-273, 2015.

8-19) 竹脇　出、山崎雅弘："第4章　地盤・基礎のモデル化"、建築構造設計の第一歩　＜構造解析法の基礎から応用まで＞、日本建築学会 構造委員会 応用力学運営委員会 力学的感性と教育小委員会、2007.

第 9 章　表層地盤による地震動の増幅

9.1　概要

　解放工学的基盤面で与えられた地震動は表層地盤により増幅される。この表層地盤による加速度の増幅倍率を G_s と表示する。地表面での加速度応答スペクトル S_a は解放工学的基盤面で与えられた加速度応答スペクトル S_{a0}（減衰定数5％）に地震地域係数 Z と増幅倍率 G_s を掛けた値となる（告示 平12建告 第1457号）。

　　（地表面での加速度応答スペクトル S_a）
　　＝（解放工学的基盤面での加速度応答スペクトル S_{a0}）×（地震地域係数 Z）
　　×（増幅倍率 G_s）

　工学的基盤は地盤を通して伝播する入力地震動を規定する地盤であり、地震動はそれより深い地盤まで考慮しなくてよい。工学的基盤は400m/s程度のせん断波速度を有する地盤と定義する。この地盤は標準貫入試験によるN値＝50の値よりも一般に硬い。工学的基盤は、建物の基礎を支持する支持層よりも深い硬質な地盤となる場合がある。工学的基盤として認定するには、それより深い地盤で同等以上の地盤剛性が少なくとも5m以上は確保される必要がある。地盤条件によっては、せん断波速度400m/sまでの地層まで調査できない場合は、N値＝50以上の支持層を確認した上で、調査した最深層をせん断波速度400m/sを有する工学的基盤と仮定してよい（2015年度版 建築物の構造関係技術基準解説書）。

　表層地盤による増幅計算の算定条件は、①地盤の液状化の影響がないこと、②成層地盤であることに基づいている。これらの条件を満足できない場合は、適宜増幅係数の割増を行う。また、③建築物と表層地盤の相互作用が必要な場合は更に割増を行う。

　建物中心から地盤の厚さの5倍程度の範囲内において、地層の傾斜が5度以下の場合は成層地盤と見なし、それ以外は非成層地盤となる。5度を超える地盤や崖地の場合、適宜 G_s 値を割増す。

　また、構造物と表層地盤との相互作用を考慮する係数 β は次式により求める。ただし、β は0.75以上とする。

$$\beta = \frac{K_{hb}\left\{1-\left(1-\dfrac{1}{G_s}\right)\dfrac{D_e}{\sum H_i}\right\}+K_{he}}{K_{hb}+K_{he}} \geq 0.75 \tag{9.1}$$

　ここに、K_{hb} ＝ 地盤調査によって求められた建築物の地下部分の底面における水平地

盤ばね定数（kN/m）；D_e = 地表面から基礎底面までの深さ（m）；H_i = 地盤の各層の層厚（m）；K_{he} = 地盤調査によって求められた建築物の地下部分の側面における水平地盤ばね定数（kN/m）。

よって、表層地盤の加速度応答スペクトルは次式となる。

（表層地盤の加速度応答スペクトル S_a）
 = （解放工学的基盤の加速度応答スペクトル S_{a0}）×（地震地域係数 Z）
 ×（表層地盤の増幅係数 G_s）×（建築物と表層地盤の相互作用係数 $β$）

増幅係数 G_s の算定法には簡略法と精算法が限界耐力計算法で規定されている（告示 平12建告第1457号 第10号）。

① 簡略法による G_s 値

簡略法は地盤種別に基づいて G_s を決定する。建築物の固有周期（s）に対して G_s は表9-1より求まる。

表9-1 表層地盤における増幅倍率 G_s（簡略法）

第一種地盤	第二種地盤	第三種地盤
$T<0.576$ $G_S=1.5$	$T<0.64$ $G_S=1.5$	$T<0.64$ $G_S=1.5$
$0.576 \leq T<0.64$ $G_s = \dfrac{0.864}{T}$	$0.64 \leq T<0.864$ $G_s = 1.5\left(\dfrac{T}{0.64}\right)$	$0.64 \leq T<1.152$ $G_s = 1.5\left(\dfrac{T}{0.64}\right)$
$0.64<T$ $G_S=1.35$	$0.864<T$ $G_S=2.025$	$1.152<T$ $G_S=2.7$

注）T = 建築物の固有周期 (s)

G_s 値の分布を各種地盤について比較すると図9-1となる。

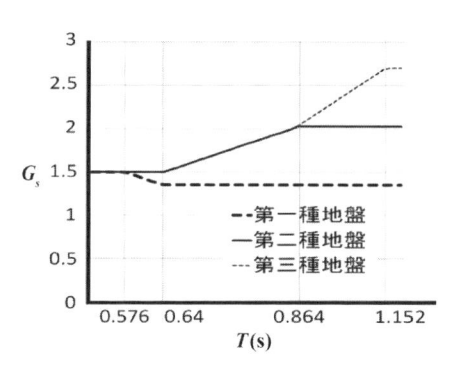

図9-1 表層地盤における加速度の増幅倍率 G_s（簡略法）

表9-1における地盤の種類は、表9-2のように定義されている。

表 9-2　地盤の種類

第一種地盤	岩盤、硬質砂れき層その他主として第三紀以前の地層によって構成されているもの、または地盤周期等についての調査若しくは研究の結果に基づき、これと同程度の地盤周期を有すると認められるもの（硬い地盤）
第二種地盤	第一種地盤および第三種地盤以外のもの（普通の地盤）
第三種地盤	腐植土、泥土その他これらに類するもので大部分が構成されている沖積層（盛土がある場合においてはこれを含む。）で、その深さがおおむね30m以上のもの、沼沢、沼海等を埋め立てた地盤の深さがおおむね3m以上であり、かつ、これらで埋め立てられてからおおむね30年経過していないもの、または地盤周期等についての調査若しくは研究の結果に基づき、これらと同程度の地盤周期を有すると認められるもの（軟らかい地盤）

② **精算法による G_s 値**

極めて稀に発生する地震動（安全限界）に対しては、簡略法に代えて精算法により G_s を求めることができる。精算法は時刻歴応答解析を行わずに、地盤調査に基づくN値のみで増幅率 G_s を算定する。計算は以下の順で求める[9-1), 9-2)]。

1) 地盤定数：表層地盤の各種物理定数と層厚など
2) 工学的基盤の標準スペクトル S_a
3) 表層地盤の固有周期 T_1、T_2
4) 等価せん断波速度 V_{se}、波動インピーダンス比 α
5) 表層地盤の増幅率 G_{si} と変位応答 U_i
6) 等価せん断弾性係数 G と減衰定数 h
7) 上記ステップ 3)〜6) の T_1 の収束計算を繰り返す。
8) 表層地盤の増幅係数 G_s

9.2 表層地盤の増幅特性の計算フローチャート

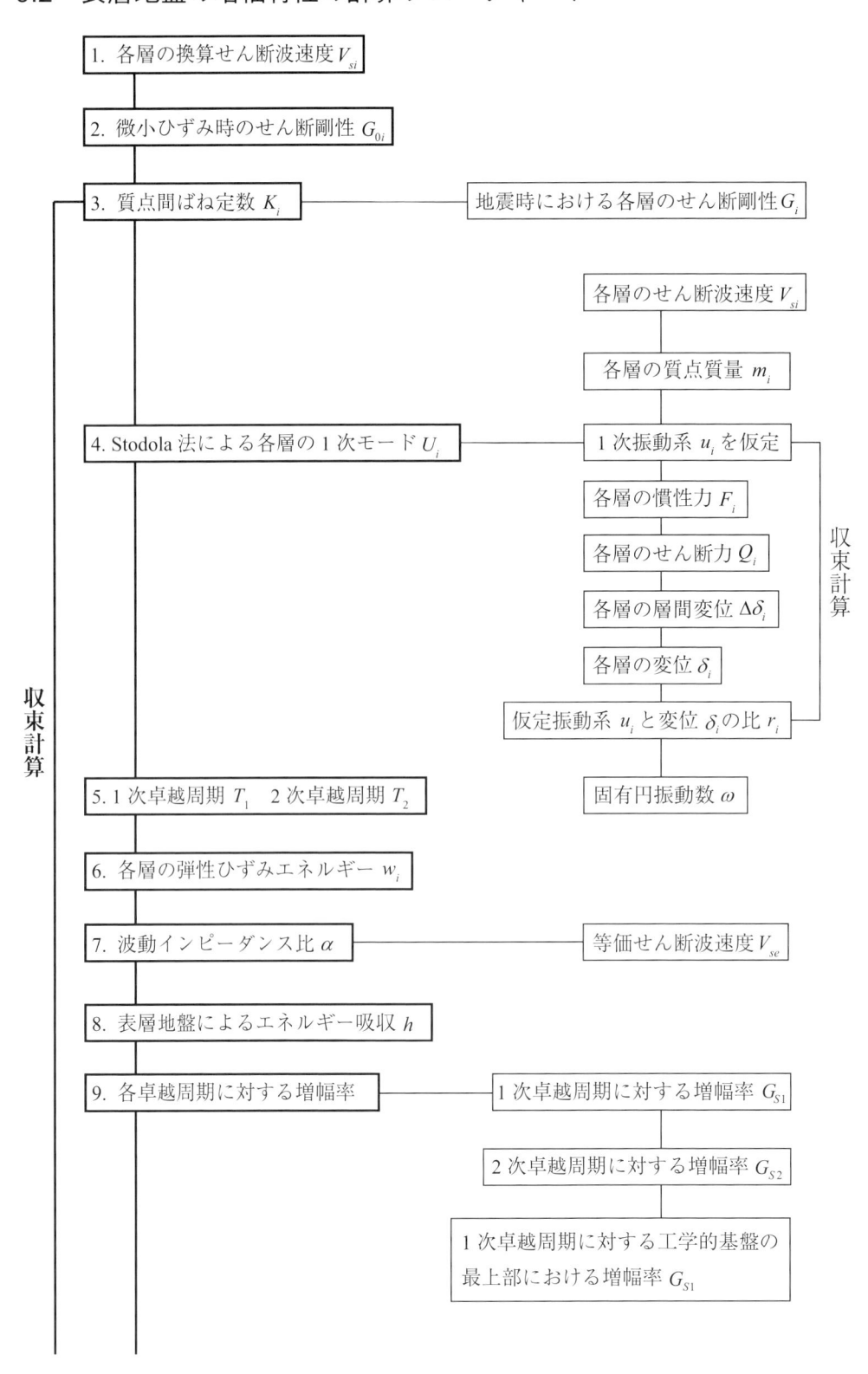

```
1. 各層の換算せん断波速度 V_si
         ↓
2. 微小ひずみ時のせん断剛性 G_0i
         ↓
3. 質点間ばね定数 K_i ←―――――― 地震時における各層のせん断剛性 G_i
         ↓
                          各層のせん断波速度 V_si
                                 ↓
                          各層の質点質量 m_i
                                 ↓
4. Stodola 法による各層の1次モード U_i ―― 1次振動系 u_i を仮定
                                 ↓
                          各層の慣性力 F_i
                                 ↓
                          各層のせん断力 Q_i       収束計算
                                 ↓
                          各層の層間変位 Δδ_i
                                 ↓
                          各層の変位 δ_i
                                 ↓
                          仮定振動系 u_i と変位 δ_i の比 r_i
         ↓
5. 1次卓越周期 T_1  2次卓越周期 T_2       固有円振動数 ω
         ↓
6. 各層の弾性ひずみエネルギー w_i
         ↓
7. 波動インピーダンス比 α ←―――――― 等価せん断波速度 V_se
         ↓
8. 表層地盤によるエネルギー吸収 h
         ↓
9. 各卓越周期に対する増幅率 ――――― 1次卓越周期に対する増幅率 G_S1
                              ↓
                          2次卓越周期に対する増幅率 G_S2
                              ↓
                          1次卓越周期に対する工学的基盤の
                          最上部における増幅率 G_S1
```

(左側:収束計算)

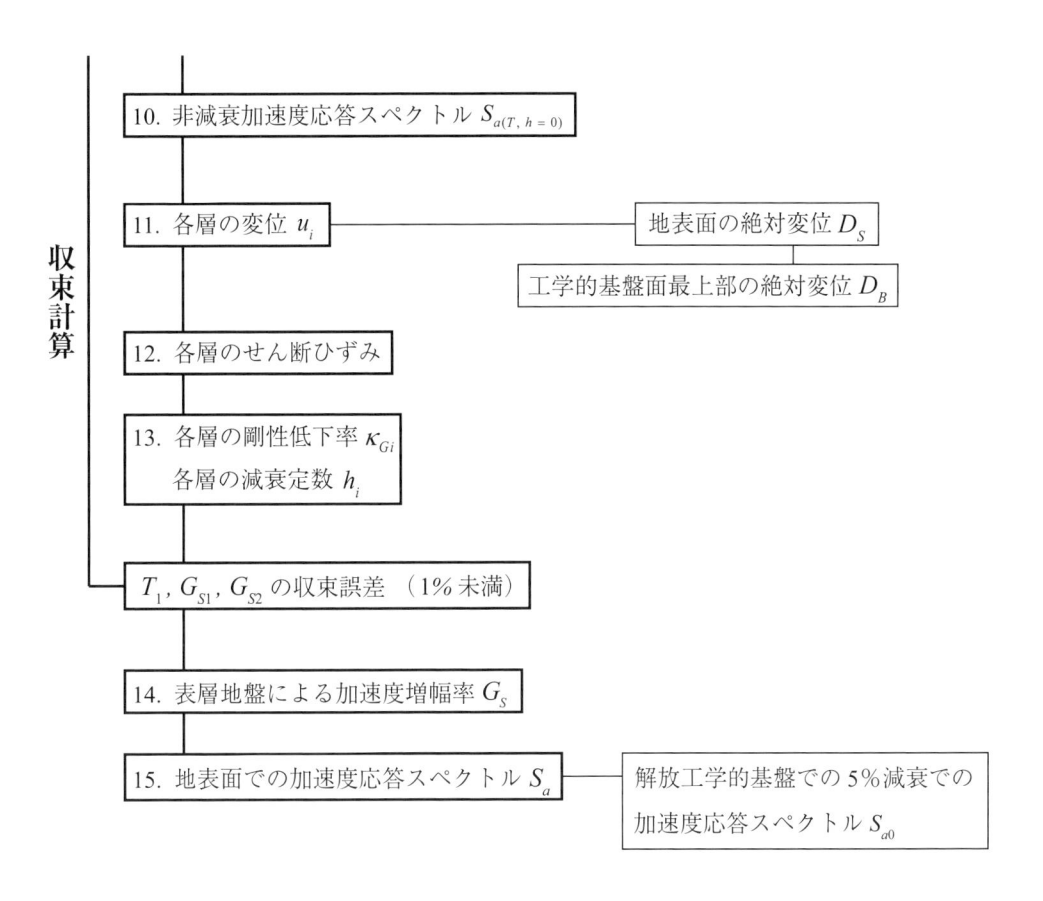

```
収束計算
│
├─[10. 非減衰加速度応答スペクトル $S_{a(T, h=0)}$]
│
├─[11. 各層の変位 $u_i$]────[地表面の絶対変位 $D_S$]
│                        └─[工学的基盤面最上部の絶対変位 $D_B$]
│
├─[12. 各層のせん断ひずみ]
│
├─[13. 各層の剛性低下率 $\kappa_{Gi}$
│      各層の減衰定数 $h_i$]
│
└─[$T_1, G_{S1}, G_{S2}$ の収束誤差（1%未満）]

[14. 表層地盤による加速度増幅率 $G_S$]

[15. 地表面での加速度応答スペクトル $S_a$]────[解放工学的基盤での 5%減衰での
                                              加速度応答スペクトル $S_{a0}$]
```

9.3　精算法による計算法

計算法の詳細は参考文献「免震建築物の技術基準解説および計算例とその解説」[9-3] に記されている。以下、9.2 節で述べたフローチャートでの各ステップの計算概要を示す。

ステップ 1. 各層の換算せん断波速度

各層の換算せん断波速度を次式で求める。

$$V_{si} = 68.79 N^{0.171} H^{0.199} Y_g S_t \quad \text{(m/s)} \tag{9.2}$$

ここに、N = ボーリング調査による地盤の N 値；H = 各層の深さ（m）；Y_g = 表 9-3 に示す地質年代係数；　S_t = 表 9-4 に示す土質に応じた係数。

表 9-3　地質年代係数

	沖積層	洪積層
Y_g	1.000	1.303

表 9-4 土質に応じた係数

	粘土	砂 細砂	砂 中砂	砂 粗砂	砂礫	礫
S_t	1.000	1.086	1.066	1.135	1.153	1.448

ステップ 2. 微小ひずみ時のせん断剛性 G_{0i}

各層の微小ひずみ時のせん断剛性を次式で計算する。

$$G_{0i} = \rho_i V_{si}^2 \tag{9.3}$$

ここに、ρ = 各層の密度 $\rho(t/m^3)$（表 9-5）；V_{si} = 各層の換算せん断波速度。

表 9-5 東京における地盤の密度 $\rho(t/m^3)$ [9-3]

地層	沖積層 砂質	沖積層 シルト層	沖積層 粘土層	関東ローム層	渋谷粘土層	東京層 砂質	東京層 シルト層	東京層 粘土層
密度ρ (t/m³)	1.70〜1.92	1.51〜1.60	1.40〜1.60	1.25〜1.44	1.43〜1.66	1.75〜1.96	1.58〜1.76	1.44〜1.65

ステップ 3. 質点間ばね定数 K_i

① 地震時における各層のせん断剛性 G_i

$$G_i = \kappa_G G_{0i} \tag{9.4}$$

ここに、κ_G = せん断剛性低下率（$= G_i/G_{0i}$）。初期値（第1回目）は $\kappa_G = 1.0$ と仮定する。

② 各層のせん断波速度 V_{si}

$$V_{si} = \sqrt{\frac{G_i}{\rho_i}} \tag{9.5}$$

③ 各層の質点質量 m_i

$$m_i = \frac{\rho_i d_i + \rho_{i-1} d_{i-1}}{2} \tag{9.6}$$

ここに、d_i = 各層の層厚（m）。

④ 工学的基盤を除く各層のばね定数 K_i

$$K_i = \frac{G_i}{d_i} \tag{9.7}$$

⑤ 工学的基盤のばね定数の計算

$$K_b = \frac{8 G_b B}{2 - \nu_b} \tag{9.8}$$

ここに、B = 地盤を面積 $1m^2$ の円と考えたときの半径（m）（$\pi B^2 = 1m^2$ より $B = 0.564m$）；G_b = 工学的基盤のせん断剛性；ν_b = ポアソン比（0.45）。

ステップ4. Stodola 法による各層の1次モード $U_i^{9\text{-}4)}$

基本的には一次振動を対象とした方法である。以下の手順で算定する。

① 一次振動形 u_i を仮定する。i は地層で上から $1,2,\cdots,n$ とする。

② 円振動数を1として、各質量の慣性力 F_i を求める。

$$F_i = m_i u_i \tag{9.9}$$

ここに、質点質量 m_i は次式により求める。

$$m_i = \frac{(\rho_i d_i - \rho_{i-1} d_{i-1})}{2}$$

③ 慣性力を上から順に加算して、各層のせん断力 Q_i を求める。

$$Q_i = \sum_{j=1}^{i} F_j \tag{9.10}$$

④ 各層の $\Delta\delta_i$ および変位 δ_i を求める。

$$\Delta\delta_i = \frac{Q_i}{K_i} \tag{9.11}$$

$$\delta_i = \sum_{j=1}^{i} \Delta\delta_j \tag{9.12}$$

ここに、K_i = 質点間ばね剛性；K_b = 工学的基盤面のばね剛性。

⑤ 仮定振動形 u_i と変位 δ_i の比 r_i を求める。

$$r_i = \frac{u_i}{\delta_i} \tag{9.13}$$

⑥ 比 r_i が各階で等しくなるまで、変位 δ_i を振動形 u_i として①〜⑤の計算を繰り返す。

⑦ 比 r_i から固有円振動数 ω を求める。

$$\omega = \sqrt{r_i} \tag{9.14}$$

ステップ5. 1次卓越周期 T_1 および2次卓越周期 T_2

ステップ4の⑦で求めた固有円振動数 ω より、周期 T_1 を求める。

$$T_1 = \frac{2\pi}{\omega} \tag{9.15}$$

もしくは、告示式より

$$T_1 = \frac{4\left(\sum d_i\right)^2}{\sum V_{si} d_i} \tag{9.16}$$

また、T_2 は、次式より求める。

$$T_2 = \frac{T_1}{3} \tag{9.17}$$

ステップ6. 各層の最大弾性ひずみエネルギー w_i
各層の最大弾性ひずみエネルギーを次式で計算する。

$$w_i = \frac{G_i}{2d_i}(U_i - U_{i-1})^2 \tag{9.18}$$

ここに、U_i = 各層の1次モード。

ステップ7. 地盤の波動インピーダンス比 α

$$\alpha = \frac{\rho_e V_{se}}{\rho_b V_b} \tag{9.19}$$

ここに、ρ_e = 地盤の平均密度；ρ_b = 工学的基盤の密度；V_b = 工学的基盤のせん断波速度；V_{se} = 等価せん断波速度。

$$V_{se} = \frac{1}{H}\sum V_{si} d_i \tag{9.20}$$

ここに、H = 各層の深さ（各層の質点位置までの深さ）。

ステップ8. 表層地盤によるエネルギー吸収 h

$$h = 0.8 \frac{\sum h_i w_i}{\sum w_i} \geq 0.05 \tag{9.21}$$

ここに、h_i = 各層の減衰定数；w_i = 各層の最大弾性ひずみエネルギー。

ステップ9. 各卓越周期に対する増幅率
① 1次卓越周期に対する増幅率 G_{S1} を次式で計算する。

$$G_{S1} = \frac{1}{1.57\,h + \alpha} \tag{9.22}$$

② 2次卓越周期に対する増幅率 G_{S2} を次式で計算する。

$$G_{S2} = \frac{1}{4.71\,h + \alpha} \tag{9.23}$$

③ 1次卓越周期に対する工学的基盤面最上部の増幅率 G_{B1} を次式で計算する。

$$G_{B1} = \frac{1.57\,h}{1.57\,h + \alpha} \tag{9.24}$$

ステップ10. 非減衰加速度応答スペクトルの計算 $S_{a(T,h=0)}$

地表面の変位と工学的基盤の変位を算定するために、非減衰加速度応答スペクトルを次式で計算する[9-1]。

	稀に発生する地震の場合 （損傷限界）		極めて稀に発生する地震の場合 （安全限界であるので 損傷限界の5倍となっている）	
$T_1 \leq 0.16$ のとき	$S_{a(T,h=0)} = 0.64 + \dfrac{7.06 T_1}{0.16}$	(9.25)	$S_{a(T,h=0)} = 3.2 + \dfrac{35.3 T_1}{0.16}$	(9.28)
$0.16 < T_1 \leq 0.64$ のとき	$S_{a(T,h=0)} = 7.70$	(9.26)	$S_{a(T,h=0)} = 38.5$	(9.29)
$T_1 > 0.16$ のとき	$S_{a(T,h=0)} = \dfrac{7.70}{1.9 T_1^{1.45}}$	(9.27)	$S_{a(T,h=0)} = \dfrac{38.5}{1.9 T_1^{1.45}}$	(9.30)

ステップ11. 各層の変位 u_i

① 地震時における地表面の絶対変位 D_S を次式で計算する。

$$D_S = \frac{T_1^2 G_{S1} S_{a(T,h=0)}}{(2\pi)^3} \tag{9.31}$$

② 地震時における工学的基盤面最上部の絶対変位 D_B を次式で計算する。

$$D_B = \frac{T_1^2 G_{B1} S_{a(T,h=0)}}{(2\pi)^3} \tag{9.32}$$

③ 各層の変位 u_i を次式で計算する。

$$u_i = (D_S - D_B) U_i \tag{9.33}$$

ステップ12. 各層のせん断ひずみ γ_{ei}

$$\gamma_{ei} = \frac{0.65(u_i - u_{i+1})}{d_i} \tag{9.34}$$

ステップ13. 各層の剛性低下率 κ_{Gi} および減衰定数 h_i

各層のせん断ひずみ γ_{ei} より各層の剛性低下率 κ_{Gi}（せん断剛性比）および減衰定数 h_i を求める。地震時のせん断剛性 G は地盤のせん断ひずみ γ により減少し、これにより減衰定数も変化するので、ステップ13はせん断剛性 G とせん断ひずみ γ の収束計算を行う。収束判定は表層地盤の1次周期で判定する。

土の非線形モデルとして平成12年建設省告示第1457号別表が告示されていたが、これは削除されたのでHardin-Drnevich（HD）モデルを使用する。各層のせん断剛性

比 G/G_0 とせん断ひずみ γ の関係式および $h\sim\gamma$ の関係は次式で与えられる。[9-5]

$$G/G_0 = \frac{1}{1+\gamma/\gamma_{0.5}} \tag{9.35}$$

$$h = h_{\max}(1-G/G_0) \tag{9.36}$$

ここに、$\gamma_{0.5}$ = せん断剛性比 G/G_0 が 0.5 でのせん断ひずみ；$h_{\max}$ = 最大減衰定数。

なお、HD モデルのパラメータは以下の値とする[9-1]。

粘性土　$\gamma_{0.5} = 0.18\%$　　$h_{\max} = 17\%$

砂質土　$\gamma_{0.5} = 0.10\%$　　$h_{\max} = 21\%$

これらの値は旧告示モデルとは少し異なり、せん断剛性比は少し大きく、減衰定数は少し低く評価している。

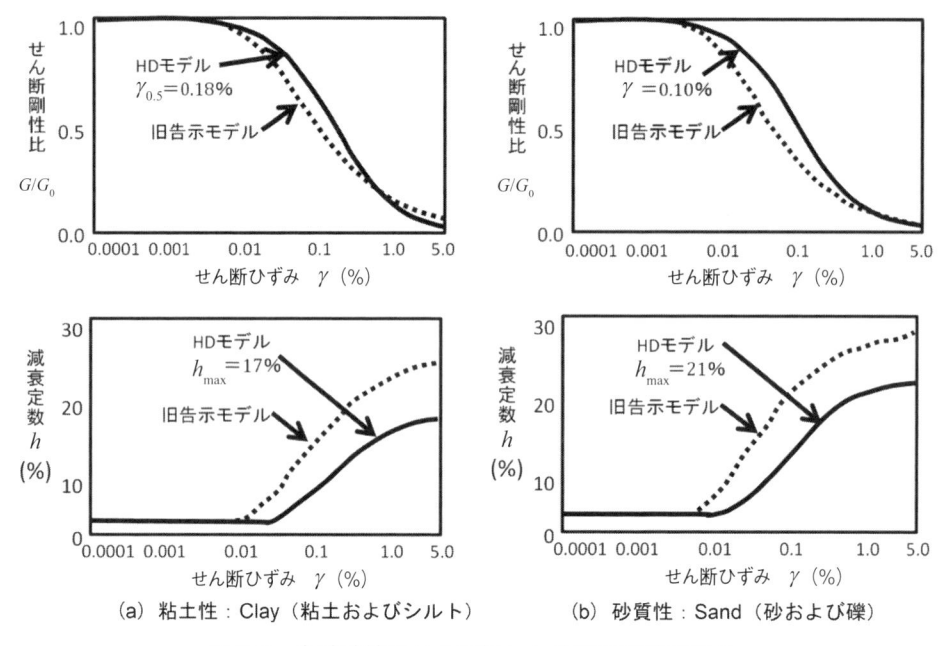

図 9-2　全試験結果から評価した地盤の非線形特性

(a) 粘土性：Clay（粘土およびシルト）　　(b) 砂質性：Sand（砂および礫）

ステップ 14. 表層地盤による加速度増幅率 G_S

加速度の増幅率 G_S を次式で計算する（告示 建告第 1457 号）。

$T \leq 0.8T_2$ のとき	$G_S = G_{S2} \dfrac{T}{0.8T_2} \geq 1.23$	(9.37)
$0.8T_2 < T \leq 0.8T_1$ のとき	$G_S = \dfrac{G_{S1} - G_{S2}}{0.8(T_1 - T_2)}T + G_{S2} - 0.8\dfrac{G_{S1} - G_{S2}}{0.8(T_1 - T_2)}T_2 \geq 1.23$	(9.38)
$0.8T_2 < T \leq 1.2T_1$ のとき	$G_S = G_{S1} \geq 1.23$	(9.39)
$T > 1.2T_1$ のとき	$G_S = \dfrac{G_{S1} - 1}{\dfrac{1}{1.2T_1} - 0.1}\dfrac{1}{T} + G_{S1} - \dfrac{G_{S1} - 1}{\dfrac{1}{1.2T_1} - 0.1}\dfrac{1}{1.2T_1} \geq 1.23$	(9.40)

建築物の安全限界時の G_S が上記の式(9.35)〜式(9.38)で1.23を下回った場合は、1.23とする。

ステップ 15. 地表面での加速度応答スペクトル S_a

地表面での加速度応答スペクトル S_a は、減衰係数 $h = 0.05$ としたときの解放工学的基盤での加速度応答スペクトル S_{a0} に表層地盤による加速度増幅率 G_S を乗じて求める。

$$S_a = S_{a0} \times G_S \times Z \tag{9.41}$$

なお、解放工学的基盤での加速度応答スペクトル $S_{a0}(h = 0.05)$ は、解放工学的基盤での地震波（加速度時刻歴）が与えられると求まる。なお、擬似応答速度スペクトル S_v は $S_v = S_a / \omega$ より求められる。ここに、ω は表層地盤の固有周期 T_1 を用いて $\omega = 2\pi / T$ となる。

参考までに、限界耐力計算で用いられている減衰係数 $h = 0.05$ としたときの解放工学的基盤での加速度応答スペクトル S_{a0} を記す[9-1]。（注：S_a は S_{a0} と読替える）

	稀に発生する地震の場合 （損傷限界）		極めて稀に発生する地震の場合 （安全限界）	
$T_1 \leq 0.16$ のとき	$S_a = 0.64 + 6T$	(9.42)	$S_a = 3.2 + 30T$	(9.45)
$0.16 < T_1 \leq 0.64$ のとき	$S_a = 1.6$	(9.43)	$S_a = 8.0$	(9.46)
$T_1 > 0.64$ のとき	$S_a = \dfrac{1.024}{T}$	(9.44)	$S_a = \dfrac{5.12}{T}$	(9.47)

9.4 例題

(1) 地盤モデル

図 9-3 に示すように、表層面から工学的基盤まで 5 層からなる地盤を考える。地層は表層面より 1,2,… とする。表 9-6 のような地盤の増幅特性を求める。

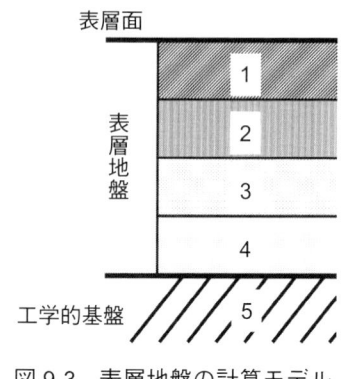

図 9-3 表層地盤の計算モデル

表 9-6 地盤モデル

層	地質年代	土質	層厚 d(m)	深度 H(m)	平均 N 値
1	沖積層	粘土	15	7.5	8
2	沖積層	粘土	2	16	7
3	洪積層	粘土	4	19	42
4	洪積層	粗砂	2	22	33
5	洪積層	礫	6	23	50

層	密度 ρ (t/m³)	年代係数 Y_g	土質係数 S_t	換算 V_s (m/s)	せん断剛性 G_{0i}(kN/m²)
1	1.90	1.000	1.000	146.6	40825.9
2	1.90	1.000	1.000	166.6	52731.2
3	1.70	1.303	1.000	305.2	158301
4	1.70	1.303	1.135	342.2	199065.5
5	2.00	1.303	1.448	472.9	447220.8

注）5 層が V_s = 400 m/s 以上なので工学的基盤になる。

(2) T_1, G_{S1}, G_{S2} の算定

5 層の地盤の換算せん断波速度は V_s = 472.9 m/s であるので、5 層を工学的基盤とみなして、1〜4 層を表層地盤とする。表 9-6 の地盤モデルから、T_1, G_{S1}, G_{S2} を収束計算により算定する。なお、本例題は告示の変更以前に作成したので、せん断剛性低下率および減衰定数は HD モデルでなく旧告示 1457 を使用している。

収束計算の過程を以下に示す。

① 1回目（表9-7）

表9-7 収束計算－1回目

層	G_{0i} (kN/m²)	剛性低下率 G_i/G_{0i}	減衰定数 h_i	G_i (kN/m²)
1	40825.9	1.000	0.020	40825.9
2	52731.2	1.000	0.020	52731.2
3	158301	1.000	0.020	158301
4	199065.5	1.000	0.020	199065.5
5	447220.8	1.000	0.000	447220.8

層	V_{si} (m/s)	質点間ばね K_i (kN/m)	質点質量 m_i (t)	1次モード U_i
1	146.6	2721.7	14.2	1.0000
2	166.6	26365.6	16.1	0.2011
3	305.2	39575.2	5.3	0.0997
4	342.2	99532.8	5.1	0.0301
5	472.9	1306904.3	7.7	0.0021

平均密度	ρ_e	1.85	T_1	0.508	S_a	38.50
等価 V_s	V_{se}	192.9	G_{S1}	2.449	D_S	0.09819
波動インピーダンス比	α	0.377	G_{S2}	2.123	D_B	0.00308
エネルギー吸収	h	0.02	G_{B1}	0.077	$D_S - D_B$	0.0951

層	相対変位 u_i (m)	層間変位 Δ_i (m)	せん断ひずみ γ_{ei}	剛性低下率 G_i/G_{0i}	減衰定数 h_i
1	0.095103	0.075974	0.003292	0.299	0.184
2	0.019129	0.009648	0.003135	0.305	0.182
3	0.009482	0.006623	0.001076	0.501	0.131
4	0.002858	0.002656	0.000863	0.359	0.181
5	0.000202	0.000202	—	1.000	0.000

② 2回目（表9-8）

表9-8 収束計算－2回目

層	G_{0i} (kN/m²)	剛性低下率 G_i/G_{0i}	減衰定数 h_i	G_i (kN/m²)
1	40825.9	0.299	0.184	12195.8
2	52731.2	0.305	0.182	16099.4
3	158301.0	0.501	0.131	79274.3
4	199065.5	0.359	0.181	71483.7
5	447220.8	1.000	0.000	447220.8

層	V_{si} (m/s)	質点間ばね K_i (kN/m)	質点質量 m_i (t)	1次モード U_i
1	80.1	813.1	14.2	1.0000
2	92.1	8049.7	16.1	0.1661
3	215.9	19818.6	5.3	0.0656
4	205.1	35741.8	5.1	0.0239
5	472.9	1306904.3	7.7	0.0006

平均密度	ρ_e	1.85	T_1	0.909	S_a	23.15
等価V_s	V_{se}	115.6	G_{S1}	1.959	D_S	0.15109
波動インピーダンス比	α	0.226	G_{S2}	0.927	D_B	0.04297
エネルギー吸収	h	0.181	G_{B1}	0.557	D_S-D_B	0.10812

層	相対変位 u_i (m)	層間変位 Δ_i (m)	せん断ひずみ γ_{ei}	剛性低下率 G_i/G_{0i}	減衰定数 h_i
1	0.108123	0.090161	0.003907	0.273	0.191
2	0.017962	0.010868	0.003532	0.289	0.187
3	0.007094	0.004507	0.000732	0.578	0.111
4	0.002586	0.002517	0.000818	0.369	0.178
5	0.000069	0.000069	—	1.000	0.000

③ 以下同様な計算を繰り返す。10回目で収束した（表9-9）。

表9-9 収束計算－10回目

層	G_{0i} (kN/m^2)	剛性低下率 G_i/G_{0i}	減衰定数 h_i	G_i (kN/m^2)
1	40825.9	0.267	0.192	10920.5
2	52731.2	0.301	0.184	15861.4
3	158301.0	0.659	0.089	104307.4
4	199065.5	0.419	0.164	83473.9
5	447220.8	1.000	0.000	447220.8

層	V_{si} (m/s)	質点間ばね K_i (kN/m)	質点質量 m_i (t)	1次モード U_i
1	75.8	728.0	14.2	1.0000
2	91.4	7930.7	16.1	0.1387
3	247.7	26076.8	5.3	0.0468
4	221.6	41737.0	5.1	0.0185
5	472.9	1306904.3	7.7	0.0006

平均密度	ρ_e	1.85	T_1	0.945	S_a	21.87
等価V_s	V_{se}	119.7	G_{S1}	1.927	D_S	0.15183
波動インピーダンス比	α	0.234	G_{S2}	0.918	D_B	0.04326
エネルギー吸収	h	0.181	G_{B1}	0.549	D_S-D_B	0.10857

層	相対変位 u_i (m)	層間変位 Δ_i (m)	せん断ひずみ γ_{ei}	剛性低下率 G_i/G_{0i}	減衰定数 h_i
1	0.108570	0.093510	0.004052	0.267	0.192
2	0.015060	0.009978	0.003243	0.301	0.184
3	0.005082	0.003078	0.000500	0.659	0.089
4	0.002004	0.001942	0.000631	0.419	0.164
5	0.000062	0.000062	—	1.000	0.000

　収束計算を行った結果、10回の繰り返し計算で収束したので計算を終了する。以上より、大地震時の地盤の値として以下の値を得た。

　　表層地盤の1次卓越周期　　　　　$T_1 = 0.945$ sec
　　表層地盤の2次卓越周期　　　　　$T_2 = 0.315$ sec
　　波動インピーダンス比　　　　　　$\alpha = 0.234$
　　表層地盤によるエネルギー吸収　　$h = 0.181$
　　1次卓越周期に対する増幅率　　　$G_{S1} = 1.927$
　　1次卓越周期に対する増幅率　　　$G_{S2} = 0.918$
　　工学的基盤の増幅率　　　　　　　$G_{B1} = 0.549$
　　表層地盤の等価せん断波速度　　　$V_{se} = 119.7$ m/sec

(3) 表層地盤による加速度増幅率 G_S

表層地盤による加速度増幅率 G_S を、式 (9.35) ～式 (9.38) を用いて求める。G_S の算定結果を図 9-4 に示す。なお図中には、参考として簡略法による第 2 種地盤に対する G_S の算定結果も併記した。

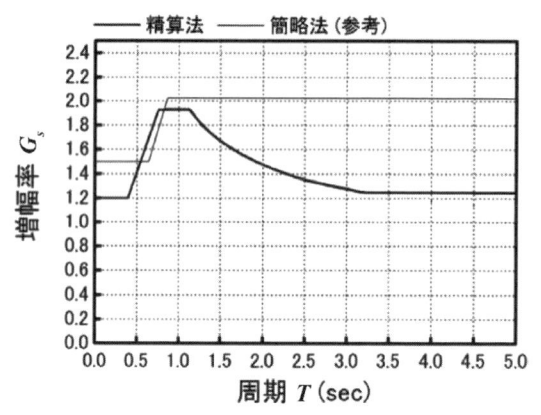

図 9-4 表層地盤による加速度増幅率 G_S

(4) 地表面の加速度応答スペクトル

ここでは、極めて稀に発生する地震を考え、解放工学的基盤での加速度応答スペクトルを、式 (9.45) ～式 (9.47) を用いて求める。求めた解放工学的基盤での加速度応答スペクトル S_{a0} に、表層地盤による加速度増幅率 G_S と地域係数 Z を乗じて、地表面での加速度応答スペクトルを求める。地表面での加速度応答スペクトルの算定結果を図 9-5 に示す。

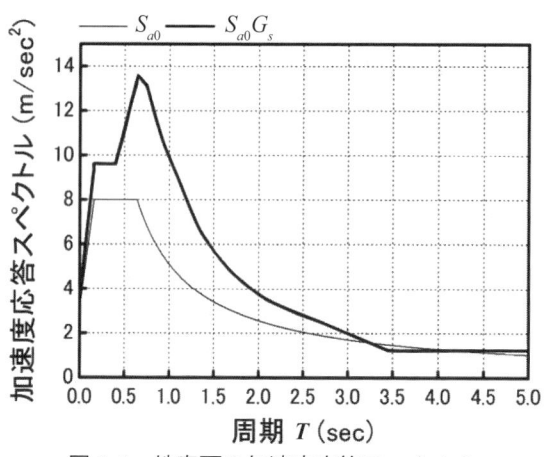

図 9-5 地表面の加速度応答スペクトル

参考文献

9-1) 国土交通省住宅局建築指導課他：2001 年版 限界耐力計算法の計算例とその解説、工学図書、2001.
9-2) 国土交通省住宅局建築指導課他：2001 年版 免震建築物の技術基準解説及び計算例とその解説、工学図書、2001.
9-3) 大崎順彦：建築基礎構造、技報堂出版、1991.
9-4) 河村壮一：耐震設計の基礎、オーム社、1984.
9-5) 日本建築学会：建築物と地盤の動的相互作用を考慮した応答解析と耐震設計、2006.

第 10 章　構造設計基本情報メモ

10.1　地震波の工学的取扱い

　岩盤に作用する力が岩盤のせん断強度の限界に達すると破壊して滑る。地震の振動エネルギーの源は、急激に生じたせん断破壊により地盤内の蓄積されたひずみエネルギーが解放されることによる。

　地殻の移動はプレートテクトニクス（plate tectonics）で明らかとなり、日本は太平洋プレートの端に位置し、太平洋プレートとフィリピン海プレートが潜り込んでくる。移動量は約 3cm/ 年である。

　地震の発生場所が海溝の場合は海溝型地震、陸地の場合は内陸型地震と呼ぶ。海溝型地震はマグニチュードが相対的に大きい。

　地震により伝播する波は、P 波（圧縮波 pressure wave）と S 波（せん断波 shear wave）に分かれる。P 波は伸びたり縮んだりの体積変化を繰り返して、固体や水を通して伝播できる。一方、S 波は P 波より遅く波の進行方向に直角方向に固体をせん断変形（体積変化を伴わない）させるが、水を通して伝播できない。P 波および S 波は地殻（岩盤）を伝播し、岩盤間の境で、反射、屈折する（図 10-1）。

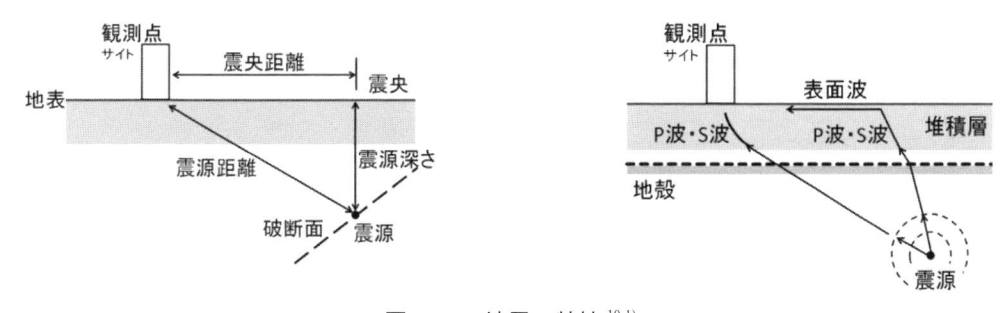

図 10-1　地震の特性 [10-1]

　表面波（surface waves）は地表のみを伝播し、近距離地震では現れない場合が多い。表面波は Love 波と Rayleigh 波とがあり、P 波および S 波より遅い。Love 波は S 波の運動と同じで、垂直成分がなく、波動の進行方向に直角に生じる。一方、Rayleigh 波は海波のうねりのように、進行方向に直角面に垂直及び水平方向の両方に動く（図 10-2）。

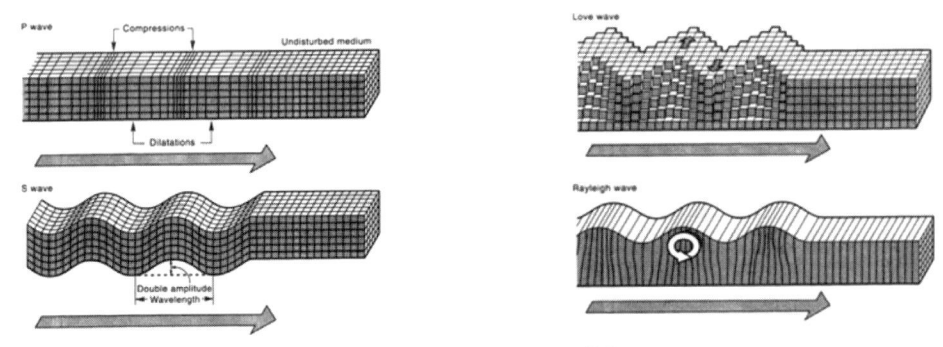

図 10-2　地震波の波形 [10-1]

地震波の伝播速度は以下の順である。
P 波 ＞ S 波 ＞ Love 波 ＞ Rayleigh 波

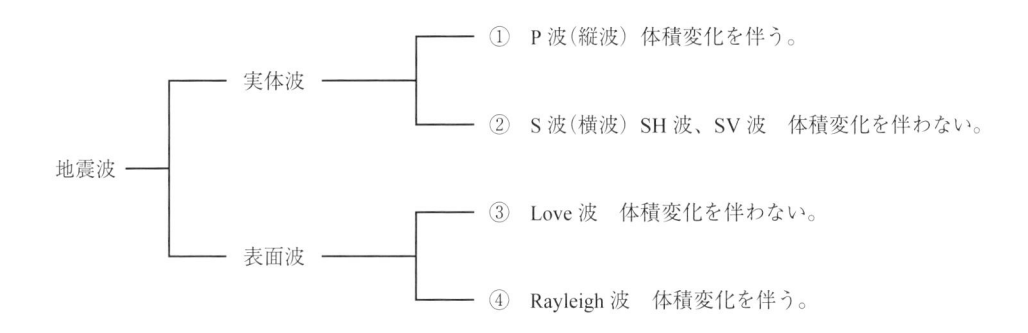

地震波
- 実体波
  - ① P 波（縦波）体積変化を伴う。
  - ② S 波（横波）SH 波、SV 波　体積変化を伴わない。
- 表面波
  - ③ Love 波　体積変化を伴わない。
  - ④ Rayleigh 波　体積変化を伴う。

弾性体中を伝播する P 波および S 波の速度 V_p および V_s は**表 10-1** の通りである。一方、Rayleigh 波の速度 V_r は $V_r < 0.92 V_s$ であり、Love 波の速度 V_L は $V_{s1} < V_L < V_{s2}$ である。ここに、V_{s1} = 表層の S 波の速度；V_{s2} = 深い層（下層）の S 波の速度。

地震動は地殻から屈折を繰り返して伝播するので、構造物に作用する P 波および S 波は建物の真下から作用するようになる。P 波（縦波）と S 波（横波）の速度差を利用して震源距離を知ることができる。また、P 波よりも S 波の方が構造物にとってダメージが大きいので、遠距離地震では P 波（縦波）を感知してから S 波（横波）による地震に備えることができる。緊急地震速報はこの原理を利用している。

表 10-1　弾性体の P 波および S 波の伝幡速度

媒体	P 波の速度 V_p (km / s)	S 波の速度 V_s (km / s)
花崗岩	5.5	3.0
水	1.5	0

10.2 地震の特性における大きさの影響と表層の土質

地震波の卓越周期は堆積層の深さ、地震の大きさ（マグニチュード）、震源距離に比例する。図 10-3 は、卓越周期と堆積層深さの関係を示す。

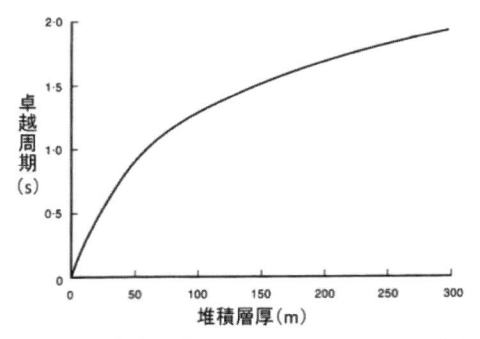

図 10-3　卓越周期と沖積層深さとの関係 [10-1]

大都市の建設地は堆積層が深く、軟弱地盤で構成されている場合が多いので、地震波は表層地盤により増幅される。地動の最大加速度は、マグニチュードおよび地盤の剛性に比例し、距離が増加するほど減少する。地震動の継続時間はマグニチュードの増加と共に増加する。

建設地の地盤情報は、ボーリング調査結果がない場合、近隣のデータから推定できる。また、建設地近くの K-NET や KiK-net より地震計が設置してある地盤情報を入手でき、ボーリング柱状図と地盤の P 波および S 波の伝播速度 V_p および V_s が公開されている。

10.3 マグニチュードと地震の物理量

(1) 各種のマグニチュード

① Richter マグニチュード　M_L（erg）

$$M_L = \log_{10} A \tag{10.1}$$

ここに、最大振幅 A(μm) は震央距離が 100km での位置に換算した値を用いる。例えば、A = 1mm の場合、M_L = 3 となる。

② 気象庁マグニチュード M_{JMA} （JMA は Japan Meteorological Agency の略）

$$M_{JMA} = \log_{10} A + 1.73 \log_{10} \Delta - 0.83 \quad （坪井式） \tag{10.2}$$

ここに、A = 水平成分の合成振幅（μm）（注：ミクロン μ = 10^{-6}）；Δ = 震央距離（km）。
M_{JMA} は Richter マグニチュード M_L（erg）と次式の関係にある。

$$M_{JMA} = 2.0 M_L - 9.7 \tag{10.3}$$

③ 表面波マグニチュード M_s （Surface wave magnitude）
L波、R波を測定する尺度。

$$M_s = \log_{10}\left(\frac{A}{T}\right) + 1.66\log_{10}\Delta + 3.3 \tag{10.4}$$

ここに、A = 表面波の水平片振幅の合成または上下動片振幅（μm）；T = 主周期（s）；Δ = 震央距離（度）。ただし、式(10.3)はΔが15°以上に対して適用できる。

④ 地震モーメント M_0 （Seismic moment）：震源の破壊の大きさを示す尺度として利用。

$$M_0 = GLWD = GSD \quad \text{N·m} \tag{10.5}$$

ここに、S = 断層の面積（$= L \cdot W$）；L = 断層長さ；W = 断層幅；D = 平均すべり量；G = 岩盤のせん断弾性係数（地殻は32,000MPa、マントルは75,000 MPa）。

⑤ モーメントマグニチュード M_w （Moment magnitude）：地震の大きさを表す尺度として利用。

$$M_w = 0.67\log_{10}(M_0) - 10.70 \tag{10.6}$$

マグニチュードと放出される地震エネルギーの関係（グーテンベルグとリヒター1956年）は次式の通りである。

$$\log_{10} E = 11.8 + 1.5M_s \tag{10.7}$$

ここに、M_s = 表面波マグニチュード；E = 地震エネルギー（erg）。

表10-2 地震の規模 M と物理量 [10-2]

		M=5.0	6.0	7.0	8.0	
地震のエネルギー	E (10^{20}erg)	0.2	6.3	200	6300	$\log_{10} E$=11.8+1.5M (Gutenberg & Richter)
エネルギー指数	K	12.3	13.8	15.3	16.8	K=4.8+1.5M
最大震度階	I	3.8	4.9	6.0	7.1	I=1.1M-1.69（坪井・河角）
最大地動加速度	α (gal)	36	128	455	-	$\alpha = 0.45 \times 10^{0.51}$（河角）
震源での地動周期	T (s)	0.4	0.7	1.2	1.9	$\log_{10} T$=0.235M-1.60 (Gutenberg & Richter)
震源での主要動継続時間	t_0 (s)	3.8	6.3	10.0	13.8	$\log_{10} t_0$=0.177M-0.278
建物の地震最大継続時間	t_1 (s)	5.9	12.1	24.7	50.4	$\log_{10} t_1$=(M-2.5)/3.23（久田）
有感半径	R (km)	167	391	918	2154	M=-1.0+2.7$\log_{10} R$（市川）
余震域直径	L (km)	5.0	15.8	50.1	158.4	$\log_{10} L$=0.5M-1.8（宇津）
震度階5以上の面積	S_5 (km^2)	63	631	6310	63095	$\log_{10} S_5 = M - 3.2$（村松）
震度階6以上の面積	S_6 (km^2)	1.4	31.6	724	16600	$\log_{10} S_6$=1.36M-6.66（村松）

表 10-3　震度階級と各種設計法の関係

気象庁 震度階級		加速度(cm/s²)		地震層せん断力 係数 C_0	速度 (cm/s)	超高層 (cm/s)	新耐震設計 (cm/s²)	耐震診断 (cm/s²)
激震	7	980	─1000 ─900 ─800 ─700 ─600 ─500 ─400	1.0 0.4	98 60 50 40	レベル2 50	2次設計 400	I_s=0.9 450
烈震	強 6 弱		─350 ─300 ─250	 0.3	 25	レベル1 25		I_s=0.7 350 I_s=0.6 300
強震	強 5 弱		─200 ─150 ─100 80	0.2	20 10		1次設計 200	
中震	4		─50					
弱震	3	25 8	─20 ─10					
軽震	2	2.5	─5					
無震	1	0.3						
無震	0							

(2) 気象庁震度階数と各種設計法との関係

地震動の速度は加速度の 1/10 と近似できるので、気象庁震度階と各種設計法との関係は**表 10-3** のようである。一方、耐震診断で使用する構造耐震指標 I_s と加速度 α とは近似的に $\alpha = 500\,I_s$ の関係にある。

(3) 震度 K

質量 m（kg）の構造物が加速度 α（m/s^2）を受ける際の水平力 F（N）はニュートンの第 1 法則により、（質量）と（加速度）の積として表せる。震度 K は加速度 α を重力加速度 g で割った無次元の値である。水平力 F は重量 W（$= m \times g$）と震度 K との積としても表せる。震度は地震による水平力が構造物の重さの何割であるかを表す工学的単位であり、概念的には地震層せん断力係数と同じである。

$$F = m\alpha = WK \tag{10.8}$$

図 10-4 に示す等方等質の材料からなる矩形断面棒に水平力が作用した際、転倒を生じる限界は $K = B / H$ の関係があり、K がこれを超えると転倒する。この原理を用いて、被災地での地震の加速度の大きさは、転倒した墓石の寸法を測ることにより推定できる。また、地震の作用方向は転倒した方向とは逆向きに進行している。墓石の転倒はロッキングしながら移動する場合が多く、転倒は低くなる傾向にある[10-3]。なお、ここで定義する震度は気象庁の計測震度階とは対応しない。

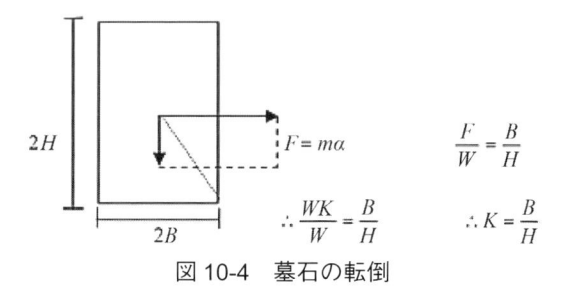

図 10-4　墓石の転倒

(4) 地震のマグニチュードと地震基盤面での最大速度 $V_{\max}$

$$\log_{10} V_{\max} = 0.61M - \left(1.66 + \frac{3.6}{x}\right)\log_{10} x - \left(0.631 + \frac{1.83}{x}\right) \text{ (cm/s)} \tag{10.9}$$

ここに、$M =$ マグニチュード；$x =$ 震源距離（m）。

(5) 地震基盤よりの表層地盤による速度応答スペクトルの増幅 $G(T_g)$

$$V_s = V_{s0} \times G(T_g) \tag{10.10}$$

ここに、$V_{s0} =$ 地震基盤での最大応答速度。

$$G(T_g) = \frac{1}{\sqrt{\left\{\left(\frac{T}{T_g}\right)^2 - 1\right\}^2 + \left\{\frac{0.2}{\sqrt{T_g}}\left(\frac{T}{T_g}\right)\right\}^2}} \tag{10.11}$$

ここに、T = 地震動の周期（s）；T_g = 地盤の卓越周期（s）。

簡易的には $T = T_g$ と置くと $G(T) = 5\sqrt{T_g}$ となり、硬い地盤は3倍、軟らかい地盤は5倍となる。

(6) 地盤物性の平均的性状

① $V_P - V_S$ の関係

$$V_S = -0.003V_p^3 + 0.0719V_p^2 + 0.3304V_p - 0.2289 \quad (\text{km/s}) \tag{10.12}$$

V_P が小さい範囲では地下水の伝播速度 1.8km/s が測定されるので、上式は $V_P \geq 0.8$ km/s に適用する。

② $V_S - \nu$ の関係

$$\nu = -0.083V_S(\text{km/s}) + 0.494 \tag{10.13}$$

ここに、ポアソン比 ν は軟弱地盤に対しては、$\nu > 0.49$ となり、岩盤に対しては、$0.2 < \nu < 0.35$ となる。振動計算に用いるポアソン比の標準値は**表4-11**に示す。

③ N値 $- V_s$ の関係

$$V_S = 97N^{0.314}\,b \qquad (\text{m/s}) : 今井常雄、他(1969〜1982)^{10-4)} \tag{10.14}$$

$$V_S = 69abN^{0.17}H^{0.2} \qquad (\text{m/s}) : 鏡味洋史、他(1976)^{10-4)} \tag{10.15}$$

ここに、a および b は沖積層の粘土に対しては、$a = b = 1.0$、その他は [a]：砂：1.1、砂礫：1.2、礫：1.4、[b] 洪積層：1.3。なお、V_S の標準値は**表4-10**に示す。

④ $V_S - \rho$ の関係

$$\rho = 0.8 \log V_S(\text{m/s}) - 0.1(\text{t/m}^3) \tag{10.16}$$

ここに、ρ = 土の質量密度（t/m³）。地盤の質量密度 ρ の一例として**表4-9**および**表10-4**を示す。

表10-4　地盤の質量密度 ρ（東京の各種地盤）[10-5)]

地層	沖積層			関東 ローム層	渋谷 粘土層	東京層		
	砂質	シルト質	粘土質			砂質	シルト質	粘土質
質量密度 (t/m³)	1.70 -1.92	1.51 -1.73	1.40 -1.60	1.25 -1.44	1.43 -1.65	1.75 -1.96	1.58 -1.76	1.44 -1.65

参考文献

10-1) H. A. Buchholdt：Structural Dynamics for Engineers, Thomas Telford Pub., London, 1997.
10-2) 森井孝：建築構造ノート、丸善、1994.
10-3) 日本建築学会：建築物の耐震設計資料、1981.
10-4) 太田外気晴、江守克彦、河西良幸；建築基礎 耐震・振動・制御、共立出版、2001.
10-5) 大崎順彦：建築基礎構造、技報堂出版、1991.

付録　復元力特性の作成法

　架構の動的解析を質点系解析および棒材モデルで計算する場合、構造物の塑性化により、荷重－変位曲線は非線形になる。これを工学的に合理的に処理する一例を記す。

(1) 剛性
　各層の弾性等価水平せん断剛性は、架構の静的解析（水平外力の高さ方向の分布はA_i分布等として作用させる）に基づいた層せん断力と層間変形の関係より定める。各層の復元力特性は、静的弾塑性応力解析（A_i分布等の荷重を載荷）に基づいて定める。

(2) Q-δ 曲線の作成
　A_i分布等の荷重を建物に増分載荷をして、各層ごとの層せん断力と層間変位の関係曲線をプロットする。復元力特性は、梁間方向、桁行方向について作成する（付図1-1）。

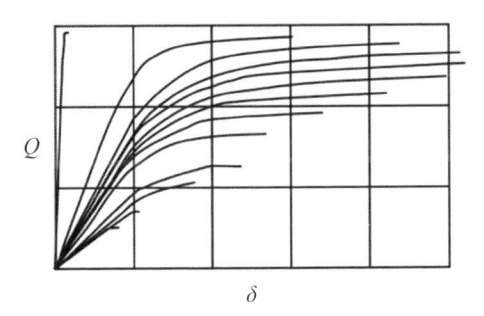

付図-1　層せん断力－層間変位の関係曲線（Q-δ曲線）

(3) Q-δ 曲線の簡略化
　上記の水平力を増分解析して得られたQ-δ曲線は曲げ変形を含んでいない。曲げ変形は柱の応力等より別途計算して求める。一般的には、曲げ変形とせん断変形を含んだQ-δ関係を曲げせん断モデルで置換する。
　層せん断力－層間変位関係曲線は、剛性Kが変位δに対応して刻々と変化するので、解析が面倒になる。そこで、変位のある区間について剛性Kが一定になるように区間ごとの直線関係で表して計算を簡略化する。骨格曲線の折点の個数により復元力特性の型が分かれる。
　第1折点および第2折点の設定法は、種々の方法があるが、基本的には、本来の復元力関係Q-δ曲線と面積的に等価になるように折点を設定する。詳細は「建築耐震

設計における保有耐力と変形性能（1990）日本建築学会」[付1-1] または、「応用力学シリーズ 10 建築構造物の創造的数理設計手法の展望　2. 現行構造設計における問題点（上部構造）」[付1-2] に記載されている。これらの折点は、構造物の荷重変形曲線（骨格曲線）がその後の推移と異なる点を工学的に設定する。

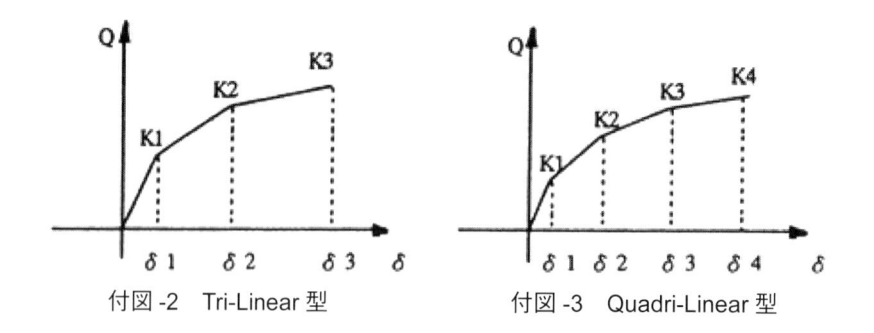

付図-2　Tri-Linear 型

付図-3　Quadri-Linear 型

　以下骨格曲線の各型についてその取扱いの一例を説明する。剛性の折点は RC 造と S 造とは異なる。

(4)　Tri-Linear 型のスケルトンカーブの設定法
1)　S 造の場合

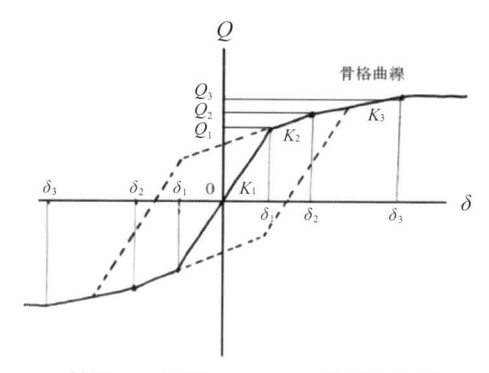

付図-4　正規 Tri-Linear 型履歴法則

復元力特性のスケルトンカーブは、以下の手順で設定する。
① Q_1 を、その層の柱または上下大梁のいずれかの部材が最初に全塑性モーメント M_p に達するときのせん断力に設定し、Q-δ 曲線より δ_1 を求め、初期剛性 K_1 を決める。なお、全塑性モーメントは降伏応答を 1.1 倍できる。

　　　（注）　$M_p = Z_p \sigma_y \times 1.1$

② Q_3 を、その層の層間変形角がレベル 2 の設計クライテリアに達したときの層せん断力にとり、Q-δ 曲線より δ_3 を求める（$\delta_3 = \mu \delta_1$）。ここに、μ = 塑性率。
③ Q_2 を、δ_1 と δ_3 の中間の変位 δ_2 をとったとき、Q-δ 曲線が囲む面積と Tri-Linear 置換後の面積が等価になるようにとる。

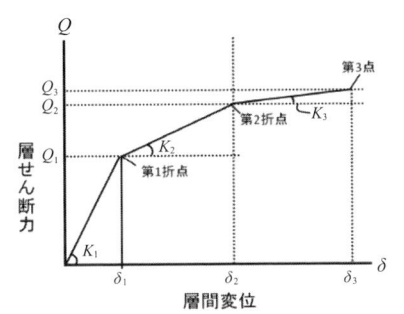

付図-5　Q-δ 曲線（S 造の復元力特性）

2) RC、SRC の場合

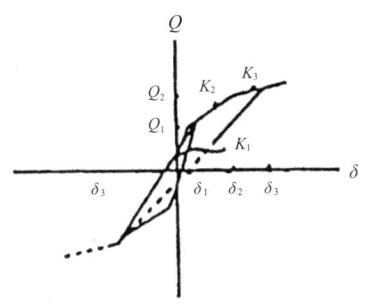

付図-6　最大点指向型履歴法則

復元力特性のスケルトンカーブは、以下の手順で設定する。
① Q_1 を、部材の曲げひび割れ発生により、その層の剛性が顕著に低下した時の層せん断力にとり、Q-δ 曲線より δ_1 を決める。その間の初期剛性を K_1 とする。
② Q_3 を、建物のある層が不安定な状態になったときの層せん断力、または、その層の層間変形角が 1/70 〜 1/80 に達した時のせん断力にとり、Q-δ 曲線より δ_3 を決める。第 2 折点から第 3 折点の間の剛性 $K_3 = \alpha_3 K_1$ とする。
③ δ_2 が δ_1 と δ_3 の中間になるようにとり、この変位 δ_2 に対応した Q_2 は、Q-δ 曲線が囲む面積とトリリニア置換後の面積が等価になるように決定する。その間の剛性 $K_2 = \alpha_2 K_1$ とする。

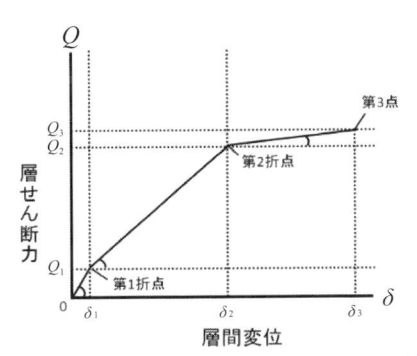

付図-7　Q-δ 曲線（RC、SRC 造の復元力特性）

(5) Quadri-Linear 型のスケルトンカーブの設定法
1) S造の場合

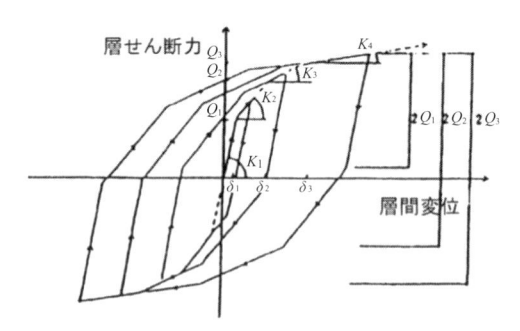

付図-8 正規 Quadri-Linear 型履歴法則

復元力特性のスケルトンカーブは、以下の手順で設定する。
① 第1折点 (Q_1, δ_1) は、当該層に含まれるいずれかの部材に塑性ヒンジが発生する点とし、初期剛性 K_1 を決める。
② 第2折点 (Q_2, δ_2) は、Q-δ 曲線上で弾性限変位 δ_1 に対する塑性率 1.5 に相当する変位 $\delta_2 = 1.5\delta_1$ とし、第2分岐剛性 K_2 を求める。$K_2 = \alpha_2 \times K_1$
③ 第3折点 (Q_3, δ_3) は、塑性率 2.0 に相当する変位 $\delta_3 = 2.0\delta_1$ とし、第3分岐剛性 K_3 を求める。$K_3 = \alpha_3 \times K_1$
④ 第4折点 (Q_4, δ_4) は、架構崩壊時の層せん断力および層間変位点とし、第4分岐剛性 K_4 を求める。$K_4 = \alpha_4 \times K_1$

以上の手順で正規 Quadri-Linear 型のスケルトンカーブを設定するが、静的増分荷重を加えても架構の上層部にいまだ塑性ヒンジが形成されていない箇所が残存している部分がある。この場合、上記スケルトンカーブの設定は、静的弾塑性解析により得られた変位の範囲とする。

2) RC および SRC の場合

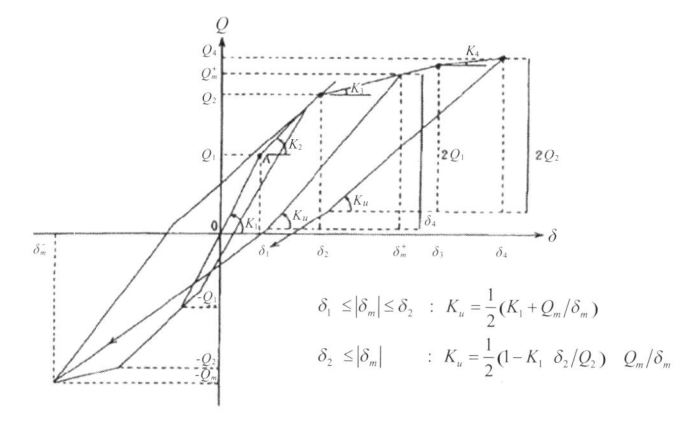

$$\delta_1 \leq |\delta_m| \leq \delta_2 \ : \ K_u = \frac{1}{2}(K_1 + Q_m/\delta_m)$$

$$\delta_2 \leq |\delta_m| \ : \ K_u = \frac{1}{2}(1 - K_1\ \delta_2/Q_2)\ Q_m/\delta_m$$

付図-9 修正劣化 Quadri-Linear 型履歴法則

復元力特性のスケルトンカーブは、以下の手順で設定する。

① 第1折点（Q_1, δ_1）は、Q-δ曲線上で、部材の曲げひび割れが発生し、層の剛性が顕著に低下する点（当該層に含まれる梁部材数の80％程度に曲げひび割れが発生）とし、初期剛性K_1を求める。

② 第2折点（Q_2, δ_2）は、Q-δ曲線上で、当該層に含まれるいずれかの部材に、塑性ヒンジが発生する点とし、変位δ_2を弾性限変位とする。第2分岐剛性K_2を求める。$K_2 = \alpha_2 K_1$

③ 第3折点（Q_3, δ_3）は、弾性限変位δ_2に塑性率1.5に相当する変位$\delta_3 = 1.5\delta_2$とし、第3分岐剛性K_3を求める。$K_3 = \alpha_3 K_1$

④ 第4折点（Q_4, δ_4）は、架構の崩壊時層せん断力および層間変位点とし、第4分岐剛性K_4を求める。$K_4 = \alpha_4 K_1$

以上の手順で正規Quadri-Linear型のスケルトンカーブを設定するが、プッシュオーバーで静的弾塑性解析を行うが、架構の崩壊時には架構の上層部にいまだ崩壊メカニズムを形成していない場合がある。この場合、上記スケルトンカーブの設定は、静的弾塑性解析の範囲とする。

参考文献

付-1) 日本建築学会：建築耐震設計における保有耐力と変形性能1990、日本建築学会1990.

付-2) 日本建築学会：応用力学シリーズ10. 建築構造部の創造的数理設計手法の展開、日本建築学会2002.

著者略歴

髙畠 秀雄 （金沢工業大学 教授、地域防災環境科学研究所 所長）

最終学歴：京都大学大学院
職歴：金沢工業大学 講師、助教授を経て教授
同大学附置研究所 地域防災環境科学研究所 所長兼任 現在に至る
学位：工学博士
専門：建築構造解析、耐震構造 他
論文等：国際的 Journal に論文多数
1996～1997 年 日本建築学会理事 他
著書
「南海トラフ巨大地震の防災対策」鹿島出版会、2014 年
「再考 日本流ものづくり」鹿島出版会、2015 年
（以下分担執筆）
「骨組構造解析法要覧（成岡昌夫・中村恒善 編）」培風館、1976 年
　　第 17 章 棒材理論の基本的仮定および基礎式、pp. 352-378
「建築における計算応用力学の進展（応用力学シリーズ 9）」日本建築学会、2001 年
　　第 5 章 床スラブの簡易解析法、pp. 113-139
「最近の建築構造解析理論の基礎と応用（応用力学シリーズ 11）」日本建築学会、2004 年
　　第 6 章 棒材理論による高層ビルの簡易解析法、pp. 145-184
Advances in VIBRATION ENGINEERING and STRUCTURAL DYNAMICS, INTECH, 2012
　　H. Takabatake, Chapter 10, "A simplified analytical method for high-rise buildings", pp.235-283
Tall Buildings: Design Advances for Construction, Edited by J. W. Bull, Saxe-Coburg Publications, 2014
　　H. Takabatake, T. Nonaka; Chapter 5, "Earthquake damage identification of steel mega structures," pp.115-142

北田 幸彦 （石川工業高等専門学校 名誉教授）

最終学歴：金沢大学大学院
職歴：石川工業高等専門学校 助手，講師，助教授，教授を経て名誉教授 現在に至る
学位：工学博士
専門：建築構造、耐震構造 他

竹脇 出 （京都大学 教授）

最終学歴：京都大学大学院
職歴：京都大学 助手、助教授を経て教授 現在に至る
2008～2012 年 京都大学大学院 工学研究科 副研究科長
学位：工学博士
専門：建築構造力学、耐震構造 他
論文等：国際的 Journal に論文多数
2013～2015 年 日本建築学会 副会長
2014～ Frontiers in Built Environment 編集長（スイス） 他
著書
Dynamic Structural Design: -Inverse Problem Approach-, WIT Press, 2000
Critical Excitation Methods in Earthquake Engineering, Elsevier, 2006, 第 2 版 2013
Building Control with Passive Dampers, John Wiley & Sons Ltd., 2009
System Identification for Structural Health Monitoring, WIT Press, 2011
Improving the Earthquake Resilience of Buildings: The worst case approach, Springer, 2012
建築構造設計における冗長性とロバスト性，応用力学シリーズ 12，日本建築学会，2013 年
　　（編集および 1, 2 章執筆）

超高層ビルの簡易動的設計法
簡易耐震診断法および簡易耐震補強法への適用

2016年3月20日　第1刷発行

著　者　　髙畠　秀雄
　　　　　北田　幸彦
　　　　　竹脇　出

発行者　　坪内　文生

発行所　　鹿島出版会
　　　　　104-0028 東京都中央区八重洲2丁目5番14号
　　　　　Tel. 03（6202）5200　振替 00160-2-180883
　　　　　落丁・乱丁本はお取替えいたします。
　　　　　本書の無断複製（コピー）は著作権法上での例外を除き禁じられています。また、代行業者等に依頼してスキャンやデジタル化することは、たとえ個人や家庭内の利用を目的とする場合でも著作権法違反です。

装幀：石原 亮　DTP：エムツークリエイト　印刷・製本：壮光舎印刷
© Hideo TAKABATAKE, Yukihiko KITADA, Izuru TAKEWAKI. 2016
ISBN 978-4-306-03380-1　C3052　　Printed in Japan

本書の内容に関するご意見・ご感想は下記までお寄せください。
URL：http://www.kajima-publishing.co.jp
E-mail：info@kajima-publishing.co.jp

付録 CD のソフトウェア「簡易動的解析プログラム」
を利用するにあたって

必要とする環境
○対応 OS 等
　　Microsoft Windows 7 以上，
　　Microsoft.NET Framework Ver.4.0 以上がインストールされていること
　　Excel 2007 以上がインストールされていること
○インストールに必要なメモリ
　　40MB 以上を推奨

その他
○インストール等の詳細は、CD-ROM 内の「操作法」を参照してください。
○プログラムの著作権は、プログラムの著作者に帰属します。
○本プログラムの利用は、本読者のみに許諾いたします。
○ユーザーの責任において本プログラムの改編等は自由に行って構いません。
○本プログラムの使用により、読者のコンピュータやソフトウェアなどの損傷、事業
　上の損害等が発生しても、著作者および鹿島出版会はその責任を一切負いません。